中原名师出版工程
教育思想与实践系列

语文教学『多』与『少』的辩证艺术

王海东 著

中原出版传媒集团
中原传媒股份公司
大象出版社
·郑州·

图书在版编目（CIP）数据

语文教学"多"与"少"的辩证艺术／王海东著.—郑州：大象出版社，2019.5
（中原名师出版工程）
ISBN 978-7-5347-9919-8

Ⅰ.①语… Ⅱ.①王… Ⅲ.①语文教学—教学研究 Ⅳ.①H19

中国版本图书馆 CIP 数据核字（2018）第 197514 号

语文教学"多"与"少"的辩证艺术
王海东 著

出 版 人	王刘纯
责任编辑	侯金芳 赵子夜
责任校对	钟 骄

出版发行	大象出版社（郑州市郑东新区祥盛街 27 号　邮政编码 450016）
	发行科　0371-63863551　总编室　0371-65597936
网　　址	www.daxiang.cn
印　　刷	河南文华印务有限公司
经　　销	各地新华书店经销
开　　本	787mm×1092mm　1/16
印　　张	17.75
字　　数	268 千字
版　　次	2019 年 5 月第 1 版　2019 年 5 月第 1 次印刷
定　　价	43.00 元

若发现印、装质量问题，影响阅读，请与承印厂联系调换。
印厂地址　新乡市获嘉县亢村镇工业园
邮政编码　453800　　　　电话　0373-5969992　5961789

"中原名师出版工程"
编委会

主　任　丁武营

副主任　张振新　周跃良

委　员　郑文哲　林一钢　吕关心　闫　学　张文质　姜根华
　　　　　陈秉初　黄　晓　杨光伟　刘　力　童志斌　罗晓杰
　　　　　钟晨音　吴惠强　刘燕飞　丁亚宏　窦兴明　李　丽
　　　　　刘富森　申宣成　杨伟东　禹海军　张海营　张　琳
　　　　　谢蕾蕾　董中山　郭德军

总 序

对于一个优秀教师来说,将自己对教育教学的思考在写作中表达出来,是非常自然的一件事。正如玛格丽特·杜拉斯在《写作》中说的:"写作像风一样吹过来,赤裸裸的,它是墨水,是笔头的东西,它和生活中的其他东西不一样,仅此而已,除了生活以外。"杜拉斯把自己的写作区别于日常生活中具体的事物,而将其看作生活本身。我十分认同这样的说法。从许多优秀教师的成长经历来看,教育写作就是教育生活本身。当我们学会了把教育生活中的各种场景纳入自己的视野,融入自己的思考,通过写作诚实地记录下来,我们就找到了一条属于自己的专业发展之路。

正是看到了教育写作在教师专业发展中的重要意义,河南省教育厅与浙江师范大学启动了"中原名师教育写作出版计划"。河南是我国的教育大省,有一大批非常优秀的教师逐渐崭露头角,而"中原名师"是其中的佼佼者,他们在各自的学校和不同的教育教学领域取得了一定的成绩,及时总结、提炼、展示、推广他们的研究成果非常必要。我和张文质老师被聘请为"中原名师教育写作出版计划"的首席写作导师,肩负指导"中原名师"写作、出版教育教学专著的重任。这可能也是目前国内唯一旨在帮助优秀教师实现教育教学专著出版的省级培训项目,开辟了教师培训内容与形式的崭新领域,具有开创性意义。经过近两年的艰苦努力,目前这项计划终于迎来了阶段性成果:弯丽君等第一批9位"中原名师"的12本教育教学专著即将正式出版。从书稿情况来看,选题、内容可谓多样:既有学科教学方面的,也有班级管理方面的;既有比较严谨的学术论著,也有可读性较强的教育教学随笔;既有义务教育阶段的,也有幼儿、高中阶段的。另外,还有计划第二批出版的书稿正在整理之中。

捧读这些沉甸甸的书稿,我心中充满感慨。

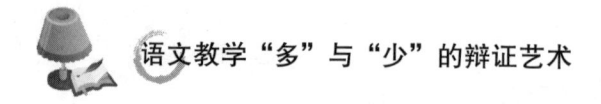

我想到了每一位作者的面庞，看到了那些闪亮的眼神。大家都非常清楚，对于一个渴望成长、追求专业发展的教师来说，教育写作是自我提高的一条基本路径。教育写作能清晰地记录一个教师专业成长的轨迹。教师可以在写作的过程中不断审视、反思自我，不断积累、总结与提炼，无论是初尝成功的经验，还是尝试摸索中的所谓教训，都是十分宝贵的财富。苏霍姆林斯基曾鼓励教师每天都写教育日记（也就是我们常说的"教育叙事"），认为这样的写作具有重大价值："凡是引起你的注意的，甚至引起你一些模糊的猜想的每一个事实，你都把它记入记事簿里。积累事实，善于从具体事物中看出共性的东西——这是一种智力基础，有了这个基础，就必然会有那么一个时刻，你会顿然醒悟，那长久躲闪着你的真理的实质，会突然在你面前打开。"这些"中原名师"正是通过写作将自己日常教育教学的点点滴滴慢慢积累起来的，而实施"中原名师教育写作出版计划"就是为了帮助他们打开真理之门。

我还想到了每本书稿选题的艰难，想到了那些为了确立书稿选题所经历的热烈讨论，既有面对面的沟通，也有无数次邮件、短信与电话往来。由于每一位作者所在的区域不同，所教学段、学科不同，研究基础、研究方向也各不一样，如何将那些最有价值的研究成果梳理、提炼出来，并形成相对集中的研究主题以专著的形式呈现，是我和张文质老师以及每一位作者需要面对的挑战。沟通、选择的过程非常重要，也非常辛苦。这主要是由于各位作者在实践层面的经验、成果内容非常多样造成的：往往一个教师提供的同一本书稿，在内容上既有学科教学方面的，也有班级管理方面的，甚至还有其他学科领域的，这固然反映了一线教师工作繁杂多面的实际情况，但对于专著出版来说，主题不够突出无疑是大忌，也会遮蔽那些更有价值、更值得推广的内容。经过半年多的反复讨论，第一批"中原名师"作者如弯丽君、李阿慧、徐艳霞、李桂荣、孟红梅等老师，首先确定了选题，开启了教育写作之路；而另一批作者如刘忠伟老师则更改了选题，另起炉灶，毅然开启了新的写作计划，这其中的勇气也让人深为佩服。

当然，我也想到了每一位作者所经历的艰苦的写作过程。由于绝大多数老师积累的文稿是基于实践经验，有些内容在学理上存在问题，论述、论据都不够严谨，容易引起歧义；也有些内容所呈现的研究过程与研究成果不够完整，材料繁杂、枝蔓较多，如何去芜存菁留下最有价值的东西，如何修改、完善那些不够成熟的地方，也是摆在每一位作者面前的挑战。值得指出的是，对文稿不断修改、完善的过程虽然艰苦，但其实是非常宝贵的研究经历——看似是教育写作的过程，其实又是学术研究的过程，写作本身成为思维与学术的双重训练，成为提炼教育教学理念、凸显教育教学风格的基本路径。如韩秀清、董文华、王海东、李桂荣等几位老师，正是经历了这样的写作和研究过程，才最终创作出很有价值的作品。如果说在专著出版之前，这些老师的教育教学风格还不够鲜明，尚未在更大的范围内得到认可，那么我相信，专著的公开出版，将有力地促进他们教育教学成果以及个人教育教学风格的传播与推广，塑造"中原名师"更加美好、专业的形象，成为河南教师乃至全国教师的偶像。而这，也是河南省教育厅与浙江师范大学决定实施该项教育写作出版计划的重要目的之一。

对于各位作者而言，他们没有辜负岁月，岁月也没有辜负他们。

对于导师而言，能够参与这个项目，帮助各位作者，是充满欣慰的，甚至超过了自己出书时的喜悦。

感谢各位读者，如果您翻开这些书，您会看到有那么一些人，是如何执拗地表达着对岁月和信仰的敬意。

闫　学

2018 年 8 月 18 日于杭州

序 言

　　语文在中小学是重头课程，但历来对语文教学的争论最多，可说是意见纷纭。语文课的性质是工具性还是文化性？语文教材中的文言文应该多一点还是少一点？语文教学是以阅读为中心还是以作文为中心？是以传授语文知识为主还是以发展能力为主？等等。其实，充分理解语文的性质和语文教学的任务以后，这些问题就会迎刃而解。

　　语言是交流和思维的工具，语文是语言的书面形式。关于语文教学的任务，2011年颁布的《义务教育语文课程标准》中写道："语文课程致力于培养学生的语言文字运用能力，提升学生的综合素养，为学好其他课程打下基础；为学生形成正确的世界观、人生观、价值观，形成良好个性和健全人格打下基础；为学生的全面发展和终身发展打下基础。"2017年颁布的《普通高中语文课程标准》中也写道："语文课程应引导学生在真实的语言运用情境中，通过自主的语言实践活动，积累言语经验，把握祖国语言文字的特点和运用规律，加深对祖国语言文字的理解与热爱，培养运用祖国语言文字的能力；同时，发展思辨能力，提升思维品质，培育社会主义核心价值观，培养高尚的审美情趣，积累丰厚的文化底蕴，理解文化多样性。"这让我想起2006年我曾经写过的三句话，它们也符合新的课程标准的要求。这三句话是：

　　语文是工具，有了它，才能思维，才能表达，才能交流。
　　语文是基础，有了它，才能学习，才能生活，才能工作。
　　语文是文化，有了它，才有精神，才有智慧，才有品格。

　　因此，以上关于语文教学的争论，其实都是辩证的统一。语言是交流的工具，当然首先要掌握它，只有会运用祖国的语言文字，才能学习好其他课程，才能与人更好地交流。而交流的内容就是文化，无论是交流生产

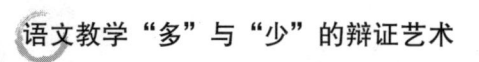

知识还是生活经验，都是一种文化交流。因此，语文是文化的载体，语文里装着思想、装着文化。一个民族的语文是这个民族世代创造的文明的结晶，它反映着民族生活、民族精神。语文课本里的内容大多是我国经典著作里的名家名篇，是民族文化的精髓。交流离不开文化，语文教育当然更离不开文化。所以，语文课的工具性和文化性是辩证统一的。

语文是思维的工具，因此语文课要发展学生的思维。语文教学不能只是教师讲解课文，更应该让学生阅读、体会，在阅读中发现问题、提出问题、分析问题、解决问题，从而培养学生的逻辑思维、分析思维能力。

语文课本中所选的名篇名作是很有限的，光靠课本中的文章是难以完成语文教学任务的。因此要引导学生阅读，把课内、课外的阅读结合起来，养成阅读的习惯。学生养成终身阅读的习惯，对其一生的发展是特别重要的。

总之，对语文教学中的问题不要绝对化，要用辩证唯物主义方法来认识。河南漯河高中王海东校长从事语文教学近30年，经过实践与思考、积累与沉淀，形成了自己的教育教学理念和思想。他的三本论著《语文教学"多"与"少"的辩证艺术》《语文教学"快"与"慢"的辩证艺术》《语文教学"死"与"活"的辩证艺术》，从三个方面辩证地探讨分析了语文教学的本质、语文教学的任务和课堂教学的问题，辩证地解答了教育教学和教改中的"量""速""态"三大问题。文章精思傅会，特色鲜明，语言朴实，既有知识性又有趣味性，既有前瞻性又有思辨性，值得大家一读。

当前教育改革轰轰烈烈，课外活动开展得丰富多彩。但我认为，还是要把主要精力放在课堂教学的改革上，首先要上好每一节课，再与课外活动结合，提高课堂教学的质量，使学生的全面素质达到课程标准的要求。王海东老师为我们做出了榜样。

王海东老师邀我为他的论著作序。但我因年事已高，视力欠佳，无法拜读他的全书，只是看了目录，并有感于历来语文教学的争论，写了几句感想。是为序。

2018年8月26日

目 录

第一章 语文教学"多"的艺术 / 1
  第一节 何为语文教学的"多" / 3
  第二节 语文教学如何"多" / 30

第二章 语文教学"少"的艺术 / 47
  第一节 何为语文教学的"少" / 51
  第二节 语文教学如何"少" / 65

第三章 语文教学"多""少"结合的艺术实施策略 / 97
  第一节 "多""少"结合的意义 / 100
  第二节 "多""少"结合的实施策略 / 106

第四章 语文教学"多""少"结合之案例分析与点评 / 159
  一堂经典的问题解决展示课
    ——中原名师王海东《老人与海》(节选)教学案例 / 161

  语文教学联欢会,多少真味欢笑中
    ——全国百佳语文教师张荣谦《金铜仙人辞汉歌》教学案例 / 172

  一节"台词"少到让教师成配角的优质课
    ——河南省骨干教师张旭《项链》教学案例 / 181

  让思想成为课堂的统领
    ——河南省骨干教师程克勇《兰亭集序》教学案例 / 190

  时代背景下的女性悲剧
    ——河南省名师邵秀玲《祝福》教学案例 / 199

问题拓展提升课，促学生能力增强
　　——河南省骨干教师胡卫党《阿房宫赋》教学案例/207
在问题综合解决课上体现生本
　　——河南省骨干教师赵孝伟《登柳州城楼寄漳汀封连四州》
　　教学案例/214
创意诵读，一杯让人沉醉的酒
　　——漯河市骨干教师冯文权《将进酒》教学案例/226
景事人情皆生美，荷花文化共芳菲
　　——漯河市骨干教师张晨华《荷花淀》教学案例/241
用知识丰富头脑，用憧憬激励意志
　　——漯河高中骨干教师柴研珂《行路难》教学案例/256

后记/267

第一章

语文教学"多"的艺术

第一节 何为语文教学的"多"

风戏垂柳、湖波荡漾，花前月下、深谷曲涧，泉水叮咚、百鸟鸣啭，碧江晚霞、夏岭秋山……自然美景，尽收心中，百感交集，不亦乐乎？一堂好语文课正如美景在心，它引起的必然是人精神的松弛、舒畅和愉悦。这个"好"，换言之，便是"由心灵产生的和再生的美"。正如黑格尔所说："只有从心灵生发的，仍继续在心灵土壤中长着的，受过心灵洗礼的东西，只有符合心灵的创造品，才是艺术作品。"这种"心灵中的美"，首先，必然要经过精心的准备、广泛的积蓄和深入的研究。为师者的心中块垒尚不能"浇而化之"，何况学生呢？所以，要上好一堂语文课，课前内秀自蕴、英华聚敛的过程不可轻视。从这个意义上说，教师课前自我心灵的陶醉和感动多，课堂中"产生的和再生的美"就多。其次，借助美学意象充分调动学生的情感，群情响振，催化课堂，自可融会贯通，而后思路开阔。如此，每个学生在课堂中起初那种神秘的主体自由状态，诸如灵感、胸襟、冲动、沉醉、顿悟……都会一跃而起，华英缤纷，"心灵中的美"自会多不胜举。但"心灵中的美"最终的考量恐怕还少不了学生思绪的辐散聚合、纵向深入。教师既得善设疑点，又能当堂解疑，甚至要"于不疑处有疑"，做到让学生的思维在课堂上发生碰撞、沟通。只有这样，才能让一节语文课在结束时的"美"多如"一江春水""占尽风情"。正如列夫·托尔斯泰所说："知识，只有当它靠积极的思维得来而不是凭记忆得来的时候，才是真正的知识。"这样"由心灵产生的和再生的美"，既符合学生的认知心理特征，又体现学生的自主性、教师的主导性，整节课就会和谐、活跃、妙趣横生。

语文教学既是一种审美艺术，又是一种辩证艺术。审美是辩证的基础，辩证是审美的必然。

我至今还清晰地记得我的高中语文老师于景兰在作文课上让我们做过的填空题：

1. 张广厚，数学家，每天演算（12）个小时，半年能做完（3000）题。

2. 李时珍，医学家，参考医书（800）多本，辛苦钻研（27）年，完成《本草纲目》。

3. 顾炎武，思想家、革命家，每天温书（200）页，写出名著《日知录》。

4. 鲁迅，文学家、思想家，平均每年购书（700）多册，花费绝不低于工资的（十分之一）；一生读书共计（4233）种，（10000）册左右。

那时候，于老师的语文课是我们最不愿意错过的，上于老师的课绝对是一种美的享受。现在想起来，于老师的课其实正是胜在一个"多"字：精心准备"多"，调动情感"多"，激发思维"多"。"三多"循序渐进，使于老师的语文教学极具辩证艺术。

这种辩证艺术在美国教师菲拉的身上同样有所体现。她曾经用一道选择题让班上一个孩子一生的命运彻底转变。

这个孩子15岁，他顽皮、粗鲁、无礼。在学校里，他惹是生非，与同学打架，没有人喜欢他，也很少有人和他一起玩耍。

但有一个人除外，那就是菲拉老师。

一天放学后，菲拉叫住那个孩子，说："老师最近遇到了一道难题，你能帮老师找出答案吗？"

菲拉老师的问题是这样的——

有三个候选人，他们分别是：

（1）有点迷信，有两个情妇，有多年吸烟史，并且嗜酒如命；

（2）一般到中午才起床，曾经吸过鸦片；

（3）曾是国家的战斗英雄，不吸烟，偶尔喝点啤酒，年轻时从未做过违法的事情。

菲拉说："假如上帝要在这三个人中选一个能够造福人类的人，他会选谁呢？"

孩子会怎么回答呢？

孩子想都没想，就说："当然是第三个人啦。"

"不对。"菲拉摇摇头说，"你知道第三个人是谁吗？他的全名叫阿道夫·希特勒，他的罪行遭到全世界人民的唾骂。"

孩子呆呆地望着菲拉，他简直不敢相信自己的耳朵。

第一章 语文教学"多"的艺术

"那么，你知道前两位分别是谁吗?"菲拉停顿了一下，接着说，"第一个人叫富兰克林·罗斯福，是美国历史上唯一一位连任四届的总统。第二个人叫温斯顿·丘吉尔，是英国历史上著名的首相。"

菲拉用手抚摸着孩子的头说："你的人生才刚刚开始，过去的荣辱只能代表过去，让我们重新开始，好吗?"

孩子双眼含着泪水，坚定地点了点头。

许多年后，这个孩子的名字已被许多人知道，他的名字叫罗伯特·哈里森，华尔街最年轻的基金经理。

很明显，菲拉对事例精心准备"多"，教育过程中调动情感"多"、激发思维"多"，最终促成了一个15岁孩子的"质变"。

我把"三多"支撑的语文教学称为辩证艺术。至于其形成的过程，且听我慢慢道来——

一、语文教学的"多"指什么

绿萝是一种很普通的盆栽，因为普通，所以普遍，很多同事的办公桌上都有一盆。

我桌上的这盆，给点清水，它就能还你满眼翠绿，生机勃勃，还时不时地伸过来一两片叶子，和你的读书声一起摇曳。

办公室里喝茶侍弄花草的李老师告诉我，养花种草，不能浇太多水。浇水少，花草就会自己从土壤中、空气中摄取水分，根才会深，叶才会茂；浇水多，它的根和叶就失去了自主汲取水分的能力，甚至会因为水太多根烂而死——很多花都不是干死的，而是浇死的。

维系生命无须太多资源，教学也是如此。

教师传授给学生的知识也要多少适宜。但具体多少才算适宜，李老师没有告诉我，他因病提前退休了。

李老师送给我的这盆绿萝长得葳葳郁郁，我上完课正给它疏叶，小周老师推门而入。

"王老师，您帮帮我，我该怎么办?"小周老师一进门就急切地向我哭诉。

语文教学"多"与"少"的辩证艺术

原来小周老师按照我跟她所说的语文教学"少"的艺术组织课堂教学，刚有点起色，班里有些习惯于接受"填鸭式"教学又担心自己语文成绩的学生不愿意了，认为老师是在偷懒，不愿意付出，不仅向班主任告了状，还在教学评价表中的"教学态度和教学能力"一栏给她打了0分。更可气的是，学生回去跟家长一说，一群家长一大早便跑到学校嚷嚷着要求学校换语文老师。

现在很多学生都是如此，你给他的东西多，他即使不学，也觉得老师是负责任的；你给他的东西少，他即使学了，也觉得老师不负责任。这是一些学生的"强盗逻辑"。

历史的发展常具有重复性，人生的经历也常具有相似性。

看着委屈又难受的小周老师，我感同身受。

"来，小周老师，先别急，我给你讲讲我做教师第三年一个星期一早上的一段经历。"我给小周老师泡了一杯绿茶，茶叶在滚烫的开水中浮浮沉沉。

"你这当老师的，怎么能这样不负责任？"高三理（9）班张梦玉同学的家长当着年级主任的面指着我满脸愤怒地咆哮着。

刚被叫到年级主任办公室，这训斥声就迎面而来，"丈二和尚摸不着头脑"，我愣住了。

年级主任赶紧过来，劝慰那位学生家长："有话好好说，消消气。"

"我好好说？你让这个老师他自己好好说！"家长仍是气不打一处来，"一节课40分钟，别的老师都讲得拖堂还讲不完，他倒好，每次上课不到20分钟就不讲了！这样偷懒，不是误人子弟吗？！"

哦，是这样！我这才明白他来找我理论的原因。少学多思，给学生充分的思考和自我学习时间，变教学生学为引导学生学，变逼着学生学为学生主动学，培养学生积极主动的语文学习思维，这没错呀！

张梦玉是语文课代表，平时一直都表现得挺不错的，也没听见她有什么异议呀！我定了定神，问家长："梦玉对我的教学有什么不满意的吗？"

"哼！梦玉倒没有什么不满意的，还说你这样教让她觉得语文学习更有意思了。但有意思有什么用啊？我们是让她来学校学习的，不是让她来玩的，要是不上学，孩子才觉得更有意思呢。高三一年谁能耽误得起呀！"

家长越说越来气。

这位家长也真是的，事先也不和我沟通，直接在领导面前说我坏话。我也是一条有血性的汉子！但我不愿意跟他争论，仍然婉言相劝："梦玉家长，每个老师都有自己的教学方法。这教学水平，也不能以讲课的时间长短来论，是不是？"

"有个作家曾说过，耽误人家的时间，就等于杀人！一个语文老师，连一节课都讲不满，能有什么水平？我就这一个孩子，她也就这一年高三，可不能毁在你手上！"家长暴躁地想过来抓我的衣领，却被年级主任拦住，只好冲着我大吼，"不把这没本事、不负责任的老师换掉，我今儿就不走了！今儿不处理，我就找你们校长去！你们校长在哪儿？……"

这家长也太不讲理了！我也是一肚子气，一句话也说不出。

"好！换！"年级主任斩钉截铁地大声对家长说。

什么？换掉我？

平常对我青睐有加的年级主任，现在也太偏听偏信、迎合家长而不顾及我的感受了吧！家长一闹，就不分青红皂白地拿我当替罪羊了？

"行，只要能把这误人子弟的老师给我换掉就行！"家长转怒为喜。

"你不懂教育却来干涉教育，外行指导内行！"我自然是万分不服。

"一节课你只讲一半时间，你还敢冒充内行？换哪个老师都比你这个'内行'强！"家长不依不饶。

"换老师，必须要换掉。"年级主任看看我，又看看家长，"不过呢，换也要换个明白，要换得这位老师口服心服。是吧，梦玉家长？"

"对对对，就得让这年轻的假内行老师知道自己是怎么误人子弟的！"家长来了劲儿。

士可杀不可辱！"台上一分钟，台下十年功。讲得多容易混乱，讲得少也会出精华。功夫在课外，课堂才精彩。你知道吗？我为了在课堂上少讲一分钟，我在课前就要多备课半小时；为了在课堂上少讲一分钟，我在课后就要多评阅半小时。厚积而薄发、博观而约取呀！"说得我自己都满肚子委屈。

"我不知道你什么厚薄（博）！你说的意思就是你经过长时间努力，终于让自己讲不满一节课了？"那家长揶揄道。

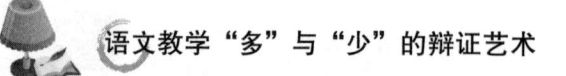

"就算是被换掉,我也要让你知道什么是'厚积',什么是'博观'!"我的倔劲儿上来了,带着家长和年级主任来到我的办公桌前,将我为了上课少讲而多做的准备工作一股脑儿地倒了出来,"我上课讲得少,是因为我讲究语文教学的'多'……"

"什么?就你?讲课不多,作业不多,还好意思说什么语文教学的'多'?"家长一脸的不满与不屑。

我也懒得搭理他,对着年级主任说:"语文教学的'多',就是教师通过多推动、多互动、多引导、多鼓励的教学方式,坚持凸显学生主体、教师主导地位的生本课堂教学理念,实现富有积极性、丰富性、深入性、持久性教学效果的有效教学实施理念。"

"哼!"那位家长冷笑一声说,"你这理论听起来好像很高深的样子!但是我听不懂啊,你讲课连我都听不懂,我的孩子能听懂吗?"

家长的这句话倒是说得在理。但我正在气头上,还是不搭理他。我继续跟年级主任说:"这是我给语文教学'多'的艺术下的定义,可能有些深奥,实施要求却是简单明了的。它是从教师教和学生学两个角度提出的。'多'既指教师的课前准备多、课堂服务多、课下反馈多,也指学生学得多、掌握得多,将学生的学习变成发自内心的活动,将学生引向积极学习、深度学习、独立学习的境界,而不是让学生多读书、多背教材,不是搞'题海'战术,打时间战,打疲劳战。"

"说得好听!你就说说你的语文教学有啥'多'。"那家长也不正眼看我。

我心中有十万个气球要爆炸,但看到年级主任冲我眨眨眼,我还是忍住了没爆发,对年级主任说:"语文教学的'多',主要有'四多'。"

1. 教师课前准备多,变"满堂灌"为"课前备"

"著名数学家苏步青曾说:'如果你用一分力量备课,两分力量上课,你就用三分力量批改作业。反之,如果你用三分力量备课,两分力量上课,你就可以只用一分力量批改作业。'备课不仅仅是看看教材、写写教案,其实备课既要备教材,也要备学生;不仅要重视'硬件'准备,也要注重'软件'准备。课前准备越多,教学思维就越清晰,教学层次就越分明,教学重难点就越清楚,哪儿该讲哪儿不该讲,哪儿该多讲哪儿该少讲就自然显露了出来。对教学内容的取舍会直接影响课堂教学的质量，也会成为课堂讲授时间长短的决定因素。"

"说得不错，继续！"家长瞥了我一眼，撇撇嘴说道。

我没搭理他，继续说我的。

2. 教师创设情境多，变"注入式"为"启发式"

"'填鸭式'的教学，教师从主观出发，不考虑学生的实际情况，不顾学生的接受能力和发展特点，不调动学生学习的主动性、积极性，把学生作为单纯接受知识的容器，把'死知识'硬塞给学生，学生学得被动、学得死板，是无法提升学生的能力和素质的……"

"这道理我懂，还用你说？我以前养过鸭子，鸭子本身就很贪吃，但想让鸭子长得更快，还得人来喂。左手抓过鸭子头，一捏两边，鸭子嘴就开了，右手挖三勺食物，往鸭子嘴里一倒，鸭子没咽下去，就用勺子往鸭子喉咙里一捣！往边上一扔，再抓下一只……"家长声情并茂地讲了起来，还配着动作。

"那您希望我们的老师像您喂鸭子一样，给您的女儿喂知识？"年级主任笑着问他。

"你当我傻呀！喂人跟喂鸭子能一样吗？但有一点我知道是一样的，那就是必须得喂饱！"家长横了我一眼，"学生要学知识，老师不能让学生饿着。"

"那鸭子要是噎住了，不消化，怎么办？"我问。

"噎住了，就把食物从鸭子的喉咙里抠出来，灌点水就行了！不过有一次，"家长又来了兴致，手舞足蹈地比画着对年级主任说，"有只鸭子就被噎住了，还没等我把食物从它喉咙里抠出来，它就踢了几下脚，死了。"

"那老师如果把知识硬塞给学生，学生不消化，噎住了，怎么办呢？"年级主任微笑着问。

"那……"刚才讲得眉飞色舞的家长，突然就像泄了气的皮球，张了张嘴，嗫嚅了几下。

年级主任看了看家长，又看了看我说："王老师，你跟家长说说我们该怎么喂学生，不，怎么教学生。"

我继续说道："启发式教学不但能够启迪学生接受知识，而且能启发

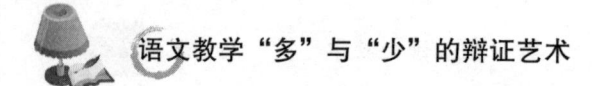

学生拓展知识、运用知识，更能够使学生活学活用，从而提升学生的能力和素质。"

3. 学生参与课堂多，变"被动听"为"主动讲"

家长一声不吭，我却口若悬河。

"没有学生参与的课堂是一潭死水，教师滔滔不绝，学生昏昏沉沉，没有互动，没有反馈，教师夹起书本离开教室的时候，他所讲的知识大多也跟着他离开了，学生是'雨过地皮湿'，没有深入地学到知识。只有让学生多多参与课堂教学，变'被动听'为'主动讲'，学生才能真正把知识掌握牢。"

4. 学生自由时间多，变"学知识"为"学能力"

家长沉默地看着我，我可不能对他沉默。

"学生没有自由时间，学习就没有规划性，他所学的知识就不能被消化，就是'死知识'，无法转变成能力。学生有了一定的自由时间，他才能够有规划、有创见地去安排自己的学习，并把自己所学的知识作一归纳总结，从而提升自己的应用能力。"

家长若有所思，我仍滔滔不绝。

"我上课讲得少，就是源于这些'多'呀。有了这么多的'多'做基础，我才能在课堂上删繁就简，去粗取精，去伪存真。我讲的时间少，但有效信息多，学生学起来轻松，掌握起来容易。我讲得有效，学生学得高效，不就行了吗？"

"好！弱水三千，只取一瓢；玉瓶甘露，滋润万物！"年级主任连声夸赞！

"嗯，也是，烂杏一筐，不如仙桃一口！嘿嘿，这老师看着年轻，道理懂得可不少！"家长终于开始点头称赞。

"道理虽然懂得多，但是课堂用时还是太少，不是照样误人子弟、坑害学生嘛！"我气鼓鼓地说。

"对！说把这王老师换掉，就得换掉！他连一节课都讲不满！"年级主任佯装生气。

"哎，可不能换掉！白皮红心的红薯可不好找，啊——我是说这样的好老师可不好找啊！怨我这'大老粗'不懂教书，不会说话！可别换，可

第一章　语文教学"多"的艺术

别换!"家长连声说。

"那您说换我就换我,说不换我就不换我,什么事都由您来定?"我想到刚才的屈辱,心中还是不平。

"嘿嘿嘿,王老师,您'宰相肚里能撑船',别跟我一般见识啦!"家长满脸歉意。

这时候,办公室的门开了,张梦玉抱着语文作业走了进来。

"爸,你咋在这儿呀?"张梦玉奇怪地问。

"嗯,哦,我路过,我路过,就过来问问老师你在学校听不听话。"家长搪塞着。

我和年级主任相视莞尔。

春秋代序,岁月轮回,只是我的二十年前流转成了小周老师必须直面的现在。

"真金不怕火炼!小周老师,你很优秀,又那么敬业、努力,你放心,学校是不会换掉你的。"

"可他们来势汹汹,来者不善!您是没看见刚才那场面,吓死我了!"

"没事的,你现在对我语文教学'多'与'少'的艺术有信心没有?"

"我信心坚定!可是面对那群气势汹汹的家长,我是对自己没信心。"

"每个人都要经历一个成长的过程,经历就是财富!我们现在过去看看情况吧!"

大老远就听到教务处热热闹闹,推门进去就看见五六个家长正在跟教务人员激烈地争论着。我跟小周老师一进来,有家长就对小周老师说:"还说你跑哪儿去了呢!原来是搬救兵去了。"有一个家长学着《西游记》中红孩儿的口吻冲我喊:"你是猴子请来的救兵吗?你是猴子请来的救兵吗?"家长们都笑了起来。

我也笑着说:"这学校可不是什么火云洞,我们也不是来降妖除魔的,大家更不是什么妖魔鬼怪,不要妖魔化自己的思想和语言。这里没有唐僧等大家来吃肉,也没有孙悟空等着和大家决斗!大家和我来这儿,目的都是一样的,就是解决问题!我欢迎各位家长朋友的到来!"我这几句话一说,教务处立刻鸦雀无声了。

我收了笑容,严肃地说:"你们刚才取笑自己孩子的老师,年轻如小

语文教学"多"与"少"的辩证艺术

周老师,年老如我,这既是对教育、对知识的轻视,也是对我们老师的不尊重!家长都不尊重老师,孩子怎么会尊重老师呢?'亲其师,信其道',孩子连老师都不尊重,怎么会相信老师所传授的知识,又怎么能从老师那儿得到知识呢?"

家长甲连声说:"开玩笑,开玩笑,刚才是开玩笑的,你是——?"

"哦,我姓王!"

"啊,王老师好!"家长甲握了握我的手,"我们不是不尊重老师,也不是想找事。我们今天来,是事找上我们了!"

"对,要没事,我们也不会都跑到学校来。我们就是想跟学校反映情况,想举报周老师办辅导班的事。"家长乙抢着说。

小周老师办辅导班?竟有这事?

教育部专门出台《严禁中小学校和在职中小学教师有偿补课的规定》,严禁公办教师办辅导班,进行有偿家教。

小周老师竟然以身试法?

我把目光转向小周老师,小周老师忙委屈地摆手说:"没有的事,我绝对没有办辅导班!"

我相信小周老师,可也一头雾水,毕竟是无风不起浪啊。

家长乙说:"你没办辅导班,谁信呢?教育部部长就批判过你这号人——'老师要按照大纲足额授课,绝不允许课上不讲课下讲、课上少讲课后讲!'"

"您见过或听说过周老师办辅导班课下讲、课后讲了?"我也有点儿担心。

"我虽然没见过,也没听说过,但是你想想啊,这周老师课上讲得少,有时候还不讲,那你说她不是为办辅导班是为什么呢?"

"上课讲得少,您也不能说周老师就是为办辅导班啊,那可是违反教育部规定的!"我略微松了一口气。

"上课少讲、不讲,是教育部部长都反对的事,至少是周老师教学不作为、工作不负责!"家长丙的情绪又激动起来了。

我心里却一块石头落了地:"大家少安毋躁!我在这里给大家解释一下。我们所提倡的少讲,和教育部部长所批判的少讲、不讲完全是两码事！我们所说的少讲是包含于语文教学'多'与'少'的艺术中的。"

"你这说的是'白马非马'？语文教学还讲辩证法吗？"家长丁问。

我笑了笑说："我们确实需要用辩证的观点看待语文教学，需要用辩证的观点看待老师讲课时间的长短、讲课内容的多少，以及学生自主学习的利弊。就像你们刚才所说的周老师上课讲得少的问题，对这件事也要辩证地看待——讲得多，像'懒婆娘的裹脚布——又臭又长'，不一定是好事；讲得少，像英国诗人布莱克写的：'一粒沙中有一个世界，一朵花里有一个天堂，把无限放在你的手掌，永恒便在刹那间收藏。'少的是形式，多的是内涵。"

"别来那又玄又虚的形而上，还是给我们做具体解答吧！"家长丁说。

"具体来讲，我要求我们的老师在'少'中体现'多'的原则——"说到这儿，我故意停顿了一下。

二、语文教学"多"的原则

我接着说："不过说来话长啊！我的同事们现在已经在语文教学门诊处等我了……"

"语文教学门诊处？那是什么地方？干什么的？"家长戊很好奇。

我向他解释："语文教学门诊处就在语文教研室，是专治各种语文教学疑难杂症的地方，我们的愿景是'把脉语文课程，针灸语文课堂，剖析语文难点，调理语文教学'。这样吧，咱们先把小周老师的事放一放，跟我去语文教学门诊处看看，如何？"

一个不屑的声音传来："我们是来要求换老师的！你是想把我们都支走，还是想拖延时间呢？"有家长觉得自己看透了我的"阴谋诡计"。

我故作惊讶："换老师？换掉小周老师吗？你们确定？"

"对！""对！""这就是我们这次来的目的！"家长们又开始嚷嚷起来。

"没问题！"我装作没看见小周老师惊讶又委屈的表情，满口答应。

家长们都很满意，只是觉得我答应得太过爽快，还有点儿怀疑。

"大家先跟我到语文教学门诊处，等我问诊完毕，咱马上办换老师的事，行不行？"我大力邀请家长们。

语文教学"多"与"少"的辩证艺术

"毕竟换成哪个老师还得商量商量,这事也急不来,咱们就先跟他一块儿去吧。"家长丁说。

今天的语文教学问诊在诸位家长的环视下开始了。

小程老师满面愁容,叹着气坐在椅子上,垂头丧气地说:"王老师,您帮我看看吧,我头昏脑涨,四肢无力,心里空落落的。我感觉我的教育生命就要结束了。"

"生病了就去医院,王老师又不是医生,你在这儿不是浪费时间吗?别把你的病给耽误了!"家长甲赶忙说。

"我去医院看过了,医生给开的药不对症。我这心里总是憋得慌,还是得找王老师给我诊疗啊。"小程老师告诉家长。

我看着愁眉不展的小程老师说:"身体的病,我这儿是治不了的。我这儿是语文教学门诊处,专治医院治不了的语文教学上的疑难杂症,把脉语文教学,专治教学心病。"

"我还真的就是教学心病,"小程老师叹了口气,"班里有一个学生整天挑我的刺儿,找我麻烦。"

"谁呀?还想找老师麻烦?"家长丙大声嚷了起来,忽然声音又降低了下去,小心翼翼地说,"不会是我家那'熊孩子'吧?"

除了小程老师,大家都笑了起来。

"唉,要是只有一个'熊孩子'也就算了,关键是现在那个学生又纠集了一大帮人,动不动就跟我作对。"小程老师苦恼地说。

"学生正处于青春叛逆期,看顺眼的事少,看不顺眼的事多。"我宽慰小程老师道。

家长们也纷纷议论起来。

"王老师说得对,现在的孩子,别说看老师不顺眼,就是看到我们家长都不顺眼,你为他的吃喝拉撒操心,他整天看你跟看仇人似的!"

"就是,我家孩子跟我们都冷战一个多月了!"

"我家孩子冷战都是好的,他们爷儿俩动不动就吵起来了!"

……

"咱们来可不是为了说家务事的,也不能影响老师备课教研啊!"家长丁觉得家长们有点儿喧宾夺主了,赶紧制止。

我言归正传:"小程老师,你说说学生是怎么跟你作对的呀!"

小程老师说:"我提个问题,他们不认真思考,不好好回答,还尽问一些稀奇古怪的问题,动不动就起哄。"

"要是我,我就揍他!"家长乙忍不住插话。

"老师不能体罚学生,更何况,这问题的根源还在老师!"我这话一出口,所有老师都觉得不可思议,家长们也都愣住了。

看到大家一脸的迷惑,我连忙解释:"学生尤其是高中生,是有些刺儿头。如果教他们的老师正好是年轻老师,那么他们可能就更加爱挑刺儿了。"

"因为他们正处在一个狂妄的年纪,常常会通过打破老师的权威这种方式来证明自己的成长、成熟!"家长丁见解深刻。

我点点头:"对,学生是有这种想法!但是如果我们能够充分发挥自己的才智,这个时候也恰恰更容易建立自己的权威。"

"王老师,您的意思是……"

"那些学生向你发问,即使是稀奇古怪的问题,也只是想考查你的能力。你认为他们是挑刺儿,所以不愿意作答,反而让他们认为是你无能;但如果你能正面回答他们的问题,那么他们就会感觉到'人不可貌相,海水不可斗量',你越是能应对他们那些稀奇古怪的问题,你的权威就树立得越高。这就要求我们当老师的不仅要有一个看问题的正确态度,而且还要注重语文教学'多'的艺术。"

我给小程老师开出了第一张"药方"——

1. 丰富性原则:手中有"粮",心中不慌

"如果我们练成了'金钟罩''铁布衫'的功夫,还会畏惧学生的八面来袭吗?不会。所以我们要注意提升自己的专业水平,学生现在都有'一桶水'了,我们就必须有源头活水才行,至少备课要做到厚积薄发,'厚积'在课前,'薄发'在课堂,备得多而丰富,讲得少而有效。"

"备课也是大有学问的。"赵老师说,"备教材,要抓住重点。教师备教材要确定教学目的、任务和要求;明确教材的体系和内容的主次;突出重点,抓住关键;注重研究和解决教材中的难点;在突破难点时要考虑到学生的实际,包括学生的知识结构、年龄特点和认知规律。"

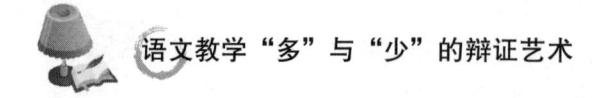

"备学生，要找突破点。教师在备课过程中不仅要钻研教材，更要对所教学生的实际状况进行深入的调查、研究，对学生的特点要了如指掌，从而使对教材的处理和教法的选择更加符合学生的实际。教师在备学生的过程中应重点考虑两个问题：一是必须做到最大限度地体现因材施教的原则；二是必须做到最大限度地发展学生的智力和能力。"小董老师接着说。

"备教法，要寻求特色。当前教学方法的种类很多，如讲授法、发现法、问题法、讨论法、观察法、实验法等，这些教学方法各有优劣。某节课可能只运用一种方法即可收到良好的效果，而另一节课则可能需要运用多种方法才能收到良好的效果。只有从教学内容和学生实际出发，才能真正设计出灵活、适用、奏效的优良教学方法，否则，即使是已被众多教师公认的高效的教学方法，如果被孤立地运用或机械地运用，也将难以奏效，甚至会适得其反。"小方老师附和道。

"备练习，要有的放矢。课堂练习是课堂教学的重要组成部分，因此，教师要紧密围绕教学目的、重点和难点精心设计课堂练习，要做到有的放矢，要注重方法的灵活多样。"小周老师补充道。

"那你说说，目前课堂练习主要存在哪些问题呀？"我特意问小周老师。

小周老师会意，侃侃而谈："一是重讲轻练，教师的主导作用'有过之而无不及'，而学生的主体作用显得薄弱；二是练习题设计的盲目性很大，缺乏较强的针对性；三是课堂练习的量偏大，学生手忙脚乱，没有充分的思考时间；四是课堂练习题单调，缺乏层次和梯度；五是教师在学生练习中忽视矫正错误这一环节，不利于学生对知识的消化吸收和良好学习习惯的养成。"

"言之有理！"我看了看家长们，赞扬小周老师。

"语文教学门诊，这个创意很好！我也是'重病'在身，寻医多年未得呀！"家长甲从围观的家长队伍中走到我面前。

"您是——"

"哦，王老师，我忘了跟您说了，我也是一名语文教师，在实验中学工作。"家长甲见我一脸困惑，解释道，"语文不好教，备课任务、教学任务、批改任务都比其他学科多得多。就拿评卷来说，我们努力地评，有时候才只进行到一半，其他学科就已经评完了。累点儿也没什么，这是咱的工作，是咱选择的职业，可我们整天忙着教学、改作业、评试卷，都没闲的时候，想把思考的东西总结下，可就是没时间。唉，你看我还不到40岁，看着却像50多岁的。我怎样才能像王老师您这样，既有丰富的教学实践，也有丰硕的理论研究成果呀？"

"你不像50多岁，看着像40来岁的，只不过有点谢顶，头发要是长出来了，就像30多岁的了。"一位家长不知道是在安慰还是在嘲弄。

家长甲也不理会，继续说："语文老师的工作经常是吃力不讨好。想着让学生多学一点，再多学一点，为了帮学生提高成绩，不辞辛苦，结果却适得其反——学生累得晕晕乎乎，自己累得病病歪歪。老师怀着把学生送入学习乐园的美好愿望，却把学生送入了苦海，也把自己送进了'无间道'。本以为是助人不留名，结果却似乎成了损人不利己；本想着'待到山花烂漫时，她在丛中笑'，结果却成了'来归相怨怒'。"

"个人英雄主义者大都带有悲剧色彩！单兵作战，想赢得战争的胜利肯定是难呀。"小方老师不无同情地对家长甲说。

小董老师点点头："是啊，众人拾柴火焰高，众人划桨开大船。现代社会知识的更新、传播速度都前所未有地快，如果仅仅依靠个人力量去收集、归纳、总结，无异于以尺测天、以斗量海，难的可不是一点半点！"

我向两位老师投去赞许的目光，为家长甲开出了第二张"药方"——

2. 协同性原则：建工作坊，打群体战

"服用此药，当以积极奋斗之心为药引，配以集体荣誉感，内服三个月，即可初见成效。"我和家长甲开玩笑道。

家长甲若有所思，对我说："嗯，你们说得对！'一个和尚挑水喝，两个和尚抬水喝，三个和尚没水喝'的时代一去不复返了，只有每个和尚都发挥自己的特长，贡献自己的力量，团结协助，共谋发展，庙里的水缸才不会枯竭，庙里的和尚才能人人有水喝。"

家长丁也来了兴致："我给大家即兴作一首打油诗：一人打水几人喝，水少人多人人渴；众人打水众人喝，喝完水后快念佛！"

"嗯，集众人之力备课，自然轻松快捷，这样就可以节省出时间进行教学理论研究了！"家长甲又转向我，"王老师，您既然开出了这张'药方'，我想学校一定在这方面做出了一定的理论研究和实践探索，能不能

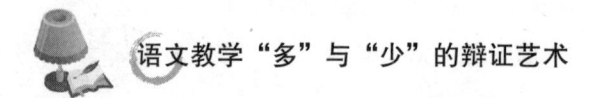

把你们建工作坊、打群体战的灵丹妙药送我几丸？"

我哈哈一笑："不只送给你几丸药，我把详细配方都给你！"

协同性原则：建工作坊，打群体战

为切实提高漯河市高级中学（以下简称"漯河高中"）语文学科教研水平，全面提高全体语文教师的钻研能力、协作能力、创新能力和业务能力，助力学校的师资队伍建设，打造语文教学"多"与"少"的辩证艺术精品课程，实施全员科研，为学校教育教学水平的提高打下坚实、科学、有效、高质量的基础，特按以下方案积极开展工作坊活动。

【工作坊名称】

漯河高中语文教学"多"与"少"的辩证艺术工作坊。

【活动目标】

1. 依托工作坊为各年级语文教研室建立语文教学"多"与"少"的辩证艺术课例示范性子工作坊，开展课例打磨，进行教学方式研讨。

2. 组织子工作坊教师进行语文教学"多"与"少"的辩证艺术专项研修和培训学习。

3. 组建语文教学"多"与"少"的辩证艺术子工作坊骨干教师队伍。

4. 建立常态化工作坊研修运行机制，促进教师的专业化发展。

【活动对象】

漯河高中全体语文教师。

【活动各阶段任务安排】

（一）组建课例打磨团队

基于子工作坊模式开展的课例打磨团队是以年级为单位进行划分组建的，以小组为单位开展，由漯河高中语文教学"多"与"少"的辩证艺术工作坊坊主担任导师。各团队的具体组建方式如下：

1. 子工作坊坊主：分配到各年级的语文教研室主任、副主任。

2. 组长：各年级备课组长。

3. 组员：相应年级的高中语文教师。

（二）提出方案，制订课例打磨计划

课例打磨融"三维"——问题导学、思维建构、卓越发展为一体，引导学生积极养成学、议、探、展、点、练六种能力，使每个学生都尽可能提升自己的发展空间。

"三维"贯穿于课前、课中、课后每个环节，一节45分钟的课也可分为小课前、小课中、小课后。教师在课中用减法，课前、课后用加法，也就是抓两头、放中间。课前精心编制"一案"，课中有序使用"三单"，课后及时重组问题，在学习过程中始终贯穿对学生学、议、探、展、点、练六种能力的培养。

（三）课例打磨阶段

1. 有效研课，编制"一案"

子工作坊教师要在课前编制"一案"，即"课堂问题导学案"。"一案"的编写过程包括三个阶段：一是研究教材、个人初编，编教学大纲、课程标准，从了解、理解、应用三个认知层次总结知识点、重难点、注意点；二是合作研究、集思广益，教师共同探讨教法、学法、考法、练法，对课程标准做到"心中有数、胸中有书、目中有人"，既要考虑教师怎样教，更要思考学生怎么学，还要探讨怎么考、怎样练；三是集体修改导学案，在创新落实上下功夫。

学期初，子工作坊讨论拟订课时计划，坚持老、中、青教师相结合的原则确定编制小组。编制小组确定后便分配任务，确定主备课人，主备课人发挥个人才能，开始编制"一案三单"。主备课人在规定时间内写出初稿供编制小组讨论，编制小组发挥集体智慧，将讨论意见和建议反馈给主备课人。主备课人修改后交子工作坊讨论审议。之后，主备课人根据子工作坊反馈的意见和建议修改、定稿，交付印刷。随后上传电子稿，资源共享，循环使用。在使用过程中，其他年级可以不断更新、完善"一案三单"。

为充分体现"一案"的导学性及其对"三单"的指导性，"一案"分课前、课中、课后三个部分来呈现，充分考虑"三单"知识间的必然联系。

在使用过程中，按照问题生成发现课、问题解决展示课、问题拓展提升课三种课型，教师分别将"一案"简化出导读学案、导解学案、导拓学案，教师使用完整版，学生使用简化版。简化版提前一天发给学生，把三

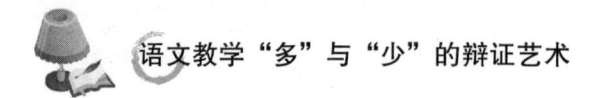

维目标、技巧方法、重难点等展示给学生，并给学生提供必要的指导。

2. 有序使用，重组"三单"

"一案"的编写和使用确立了学生合作学习的整体框架。然而，要使课堂真正生动鲜活起来，还必须借助"三单"的有效植入、有序使用和及时重组。

（1）问题生成评价单

问题生成发现课上，学生以导读学案为工具，通过自主预习、合作发现，共同生成问题生成评价单。

首先，教师在上课前一天将导读学案发给学生，让学生在课前完成自主预习。学生从阅读"六字诀"查、画、写、记、练、思入手，反复阅读文本，与文本进行全面、深入的对话。预习结束，学生从导学案和课本中自主发现个人解决不了的问题，填写个人问题生成评价单，提交给学科长。

课中，以小组为单位，通过议论、探究、展讲，逐一解决个人发现的问题，并达成共识。对小组无法解决的问题，填写小组问题生成评价单，由学术助理统一收集。

之后，教师对学术助理收集的问题生成评价单进行整理、分析，对个别相对简单的问题在课堂上点拨解决。如问题很多，且都较有价值，但难于解决，可在教学过程中设置"问题招标"环节，在课堂上"招标"解决。

最后，其他没有解决的问题由学术助理在课后重组为问题生成评价单，在问题解决展示课上解决，问题生成发现课到此结束。

（2）问题解决评价单

在问题解决展示课上，学生以问题生成评价单为工具，通过课堂分析探究、展示交流、共同解决的方式生成问题解决评价单。

首先，教师将问题生成评价单上的问题重组生成问题解决评价单，和导解学案一起提前一天下发给学生，由学生在课前自主解决问题。

课中，教师将问题解决评价单上的问题合理分工，以小组为单位，各小组遵循展、思、论、评、演、记"六原则"对自己的问题合作讨论、分析探究，并在课堂上展写和交流答案。在这个过程中，其他小组认真倾听、质疑、追问、争辩，展示各自不同的观点和见解。在问题解决展示过程中，教师更多的是调控各类学生展示的机会，鼓励学生积极参与，大胆质疑，关键时刻教师再出手点拨、归纳、提升。

之后，教师对难以解决的问题加以重点引导，对展示不到位的知识点质疑、补充、规范，并用典型的例题进行训练巩固，使知识更加系统、完善。

最后，对尚未解决的问题和需要进一步重点解决的问题存疑，由学术助理在课后填写问题拓展卡，留待问题拓展提升课上解决，问题解决展示课即告结束。

（3）问题拓展评价单

在问题拓展提升课上以导拓学案和问题拓展卡为工具，学生借助问题拓展评价单总结规律和方法、提升思维能力。

首先，教师将问题拓展卡上的问题重组生成问题拓展评价单，和导拓学案一起提前一天下发给学生，让学生在课前自主解决问题。

课中，教师针对拓展问题精选一些课外文本材料、典型事例或高考试题补充在问题拓展评价单上，让学生进一步学习、理解和研究。学生遵循忆、练、思、展、论、提的拓展"六字诀"合作、探究，学会分析、归纳、总结文本，构建知识树、形成知识网。在此基础上，教师进行点拨、修正、完善，积极引导学生思考，实现学生思维的多向性、灵活性、广阔性，既要起到优生优培的作用，又要对一般学生起到知识积累及兴趣激发的作用。

最后，教师提供问题拓展训练相关链接，由学生在课后自主研讨，问题拓展提升课随之结束。

"一案"既是教师的教案，又是学生的学案。"三单"中的内容既是学生自主学习过程中呈现的问题，又是学生合作学习过程中强调的重点。"三单"不是简单的习题集，其体现知识间的必然联系，即知识问题化、问题层次化、层次梯度化、梯度渐进化。"一案三单"不是一成不变的，其重点在于"导"，核心是"学"。

（四）科学评价，成果提交

为保障"一案三单"的有效落实，保障课例打磨目标的达成，学校以学生学习小组作为学习活动的基本单位,组内互助合作,组间公开竞争。教师健全个人自我评价、同伴评价、学科长评价、小组长评价、学术助理评价等多种评价方式;评比"星级班集体""星级小组""星级宿舍"和"学习之星""学习达人";建立学生成长档案,从自主管理、行为规范、有效课堂、修身工程、社团活动、社会实践、研究性学习、学业成绩等方面对学生综合评价,建立学生评价的长效机制,公平公正地评价每一个学生。只有完成了科学评价的课例,才可以作为子工作坊课例打磨成果提交。

(五)辐射推广

采用与子工作坊同样的研修方式,在本校开展线上线下相结合的集体课例打磨活动,并提交一份基于本校集体磨课的活动方案。

【分工安排】

(一)工作坊主

负责给各子工作坊分配任务并监督其活动的开展,同时给予各子工作坊活动开展过程中专业上的引领和指导,督促其按时完成任务,并及时给予科学评价。

(二)各子工作坊

负责制订磨课计划;认真组织课例打磨的实施全过程;协调专家、名师给予充分指导,线上集中研讨,及时调度打磨进程;收集备课、研讨、观课、上课、议课、反思、总结等过程性材料,并将材料及时发布到工作坊中;撰写磨课总结等,保证课例打磨活动的高效、有序开展,为工作坊模式在本区县内的推广奠定基础。

(三)漯河高中校园网络教育中心

负责工作坊网络研修过程运营;负责提供线上课程资源、平台服务支持;负责工作坊主研修活动指导的发布;负责各子工作坊成果的收集和整理;等等。

【常规管理】

漯河高中语文教学"多"与"少"的辩证艺术工作坊将依托学校教务和科研部门加强工作坊的常规管理,对"五个一"进行量化考评。

(1)每人备一节课,体现工作坊学习内容。

(2)每人上一节课,检验工作坊学习成果。

(3) 每人组织一次集体观课活动，给自己提出意见和建议。

(4) 每人做一次课后反思，记录实践的过程与结果。

(5) 每人听一次课，用课堂观察量表去记录、分析。

结合培训课程内容，观摩本校同学科教师的一节课，并使用培训课程中提供的作业模板，认真完成"课堂观察记录与分析"作业。

作业要求：

(1) 按照"课堂观察记录与分析"模板来完成作业。

(2) 课堂观察要基于学生学习视角，关注学生的状态和反应，注重细节。

(3) 要描述和记录教学过程，并进行分析、反思。

(4) 作业字数不少于300字，内容必须原创，如出现雷同，视为无效作业，记0分。

"说得不错。但说了半天，你们还是从教师这个角度说的。我向来是'不看广告看疗效'的，'不管黑猫白猫，捉住老鼠才是好猫'。你们得让我们的孩子学到真功夫、真学问，否则哪怕说得天花乱坠，落到地上也是烂泥一堆！"家长乙不肯轻易接受他人的意见，但话糙理不糙。

"这话我赞成！从教师的角度谈语文教学'多'的艺术我不怀疑，因为对咱们学校教师的能力我是不怀疑的。但是教师在课堂上讲得少，从目前来看教师的能力是否能转变为孩子的能力，我是有些怀疑的。王老师，您既然开办这个语文教学门诊处，我希望您也给孩子的学习把把脉，诊疗一下让孩子头晕、让我们这些家长头疼的学习问题。"家长丁说。

"两位家长说得对！语文教学门诊处不能只针对教师的教，也要针对学生的学。教和学是语文的一体两面，都不能偏废。"于是，我开出了语文教学的第三张"药方"——

3. 积极性原则：主动出击，抢占先机

可能是因为有家长在场，老师们都有些拘束，我赶紧提醒："各位老师，大家要积极发言，谈谈语文教学中学习层面的积极性问题！"

小方老师打破沉寂："所谓积极学习，即学生全身心地参与学习、探究观念、解决问题，并能在实践中运用所学知识，使学习变成发自内心的活动。有的学生语文基础差，还不想学，一看语文书就瞌睡，做语文题就是应付，到考试时却抬起头来向老师要成绩。俗语说'又想好又想巧，又想老牛不吃草'，等天上掉馅饼，哪有那么好的事啊！"

小李老师发起了牢骚："就是！学生的学习态度有问题，学习不积极，不愿意下苦功夫学语文，考前不知道去积累，考后拿着试卷去问老师。题做错了不知道找错误原因，而是先找老师，那下次肯定还会错。"

小张老师说："没错，学生只有保持语文学习的积极性，主动出击，问题生在考试前，解决在考试前，才能抢占语文学习的先机，在考试中取得好成绩。"

家长丙见各位老师讨论得很热烈，也插话了："我也同意各位老师的意见，孩子要想学习好，必须发挥学习的积极性、主动性。俗话说，我背你去看戏，还要你睁开眼睛看呢！但学习可不是件吸引人的事呀，各位老师给支支招儿，怎样让孩子有学习的积极性呢？"

小董老师支了一招儿："要确立明确的学习目标，我觉得这是提高学生学习积极性、主动性的基础。有了明确的目标就有了明确的目标导向，以设想的、理想的成绩来激发自己产生奋斗的力量，激发自己生成应对现实困难的勇气，增加战胜自我、实现目标的决心和信心。"

小方老师强调："要培养积极的心理暗示。就是说要从改变、改善学生对学习的心理暗示入手，让学生对自己不喜欢的学科培养积极的学习期待心理，预设一个好的结果，并不断强化'希望在于未来，未来在于拼搏''我努力，我成功'的心理暗示，让自己对自己、对学习、对未来充满信心，相信该学科是非常有趣的，自己一定能学好这门学科。这样，想象中的兴趣就会推动学生认真学习该学科，从而对该学科感兴趣。如果对语文学习毫无兴趣，他就会怀着一种焦急的心情等待下课铃声响起，而不可能有心思去学习。为了培养学生对语文学习的兴趣，可让学生反复地暗示自己：'我喜欢你，语文！'几遍之后，学生就会觉得语文不像从前那样枯燥无味了。"

赵老师说："要增强自我成就感。劳而无功，会很容易让人产生沮丧、懈怠等消极情绪，失去学习的主动性和积极性。不妨在学习的过程中每取得一个小的成功，就进行自我奖赏，达到什么目标，就给自己什么样的奖励。有小进步、实现小目标，则小奖励，如让自己去玩一次自己想玩的东西；有中进步、实现中目标，则中奖励，如买一本自己喜欢的书；有大进步、实现大目标，则大奖励，如去旅游。这样，通过渐次奖励来巩固自己的行为，有助于增强自我成就感，不知不觉中就会对学习产生兴趣，进而提高学习的积极性。"

小周老师已经摆脱了不良情绪的困扰，大声发言："还要敢于挑战自我。每个人的骨子里都有一种愿为人先、不甘人后的斗志，一种不服软、不认输的挑战意识。学生可以向自己挑战，如30分钟背50个成语，10分钟作一篇论述类文本阅读，坚持学习2小时而不看一眼手机，坚持30天疯狂学习语文，等等。也可以向比自己优秀的同学挑战，当然，这个挑战可以在心里暗暗进行，即将其作为自己的标杆，时刻保持竞争状态，如比他早到教室1分钟，比他晚离开教室1分钟，比他多读1分钟书，比他多做1道题，等等，并坚持激励自己，给自己源源不断的动力。"

"老师们说的方法真好！我回去就让孩子试试看！"家长乙快人快语。

家长丁沉思了一会儿，问道："我的儿子学习也有积极性，对学习他并不反感，而且经常学到深夜，节假日也常常在家学习，可学习成绩就是上不去。我们苦恼，孩子更苦恼。王老师，怎么会出现这种状况？您给费心诊断一下吧。"

家长乙抢着说："哎，这个我知道！我家孩子也有这种情况。原来我也莫名其妙，后来我看了作家肖卓写的《你只是假装很努力》，才明白是怎么回事。我手机上有电子书，我给你们念一段。"

我在偏僻的农村长大，出发去县城高中读书的那一天母亲告诉我：加油，孩子，这是你改变命运唯一的机会。于是，我勒了勒背上书包的肩带，心里暗暗发誓要努力。到了县城花花绿绿的世界，来自农村、家庭条件很差的我，总是感觉自己低人一等。我知道要改变自己的自卑心理，只有通过努力读书来找回自信。

刚刚进入高中时，我自己仿佛打了鸡血一般，每天早上赶紧吃完早餐，第一个冲到教室，中午不休息，晚自习也是很晚才离开教室。那时候，课桌被我刻意堆满一大摞书，像是"围城"一样，我把头埋在"围城"里面学习，不管外面的世界发生了什么。可是尽管这样，我的成绩还是很差，经常在中下游徘徊。

老师和我说，没事，你已经很努力了，只是运气不好而已。当时的我也是这样觉得：我已经很努力了，只是命运不公而已。后来一个新的学期，班上来了一位新的生物老师，讲课生动活泼，上的课程内容是我非常感兴趣的。课上我会用心思考问题，课后我会带着问题去找答案。生物课我并没有像别的课程那样花很多心思，只是跟着老师思路走，多思考了一下。后来，生物考试我竟然考了全班第一，还拿了生物竞赛三等奖。

直到那一刻，我才知道，我之前只是在一直假装努力而已。我很早跑到教室，可是，我根本没有清醒，背诵课文和英语单词像念经一样，总是记不住。

别人在用心背书的时候，我总是在想着我怎么背不上，怎么这么难背，想着其他无关的事情。上课的时候也是这样，老师在上面讲课，我在下面低头写作业，干着其他的事情。我每天假装拼命学习，心里想着我不能对不起父母，我要在学习上超过别人，却很少真正想和学习有关的事情，最后把自己给感动了。

假装努力从而感动自己是非常可怕的事情，它比不努力还要可怕：因为它让别人连去唤醒你、启发你的机会都没有！

"嗯，这篇文章我也读过。我也一度认为孩子是在假装努力学习，可后来发现并不完全是。所以在此请教王老师。"家长丁还是忧心忡忡。

"出现您孩子这种状况的原因有很多，像思维方法、作答技巧、接受能力、知识迁移能力等，仅凭您说的这些，一时也难有定论。我教过您孩子一个星期的语文，学习不深入应该是他学习积极成绩却上不去的重要原因。我先开一剂'药'，让他'服下'。"我开出了第四张"药方"——

4. 深入性原则：追本溯源，探骊得珠

我解释道："深入学习，即学习者积极地探究、反思和创造，不只是要反复记忆，还要深入思考；不只是要长时间学习，还要在理解学习的基础上，批判地学习新的思想和知识，并将它们融入原有的认知结构中，在众多思想间进行联系，将已有的知识迁移到新的情境中，做出决策，解决问题。"

"深入不深入，这比较虚呀！该怎么做呢？"家长丁问道。

"这个我们以前也研讨过。想要深入学习，就要着重把握预习、听课、

第一章 语文教学"多"的艺术

复习三个环节。各位老师谈谈这三个环节吧!"我向同事们抛出了问题。

"第一个环节是深入预习。在老师讲课之前,学生自己先独立阅读新课内容。初步理解内容,是上课接受新知识的准备过程。有些学生由于没有预习习惯,对老师将要讲的内容一无所知,坐等老师讲课,老师讲什么就听什么,老师叫干什么就干什么,没有深入思考。预习,能发现并弥补自己知识上的薄弱之处,不使它成为听课时的绊脚石,这样就会顺利理解新知识,有利于听课时跟着老师讲课的思路走,有利于弄清重点、难点所在,便于带着问题听课与质疑。这样,学习时就能深思一点、深学一层。"小李老师说。

"第二个环节是深入听课。听课是学生接受老师指导、获取知识的重要途径,是保证高效率学习的关键。听课时,有的学生全神贯注,专心听讲;有的学生分心走神,萎靡不振,打瞌睡。有的学生像录音机,全听全录;有的学生边听边记,基本上能把老师讲的内容都记下来;有的学生以听为主,边听边思考,有了问题记下来;有的学生干脆不记,只顾听讲。思考时,有的学生思考当堂内容,有的学生思考与本课相关的知识体系,有的学生思考教师的思路,有的学生拿自己的思路与老师的思路比较。所以,学习深入不深入,在听课时就基本见分晓。"小张老师说。

"第三个环节是深入复习。复习是指对前面已学过的知识进行系统再加工,并根据学习情况对学习进行适当调整,为下一阶段的学习做好准备。若复习适时深入,知识就学得牢固。深入复习,就要从不同的角度进行复习,反刍知识;就要从不同的层次进行复习,挖掘知识;就要做到每天有复习,每周有小结,每章有总结,从而深度掌握系统知识。很多学生对所学知识记不住,并不是脑子笨,而是不善于复习,或在复习时下的功夫不深。"小程老师说。

小董老师总结道:"预习环节欲深,就要知晓重点、难点所在;听课环节欲深,就要与老师的思维保持同步甚至超前;复习环节欲深,就要坚持反刍、挖掘、总结知识。"

"好!老师们讲得真好!我已经用手机录了音,回去就放给孩子听,让他知道学习必须要深入,浮在表面是不行的。"家长丁满意地收起手机。

"哎,把手机拿过来!"家长乙的一声喊吓得大家都愣住了,家长乙不

好意思地解释,"啊,不是,我是想让你把录音传给我一份,我家孩子,我说什么他都不听,还老爱跟我对着干,老师说的话他还听一些。"

家长丁也不计较:"没问题,我一会儿就给你传过去。"

"唉,我家孩子也浮躁!学习热情就像一阵风,来得快,去得也快。尤其是语文,本来基础还行,可平时就是不爱学,还说语文靠突击就行啦。每次快考试了就连续学几天,成绩总是不好不坏。能把人急死!"家长丙对着我直叹气。

我开出了第五张"药方"——

5. 持久性原则:持之以恒,必有所得

小董老师"恨铁不成钢"的劲儿又上来了:"语文学习是慢工细活,投入得多,产出得慢,成绩提升得也慢,不过只要提升,就容易保持而不易下降;但长时间不学,成绩一旦下降,又很难提升。很多学生急功近利,不愿意在语文上多花时间;目光短浅,把属于语文学习的时间放在其他学科的学习上。这些学生就是不明智,也不明白:只有深入学习语文,才能追本溯源,探骊得珠;学习有多深入,成绩才有多大提高。"

小方老师也提高了音量:"语文,绝不是一个看看就能学好的学科,更不是一个不看也能学好的学科!它需要付出大量的时间和精力,听、说、读、写不可偏废。语文成绩不容易提升,要想提升,需要长时间努力。但成绩一旦提升上去了,叫它降下来,也不是一时半刻的事。冰冻三尺,非一朝一夕之功;冰解三尺冻,也非一日半天可成!"

"老师们说得对,可问题的关键是怎样让孩子持久地学语文呢?"家长丙问。

小方老师说:"我认为,失败者,往往是热度只有五分钟的人;成功者,往往是坚持最后五分钟的人。我给大家念念我写的这篇文章。"

只要五分钟

"靡不有初,鲜克有终。"《诗经》中的这句话依然适用于今天。开花容易,结果难;开头容易,结尾难。

能否开头,决定你是否有论成败的资格。能否结尾,决定你是否有论成败的机会。结果如何,才真正决定你是成功还是失败。

不去努力结尾,不去追求结果的人,只有苦劳,没有功劳。你若终止了人生的拼搏，人生就终止了你的成功。

失败者，往往是热度只有五分钟的人：

第一分钟壮志凌云，气势如虹；第二分钟激情澎湃，奋勇争先；第三分钟热情洋溢，敢作敢为；第四分钟强打精神，勉力而为；第五分钟心灰意冷，偃旗息鼓。

如果只有五分钟热度的人都没有失败，你让谁去失败？

如果只有五分钟热度的人都能够成功，你让谁不成功？

如果每个正常人都能成功，如穿衣吃饭，你的成功还能叫成功？

如果五分钟热度真的能造就成功，大家一定都会为取得这个机会而争抢、拼搏。你想得到这个成功机会，恐怕也要在五分钟之后了。

所以，我们一旦开始，就不要停止；没有结果，就不要结束。箭中目标才停止，山登绝顶方止步。

要坚持到最后，而到了最后更要坚持。因为成功者往往是坚持最后五分钟的人。

有人不知将要成功而因迷茫不能坚持，日出前多迷雾，胜利前多迷茫，所以我们要坚定信念。

有人知道将要成功而因急躁不能坚持，淡定才能稳定，所以我们要心态平和。

有人感到将要成功而因松懈不能坚持，逆水行舟，所以我们要坚持到底。

有人费力找到成功而因困乏不能坚持，所以我们要一鼓作气。

创造奇迹往往在最后的时刻，改变命运常常在结尾的时候，笑到最后的人才是最终的胜利者。要成功，就要坚持，尤其是坚持最后五分钟。

"要把每天的学习计划放在首要位置。你可以每天早上提前10分钟或半小时起床来完成学习计划，把制订学习计划作为第一件要做的事情。"小李老师说。

"要找到适合自己强度的学习时间。你需要根据自己的实际情况来调整每天的学习计划，确定适合自己的学习时间。如果你以前从来没有连续学习过1小时以上，就不要制订每天学习2小时或3小时的学习计划。你可以把它变为每天学习半小时或1小时，再把半小时或1小时拆分为每次

10分钟或20分钟，这样才更容易坚持下去。"小张老师说。

"要充分利用零散的时间来完成学习计划。有的时候你会发现自己很忙，无法拿出整段的时间来学习，这时就可以利用零散的时间来完成你的学习计划，如上学和放学坐车的时间、午饭时间、排队的时间等。古人也是这样，汉代董遇精通《老子》《春秋左氏传》，有人想向他学习，他不肯教，说'必当先读百遍'，那人说'苦于无日'，他说'当以"三余"'，那人问'三余'之意，他说'冬者岁之余，夜者日之余，阴雨者时之余也'。"小程老师说。

"还要充分利用'闲事'统筹兼顾坚持学习。欧阳修就说'余平生所作文章，多在"三上"，乃"马上""枕上""厕上"也'。这是我们可以效仿的。像'枕上'学习，有的学生在寝室里睡不着觉就聊天，聊到半夜，既耽误学习也耽误睡觉。如果他们能利用这个时间去学习，或者躺在床上讨论学习，不仅能学到知识，还能够学到方法，聊到半夜的同时也学到了半夜。"小董老师补充道。

"老师们讲得很有道理。回去我一定要让我儿子按照老师们说的去做，尤其是用好'三余''三上'。"家长丙满意地说。

"丁零零……"悠扬的放学铃声飘荡在整个校园。

"家长朋友们，"我神情严肃地说，"时间不早了，咱们说说换掉小周老师的事吧！"

"是啊，都放学了，"看其他家长面面相觑，家长丁说，"王老师，你看这时间真不早了，这换老师的事儿，不如咱们下午再谈？"

"对，对！这老师怎么换也不是一时半会儿能说清的——我肚子都饿了。"家长丙也附和道。

"那——行吧，咱们下午再谈。"我很勉强地答应了。

"好！""好！""好！"家长都答应了。

大家鱼贯而出，正午的阳光正落在每个人的脸上。

第二节　语文教学如何"多"

桌上，几枝绿萝在午后的阳光里婆娑弄影。

"好,各位家长,咱们现在来谈一谈换掉小周老师的事吧!"我正襟危坐,一本正经地对家长们说。

"这……还要换小周老师吗?"家长丙看看其他家长说。

家长丁抢在其他家长前面,赶紧说:"小周老师换不换这件事咱们待会儿再说。我呢,今天过来就是想了解一下详细的情况。王老师,您刚才跟我们说了一下语文教学'多'的原则,我还想请王老师给我们介绍一下语文教学'多'的要求。"

家长丁的话一说出口,其他家长都随声附和。

看来家长丁还真不可小觑呀!

"没关系,家长们的要求很合理!"我向各位老师说,"咱们下面接着研讨语文教学'多'的宏观要求。"

一、语文教学"多"的宏观要求

1. 多引导推动,做语文学习的"发动机"

小周老师这时候理直气壮地说:"教师的教不在于多,而在于精,引导学生思维,推动学生思考,是教师在按照教学规律高屋建瓴地有计划、有目的、有步骤地精讲、精教的引导过程。这犹如修建一条水渠,当水流遇堵时,需要清堵疏通。而教师就是学生学习过程中负责清堵疏通的人。"

小董老师大力支持小周老师:"同时,教师还要做学生语文学习的'发动机',激发学生学习的兴趣,提升学生学习的内在动力。因而在打造高效课堂时,教师要让学生脑、眼、耳、口、手都动起来,杜绝'满堂灌';要摒弃缺乏思维价值的提问,杜绝'满堂问';要减少单一看屏幕的时间,杜绝'满堂投影';要让学生动起来,杜绝'满堂静'。"

小程老师提出了自己的见解:

"我认为,要做学生语文学习的'发动机',教师就要做到'一引二导三推'。

"一引,就是引领,教师要有引领能力。教师要提高知识素养,提升人格魅力,让学生乐于接近、自觉跟从。教师是学生在学校阅读的第一本教科书,教师的一言一行直接影响着学生。这不仅体现在课堂上知识的传

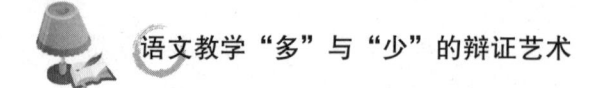

授，以文本内涵震撼学生的思想和情感，引起学生共鸣，让学生体验学习语文的快乐，也体现在对学生的鼓励和赞赏，或一次轻声的问候，或一次亲切的抚摸，更体现在课后批改作业的一圈一点、一笑一颦，这些都可以改变教师在学生心中的印象。语文教师只有做到了这些，学生才能佩服教师、敬重教师、亲近教师，并且喜欢教师的课，进而喜欢学习语文。

"二导，就是疏导，教师要有排障能力。教师要疏导学生学习语文的不良心态、不利状态，排除学生学习语文的障碍。一是关注学生与学习语文有关的情感态度和价值观。语文教师不仅要关注学生语文知识的获得技能的形成、语感的形成，更应关注学生与学习语文有关的情感态度和价值观，帮助学生形成良好的学习态度、语文素养。二是善于发现学生对文本的真实感受。让学生的生活经验与学习内容对接，认可学生学习语文过程中的点滴成功，学生的思维火花便会不断闪现，主体意识就会凸显，自主、探究、合作的学习情境自然就会展现在语文课堂中。三是让学生充分展示自己的学习成果。在展示学习成果时，学生会体验到学习带来的成就感和自豪感，在体验快乐的过程中知识得到丰富，情操得到陶冶，心灵得到塑造。

"三推，就是推动，教师要有推动能力。教师要营造和谐愉悦的学习氛围，推动学生学习。教师要创设情境，激发学生的学习兴趣。教师要善于倾听，及时对话，真心鼓励，激发学生的求知欲。教师要重视学习成果的展示分享，给学生提供展示的机会，赋予他们对自己的自学方式认可的舞台，使学生在不断探索中找到属于自己的最佳学习方法，从而更积极地投入到课堂中。"

2. 多互助研读，做语文学习的"学步车"

"婴儿不会走路，我们大人要教他走路，辅助他走路，但不能代替他走路，否则他只能永远躺在襁褓之中。在传统的语文教学中，采用的往往是以教师讲读取代学生研读的方法。甚至教师在讲读课文时，学生对课本内容还一片茫然。教师一堂课下来累得满头大汗，学生却不知所云。这样一来，学生学的效果自然不理想。"小方老师说。

"路要让学生自己走，饭要让学生自己吃，书也要让学生自己读！因此，我们必须把课本研读还给学生，变以教师讲读为主为以引导学生研读为主。教师要做学生学习语文的'学步车',先辅助学生学会研读,再让他们独立互助研读学习。"小程老师大声说道。

"教师就是学生的'学步车',而且这个'学步车'相当于学生的一根拐杖。拐杖细了,没什么作用。拐杖粗了,就像一根柱子,定在那儿,把学生思维也定在那儿了,学生想挪都挪不动,谈何发展?那不是帮学生,而是害学生啊!"小方老师情绪激动地嚷着。

小周老师提出了语文阅读教学的举措:"在语文阅读教学中应如何引导学生的学呢?我认为有以下三个步骤。其一,在单元教学中,鼓励学生通读全单元的课文,使学生在通读、熟读的基础上梳理出课文之间的异同,在相同中巩固,在不同中研习;其二,在研习中做大量的圈点和批注;其三,让学生写出富有个性认识的评点随笔。"

"我来说一说互助研读的注意点吧,"小董老师说道,"主要是'变''进''入''出''新''活'六个字。

"一要读'变',即研读变化。要根据《基础教育课程改革纲要(试行)》的精神和《普通高中语文课程标准》的要求,注重改变学生呆板的学习方式,引导学生进行观察、实践、搜集资料、合作交流、感悟、反思等活动,从而实现学习方式的多样化,拓展学生学习的时间和空间。

"二要读'进',即融进文本。要把知识与能力、过程与方法、情感态度与价值观反映在主题和内容的研究编排中,把知识学习、能力培养以及情感态度与价值观的形成作为一个整体加以综合考虑,反映在课题和内容的设计上,从而达成新课程的总目标。

"三要读'入',即融入自我。教师要通过多种形式的读,让学生理解教材,不仅要把握教材的精髓和难点,还要有自己的思考和价值判断,不仅要内化教材的内容和精神,还要把教材内化为自己的生命化语言和思想。

"四要读'出',即跳出文本。要强调与现实生活的联系,一方面关注并充分利用学生的生活经验,另一方面也注意及时、恰当地反映学科发展的新成果,增强书本知识与现实生活的联系,努力克服学科中心主义的倾向。

"五要读'新',即创新解读。解读文本,要坚持'创造性地理解和使

用教材',实现'用教材教'而不是'教教材'的理想境界。要鼓励学生静下心来,读出新感受、新见解,在与作者、文本的对话中,读懂、读透、读出自己的'独特感受'。

"六要读'活',即活用教材。活用教材可以理解为创造性地使用教材,这是《普通高中语文课程标准》在'教学建议'部分提出来的。从'教教材'到'创造性地理解和使用教材'是一个质的飞跃,是历史性的进步。我们处在信息化社会,信息的丰富多彩与信息获取途径的方便快捷,让学生几乎可以随时随地搜集到自己所需的信息,补充教材、拓展教材、丰富教材。"

小董老师的话赢得了满堂喝彩!

3. 多鼓励发言,做语文学习的"狗仔队"

"教师要改变'一人讲课,满堂安'的思想认识。我可是有深刻的教训的!"回首过去,赵老师先做了检讨,"语文课堂是思想放飞、感情奔流、唇枪舌剑辩论的课堂。传统的教师提问、学生回答的教学模式已不符合新的教学要求了。这种模式其实是教师霸道地占据了学生学习的空间。同一篇课文,不同的学生阅读,或同一学生在不同的时间阅读,都会产生不同的阅读体会。因而,针对课文阅读,学生只有在各执己见、争论不休的氛围中才能读出深意,也才能更全面地掌握阅读方法和技巧。"

"我觉得,教师要做学生语文学习的'狗仔队',发扬'狗仔队'挖掘新闻线索的敏锐性、认真劲儿,努力发现学生发言中闪现的思维灵光,激发学生进一步深入思考、发言的欲望。"小李老师的比喻很有趣。

"这就要求教师把学习活动的空间交还给学生。"小张老师说,"我想我们应做到'四个统一':在活动空间上,做到自动与互动的和谐统一;在内容空间上,做到'入书'与'出书'的和谐统一;在范围空间上,做到'入课'与'出课'的和谐统一;在教学维度上,做到知识与技能、方法与过程、情感态度与价值观的和谐统一。做好这'四个统一',学生就会在主动而愉悦的学习中收获学习成果,思维就会不再囿于书本,而会把书本知识延伸到其他的阅读中,并使阅读成为一种习惯。"

小周老师表达了更深的思考:"鼓励学生发言,我们要坚持'压低、放平、延后'的要诀。

第一章 语文教学"多"的艺术

"第一要诀——'压低',就是教师要压低质疑的声音,改变提问的语气。很多教师的课堂教学都是按照事先备好的教案按部就班地进行,课堂上往往以教师的提问代替学生的发问,教学目的多为寻求'确切的答案',这被称为'质问式'问答。它只是一种检阅形式,教师只关心设计好的、期待的、正确的回答,或只热衷于把自己预先设定好的答案、结果公之于众,这样的提问方式会扼杀学生的求知欲。可以说,有时候是教师亲手制造了沉闷的课堂气氛。因此,教师要改变提问方式,变'质问式'为平等对话,以真正求知的声音,拨动学生的心弦,从而形成学生争相发言的活跃局面。

"第二要诀——'放平',就是教师要放平提问身段,改变提问的态度。放平提问身段,让学生感到自己的回答与教师的提问建立在平等的基础之上,自己可以不受限制地表达自我、自由发言,如此一来学生自然畅所欲言。学生不愿发言,还因为课堂有一条成规——'要发言,先举手',这对于渐渐走向成熟的高中生来说,无疑多了一种束缚,而教师面对举手的人越来越少的情况,无奈之下常常采取'点将式''火车式'等提问方式,这更加重了学生举手发言的逆反心理。因此,我在课前就声明,上课自由发言无须举手,可以站起来说,也可以坐在座位上说,但有一点,声音必须响亮,保证坐在最后一排的同学也能听见。上课提问,我也尽量避免用这样的问话:'谁能回答这个问题?''谁愿意回答这个问题?'因为问话中的'能''愿意'等词语的运用,会抑制一些学生的积极性,产生逆'激励效应',而常常用'请同学们谈谈这个问题''我们一起来讨论讨论'等话语。对于难度较大的问题,则用激励的话语:'我们来共同探讨这个问题,集中大家的智慧解决这个问题。'要求回答问题则用'交流交流''随便说说'。这样就使教师从居高临下的强势位置上走了下来,走到与学生平起平坐、平等交流的关系中来,降低了学生的畏惧感与负重感。学生冲破心理束缚后,课堂上争先恐后积极发言的良好状况自然就会出现。

"第三要诀——'延后',就是教师要学会等待,延时评价。当学生的发言思考不周全,或表述不清楚时,教师如果很快转向其他学生,提出'谁能比他说得更好',或者立即就让其坐下,这时教师的'金口玉言''一锤定音'就剥夺了该学生纠正、补充的机会,甚至竞争还没开始就已

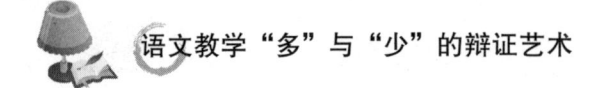

经被判为失败者。如此,学生发言的积极性肯定大受打击。教师要给学生提供更多的思考机会,创造更有利于学生思考问题的更为宽松的课堂气氛。我们要相信:等待,就能获得惊喜。"

小周老师的话音刚落,家长们就都不由得使劲鼓起掌来。

4. 多引导提问,做语文学习的"挖掘机"

"在传统教学中,教师事无巨细、面面俱到地讲解,学生机械而被动地接受和记忆。在教学评价时,这样的教师还往往被评为优秀教师。其实,在这样的教学模式下,教师的感觉取代了学生的感觉,学生的学习只是表面而肤浅的。结果是课堂上学生不发问,犹如一潭死水;教师提问,学生答的都是标准答案,犹如一台台录音机。"赵老师说。

"有这样一句话:我听过了,就忘记了;我看过了,就知道了;我做过了,就记住了。这句话给我们最大的启示就是,让学生亲身体会、动手实验,才能使他们真正学到知识。教师要做学生学习的'挖掘机',通过有效提问不断深入挖掘学生的思维,让学生深入思考,让学生持续收获。教师的多教常常是劳而无功的,学生的多学才是学生获得真知的有效途径。与多学相伴的是多问、好问。"小程老师"脑洞大开"。

我也很赞成:"在创建高效的课堂中,我们应认识到:没有学生发问的课算不上好课;答必正确的课算不上好课;把学生教得提不出问题的课也不能算是好课。学生问是他们在学习、思考过程中发生质的变化的体现,学生不发问恰恰说明他们的认识仅仅限于肤浅的层面,毫无深入拓展性可言。因而,我们要重视学生的每一个提问并从提问中发现闪光的东西。"

然后,我转向家长:"家长们,你们对我们的教学研讨还满意吗?"

"满意!""满意!"家长们嘴里说着,却把目光转向了家长丁。

"我也满意呀!王老师,您说的这些原则、要求都挺好的,我们都挺满意的!"家长丁转了一下眼珠,又说,"不过呢,这些原则、要求都是一大二空三虚的东西,我们还想了解了解语文教学中的一些具体策略。大伙儿说是不是呀?"

家长们纷纷赞成:"是!""是!""还请王老师赐教!"

"家长愿意听老师的心声,愿意听老师谈教学方法,也是老师的一大幸事。"我向各位老师说,"那我们就延长一下集体教研的时间,再谈一谈具体策略吧!"

二、语文教学"多"的具体策略

"下面我们谈的,都是我们平时研讨、借鉴并采用的策略。"我说。

1. 创新展示渠道,多展多演提升学生学习力

"这个是我和小李老师负责研究的板块,我先说吧。"小董老师说,"天地是舞台,让我们舞起来。语文课堂是学生展示语文素养的小天地、展示文学修养的大舞台。在自媒体时代,很多人都有一种表现自我的展示欲求,语文课堂就给了学生一个自我展示的平台。'学习金字塔'表明,展演不仅能够满足学生的自我展示欲求,还是增强记忆力、提升知识水平的一条有效途径。'学习金字塔'是美国缅因州国家训练实验室的研究成果,它用数字形式形象地显示了采用不同的学习方式,学习者在两周以后还能记住的内容(平均学习保持率)的多少。(见下图)它成为一种现代学习方式的理论,最早由美国学者、著名的学习专家爱德加·戴尔于1946年首先发现并提出。

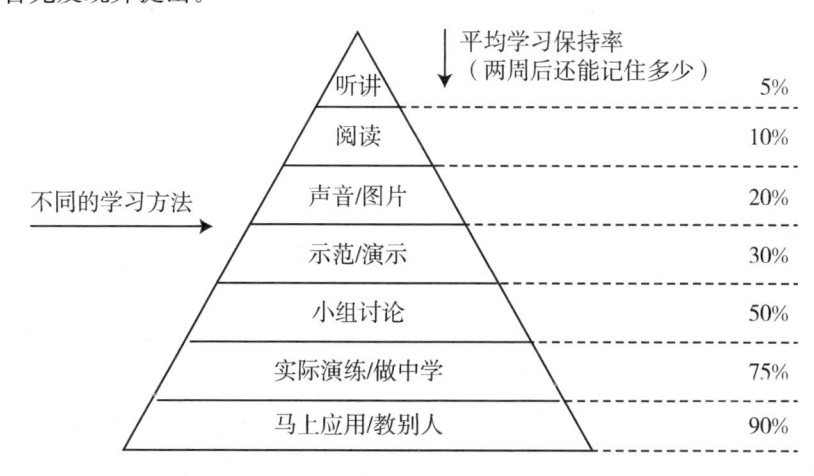

不同的学习方法	平均学习保持率(两周后还能记住多少)
听讲	5%
阅读	10%
声音/图片	20%
示范/演示	30%
小组讨论	50%
实际演练/做中学	75%
马上应用/教别人	90%

学习金字塔

"在塔尖,第一种学习方式是听讲,也就是教师在上面讲,学生在下面听,这种我们最熟悉、最常用的方式,学习保持率却是最低的,两周以

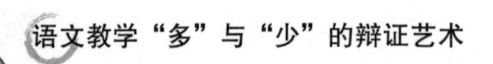

后学习的内容只能留下5%；第二种，运用阅读方式学到的内容，可以保留10%；第三种，用声音/图片的方式学习，可以达到20%；第四种是示范/演示，采用这种学习方式，可以记住30%；第五种，小组讨论，可以记住50%的内容；第六种，实际演练/做中学，可以达到75%；最后一种在金字塔基座位置的学习方式，是马上应用/教别人，可以记住90%的学习内容。爱德加·戴尔提出，学习效果在30%以下的几种传统方式，都是个人学习或被动学习；而学习效果在50%以上的方式，都是团队学习、主动学习和参与式学习。"

该板块的研究者小李老师接着说："兴趣是一种特殊的意识倾向，是学习的情感动力，是求知欲的源泉。学生一旦对语文学习产生了兴趣，就会积极主动地去寻幽探胜。'学习金字塔'充分证明，展示是一种很重要、很有效的学习方式。语文的课堂是展示的课堂，展示学习是我校语文教学'多'与'少'艺术卓越课堂学习模式的核心要素。所以，我们需要不断创新语文学习的展示渠道，还课堂给学生，以活动助学习。

"第一，运用展示'六字诀'，让生本课堂活起来。生本课堂注重展示方法，创建说的课堂，贯彻展示'六字诀'，即展、思、论、评、演、记。学生在展讲过程中，要注意话语结构，遵循'破冰语—陈述语—讨论语—结束语'的顺序，还要把握说话的时间，语言简明扼要、切合问题，最后要注意仪态大方、声音洪亮。小组展讲时，要求其他学生认真倾听，及时加入讨论，并做好记录。如果学生不讨论，教师要善于'煽风点火'，让学生讨论起来，让课堂活起来。通过展示学习，解放学生的思维、让学生成为展示的主人，通过生生对话、师生对话来解决问题、构建知识、培养能力、发展情感，在单位时间内完成学习任务。这种以说为主线的对话课堂激活了学生的思维潜能，培养了学生的学科思辨能力，最终使学生都能言善辩、富有较强的语言表达能力，给学生搭建了思维绽放的平台。

"第二，丰富第二课堂活动，让学生的思维放飞起来。兴趣是最好的老师，对学习有着神奇的驱动作用，能变无效为有效、化低效为高效。如果学生乐于此道，积极进取，还怕他们走不出自己的路吗？开展丰富多彩的、趣味性强的语文活动，借助学生的好奇心和求知欲，迎合学生展示自我的情感需求，鼓励学生求新求异，可以充分调动学生的主动性，让学生成为学习的主人。如在课本剧大会演、说文解字大会、'今天我主讲'等第二课堂活动中,学生动脑创意,动手创作,动口演说,动情表演,动耳倾听,动眼欣赏。第二课堂活动让学生创新思维、驰骋想象,使他们热情洋溢、青春飞扬。"

2. 创新阅读渠道,多读多悟提升学生阅读力

"我和小张老师负责研究这个板块,我先说吧。"小方老师说,"阅读是学生思维发展的阶梯。作为父亲,我曾经给我的孩子写下这篇文章。"

阅读,构建孩子成长的殿堂

耕读传家久,诗书济世长。阅读,大而言之,可传家济世;小而言之,可安身立德。阅读,可以构建孩子成长的殿堂。

幼儿时期是孩子思维的发生发展期。他的思维还是一张白纸,有时候你给他什么色彩,他就给你什么色调。你若告诉他云是绿的,他会为你舞出缤纷的雪的绿意;你若告诉他树是红的,他会为你旋出妖娆的水的红晕。你若给他野狼的灰,他会给你展示一方可以奔驰猎杀的草原;你若给他鸽子的白,他会给你展现一片可以徜徉翱翔的天空。思维的形成依靠语言,语言的丰富依靠文字。文字是语言的引线,是思维的火花。用阅读来点燃语言的引线,绽放思维的火花,孩子的脑海就会映射出缤纷绚烂的世界。

在孩子的人生白纸上,只涂上他自己的生活,那是单调乏味的。通过阅读,你可以用《昆虫记》给它涂上蝉儿蚂蚁的生活,那是自然的色调;你可以用《神奇校车》给它涂上恐龙飓风的生活,那是科学的色调;你可以用《西游记》给它涂上孙悟空黄袍怪的生活,那是神话的色调;你可以用《三国演义》给它涂上关云长诸葛亮的生活,那是历史的色调;你也可以用《字的童话》给它涂上神奇汉字的生活,那是智慧的色调;你还可以用《格林童话》给它涂上白雪公主小红帽的生活,那是善良的色调。

未来的人生路上,会有奸诈当道,孩子有善良的人生底色,就不会被奸诈熏染;未来的人生航道上,会有邪恶旋涡,孩子有智慧的人生底色,就不会被邪恶吞没。红尘滚滚,世道维艰,阅读可以让孩子丰富自我,增长才干,开阔心胸,陶冶性情,用自然的色调、科学的色调、神话的色调、历史的色调、智慧的色调和善良的色调,渲染出幸福快乐又绚丽辉煌

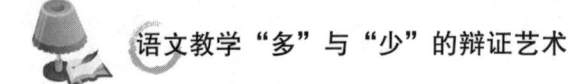

的人生图景。

阅读，可以在孩子的心灵殿堂中播撒下风吹不散的阳光。你给孩子阅读的真善美，就是你为他解读的生活的颜色，可能就会成为他人生的底色，那就是他终生不褪的颜色。岁月的金风，吹得弯稻穗，吹得出年轮，吹得皱容颜，却吹不散阳光，吹不走这人生底色。

阅读，可以在孩子的心灵殿堂中氤氲出雨打不湿的花香。亲子阅读时，一本书，两颗心，一字一世界，一文一天堂。书，就是一叶扁舟，一苇漂漂，荡漾亲情；书，就是一蕊花香，一脉袅袅，温馨怡人。春秋代序，岁月流转，在以后雨肆风狂的人生路上，这一缕书香，足够让他坚强。

阅读，可以在孩子的心灵殿堂中呢喃成雾遮不住的声响。师生共读时，珠落玉盘，书声琅琅，齐读遏行云，私读如窃语。思接千载阅古今，阅读，可以让孩子树立远大志向，可以培养孩子的家国情怀；视通万里读中外，阅读，可以拓展孩子的眼界，可以拓展孩子的心界——孩子的心界有多大，孩子人生的舞台就有多大。这阅读声响总会穿透人生迷雾，你的耳畔总会传来孩子那稚嫩清脆的声音："正气降临！"

阳光，花香，清脆的读书声响；白纸，黑字，多彩的墨香文章……这就是阅读构建的孩子成长的殿堂。

小张老师接着说："从学科教学的角度来看，阅读不仅是语文字词教学的拓展与延伸，更是作文的基础与铺垫。从人文思想的角度来看，阅读不仅是学生获取知识、提高素质的重要方法，更是学生认识世界、获得审美体验的重要途径。所以，我校一直开展以'让校园弥漫浓郁书香，让读书成为师生生活的基本方式'为理念的'书香校园'活动，在丰富多彩的魅力阅读活动中引领学生明理雅性，提高语文素养。

"第一，以教材内容为中心的深度理解阅读。以语文教材内容为中心的课堂教学，是学生形成阅读能力的起点，也是关键所在。语文教研室大胆改革语文课堂教学模式，形成了'阅读预习—合作探究—交流展示—达标检测'四环节阅读自学、交流理解的课堂授课模式，并以教材为中心，以提升学生阅读能力为目标，提炼了三种课型，以促进学生对语文学科内容的深度阅读与理解。

"一是用于周目标导航的预习过关课。第一步是利用早读、自习等时间引导学生对课文进行单元式自主预习,目标是通读课文,认识、理解生字词,查阅相关资料。第二步是过关课,即对第一步预习情况进行过关和交流,目标是把握、提炼单元主题;认读字词,感知文字温度;朗读课文,了解内容。

"二是引导学生且读且入境的课文品读课。结合预习过关课的初读预习,在教师引领下整合一个单元的课文,一节课深度理解、学习2~3篇课文,一个单元仅用1~2课时便结束学习。学生可以用习得的方法自主深入理解第二课,也可以围绕独篇课文的一个主问题进行讨论、交流、学习,或者按交流预习、片段练习、拓展阅读三方面展开学习。

"三是用于新课学习后的拓展阅读课。其目标是延伸学生学习触角,使学生在进一步的主题阅读中形成方法、陶冶情操。按'回顾单元主题—批注式阅读相关内容—心灵感悟信手拈来'三个环节进行。如此,学生的阅读理解能力便能在对课文的深度理解中逐渐形成。

"第二,以校本课程为中心的国学经典诵读。中国古典文学博大精深,是中华民族宝贵的文化遗产。为使学生能领略其风采并受到熏陶,结合高中生的年龄特点,学校精选《大学》《论语》《孟子》等国学经典中的内容,专门编写了经典品读教材,并根据学生的诵读情况进行品读五级认证。每一个等级均有不同的主题,设有等级证书,大大激发了学生诵读的积极性。自2010年开始,我校每年组织'我与唐诗有个约会''邂逅宋词'等朗诵会,旨在使那些韵味深厚的经典名篇融入每个学生的血脉之中。

"第三,以阅览室资源为中心的名著阅读。结合每个必修模块的名著导读部分,指导学生在阅览室丰富的图书资源中随性阅读,尽情领略阅读的魅力。学校结合学生特点设计了'阅读之旅'阅读笔记本,要求学生每读完一本名著,撰写一篇不少于2000字的书评;开展名著研讨会,让学生学会分享;开展'读书明星'评选活动,激励学生多读好书。"

3. 创新写作渠道,多写多思提升学生写作能力

作文教学历来是我非常重视的板块,这个板块的研究由我和小周老师、小方老师完成。我当仁不让,首先发言:"作文教学是语文教学中的重要组成部分,也是语文教学中的一个'老大难'问题。至于创新,更是

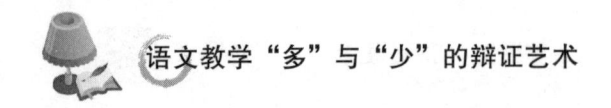

难上加难。这就需要语文教师在作文教学中运用行之有效的方法去启发、培养学生的创新思维，开阔学生的写作思路，从而激发他们的写作热情，使他们养成良好的创新写作习惯。创新写作需要注意'三培养''四方法'。小周老师，你说说'三培养'。"

小周老师接过话题："'三培养'是指培养学生的发散思维能力、想象思维能力和直觉思维能力。

"第一，培养发散思维能力，进行求异性作文训练。发散思维是创新思维的主要思维方式，是指沿着不同方向、不同角度思考问题，从多方面寻找问题的多个答案的思维方式。运用这种思维方式，可以摆脱传统习惯的禁锢，突破常规的束缚，闯出新路子，提出新颖独到的创见。因此，在作文教学中培养学生的发散思维能力，进行求异性作文训练，是培养学生创新能力的主要手段。

"怎样培养学生的发散思维能力呢？一是运用多向思维，开拓学生思路。拿到一个作文题，学生往往囿于习惯思维，只看到事物的一个方面，即大多数人首先想到的那个方面，以致落入窠臼，步人后尘。这时，教师就要引导学生多方位思考，多角度立论，深入发掘题目的含义，从而提出新思路、新方法、新方案。二是运用逆向思维，鼓励学生'反弹琵琶'，即打破传统的思维程序，把问题做反向思考。运用这种思维方式，常常会翻出新意，收到出人意料、令人耳目一新的效果。三是运用侧向思维，引导学生避开众人注目的正面，从容易被忽视的侧面进行思考，以寻找突破口，解决问题。

"第二，培养想象思维能力，进行想象性作文训练。所谓想象，一是指在知觉材料的基础上经过新的配合而创造出新形象的心理过程，二是对于不在眼前的人或事物想象出它的具体形象。想象思维是作文创新中的一个重要组成部分，是人类所有创造活动进行的一个必不可少的因素。

"如何培养、训练学生的想象思维能力呢？一是结合有关课文内容，进行再造想象。课文是学生写作的范例，充分利用课文资源，结合课文内容，让学生练习改写、续写、扩写等想象性作文，就是一种行之有效的再造想象训练。如在学习《诗经·静女》一诗时，教师可以指导学生大胆想象，将其改写或扩写成一篇小说或一个剧本。二是运用形象思维，进行创造想象。我们不妨多让学生写一些题为'假如我是……''我听到花开的声音'之类的作文,并且指导学生多看一些科幻方面的书籍,有意识地促使学生进行合理的假设、推测、联想、想象,从而有所创造。

"第三,培养直觉思维能力,诱发、捕捉写作灵感。直觉是未经有意识的逻辑思维而直接获得某种知识的能力,或者说是通过下意识活动而直接把握对象、领悟解决问题方法的思维过程。它常常表现为对某一问题的突然顿悟,或者表现为某种创造性的观念和思想突然来临。

"灵感不能靠消极等待,而要积极培养。正如钱学森教授指出的那样:'灵感是有的,但是你首先得去追求它,你不去追求它,它也绝不会主动找上门来。'从本质上说,直觉思维是思维发展到高级阶段的产物,是认识在长期实践的基础上所产生的质的飞跃。这种表面上看似突如其来的思维结晶,其实是建立在长期的积累之上的。因此,灵感的培养离不开积累。其一是生活的积累。教师必须指导学生观察事物、积累材料、存储信息,这样,学生在写作文的时候,头脑里积累、存储的材料信息就会像电影一样,一幕幕浮现于眼前。长期积累,偶然得之,这是培养灵感的基本条件。其二是知识的积累。教师必须引导学生多读书,会读书,读好书,开辟第二课堂,拓宽阅读视野。'读书破万卷,下笔如有神。'学生满腹诗文,在写作时,就会洋洋洒洒、一挥而就;反之,则捉襟见肘,成无米或少米之炊。

"灵感需要培养,也需要诱发。这就要求教师做好两方面的工作。一方面,要从学生的心理特点和生活实际出发,尽可能把文题命得巧妙、灵活些,以刺激学生的写作欲望,切忌大而空。另一方面,要引导学生发挥想象,展开联想,使学生思路畅通。灵感的出现往往和丰富的联想、想象密不可分,发挥想象、展开联想是诱发灵感的一条重要途径。

"灵感具有敏捷性、非逻辑性的特征,所以需要及时捕捉,否则就会稍纵即逝。在灵感性作文训练方面,写随笔、札记是非常值得提倡的训练方式。语文教师要抓住'随'的特征,要求学生把看到的好词佳句随时摘抄下来,把脑中闪现的思想火花随时形成文字。真正做到了'随',随笔本中就会出现为数不少的佳作。"

"能力的'三培养'是创新写作的基础,小周老师谈得很清楚。"我向小周老师投去赞许的眼光，又对小方老师说，"你来说说创新写作的'四方法'吧。"

小方老师说："'四方法'即契机创新、逆转创新、求异创新、巧合创新。

"第一，契机创新。一个人物、一句话、一点回忆、一个场景等，都可以触动学生的思绪，成为作文的契机。有了这个契机，头脑中原本杂乱无章的生活积累会突然变得井然有序，原本平凡的事件会突然闪耀光彩，本来毫不相干的人物、事情会突然产生特殊的联系。写父亲的文章可谓多矣，朱自清却写出了与众不同的《背影》，就是因为父亲的一封信成了他写作的契机。

"第二，逆转创新。俗话说，文似看山不喜平，曲尽其妙，曲折能生姿，曲径可通幽。作文最忌的就是平铺直叙，要在自然中求变化，在流畅中求跌宕，才能做到引人入胜、扣人心弦。

"第三，求异创新。'横看成岭侧成峰，远近高低各不同。'教师要引导学生多角度观察、思考，在相同的表象中找出不同的因素，摈弃成规，发前人所未发，立意求异。

"第四，巧合创新。人们在阅读时常常有这样一种体验，当读到那种出乎意料的情节时，往往会激动地赞叹：真是'无巧不成书'。这里的'巧'主要指碰巧、凑巧、巧遇、巧合。精巧的构思、巧合的情节，确实能给作品锦上添花。"

我用目光为小方老师"点赞"："做好这'三培养'，用好这'四方法'，必将提高学生的写作热情，增强学生的写作信心，从而促进学生写作水平的整体提高。"

我微笑着看着几位家长说："家长们，语文教学'多'的具体策略，我们已经研讨完毕，咱们说说换老师的事吧！"

"不换了！不换了！"几位家长异口同声地说。

"真不换啦？"我盯着家长丁问。

"小周老师挺优秀的，我们还换什么呢？以前是我们对老师的教学方法不太了解，现在清楚了，主要是我家孩子的问题，我回去教育教育他！"家长丁不好意思起来。

"老师不是市场上的大白菜，不是看一眼就能知道好坏，也不能仅仅根据自己所看到的或听到的就来判断好坏，更不能凭着一面之词说换老师就换老师。尊重他人是一个人起码的素养，尊重老师更是一位家长良好的思想品德。家长的言谈举止中体现出对老师的尊重，孩子也会发自内心地尊重自己的老师。"我绵里藏针。

"是！是！是！"家长们忙不迭地应着，又向小周老师道了歉。

窗外，薄暮已起，晚霞尚红。

第二天清晨，我把晾在室外的那盆绿萝摆到桌上。几滴露珠在叶面上滚动着，像是在寻找昨夜的月光，又像是被一阵敲门声惊醒，正寻找着晶莹的清梦。

小周老师进门就向我再次道谢："王老师，您昨天真是解救我于水深火热之中啊！大恩大德，没齿……"

"打住！说说你今儿来的目的吧！"看小周老师的调皮劲儿上来了，我赶紧制止。

"嘿嘿，我今天来的目的，除了表示感谢，还想跟王老师再探讨探讨语文教学！"

"这还差不多！嗯，昨天发生了这件事儿，你应该有些心得吧？"

"是，我昨晚躺在床上还想这事儿呢。这不，一大早就来向您汇报了！"

一枝绿萝正对着小周老师，静静地舒展着叶脉，几滴露珠依偎在叶面上。

"王老师，我觉得这语文教学'多'的艺术有'三四五'种体现。在时间上有'三多'：课前准备广而多，课堂技巧新而多，课后反馈优而多；在教学过程上有'四多'：教学情境创设多，教学环节关联多，难点解读技巧多，要点处理方法多；在官能运用上有'五多'：手中把握信息多，口中阅读容量多，眼中观察摄入多，耳中倾听传输多，脑中想象发散多。"

"归纳得不错！语文教学'多'的艺术的'三四五'种体现，可以显示语文教学的艺术性，但精心准备多、调动情感多、激发思维多这核心三点是语文教学'多'的辩证艺术的基础。"

"对！咱们变满堂灌为课前备课准备多，就是从精心准备层面提出；变注入式为启发式的创设情境多，就是从调动情感层面提出；变被动听为

语文教学"多"与"少"的辩证艺术

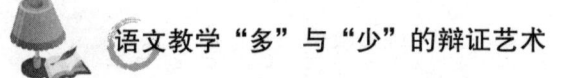

主动讲的参与课堂教学多和变学知识为学能力的自由时间多，就是从激发思维层面提出的吧？"

"不错，感受颇深啊，小周老师！"

"还有，在语文教学'多'的艺术中，丰富性、积极性、深入性和持久性原则，不也是基于精心准备多、调动情感多、激发思维多这核心三点提出来的吗？"

"那是自然，要不怎么叫核心三点呢？实际上，在这核心三点的基础之上，还可以有更多的延伸。"

"是的，王老师。比如，精心准备多——我们可以准备教材，准备教法，准备学情，准备信息技术手段及工具。调动情感多——我们可以通过运用信息技术播放幻灯片，通过情景再现的方式来调动学生的情感。激发思维多——我们要促使学生思索，就要善于设置疑点，还要解决这个疑点，还要在不疑处有疑，要让学生情感动起来，思绪动起来。"

"嗯。从教师自己精心准备，到师生共同的情感调动，到最后思维的激发与碰撞，这个发展过程是具有辩证性的——没有教师的精心准备，很难调动学生的情感；没有情感的调动，很难做到思考的深入；思考跟不上，什么都没有了。"

"王老师，您这语文教学'多'的艺术就是一门辩证的教学艺术！"

"小周老师，不知你发现没有，关于这'三多'，教师的准备虽然要多，但是当它呈现的时候、实施操作的时候，是少而精的；教师调动学生情感的方式手段虽然要多，但用时要少，切口要少，才利于学生情感的集中爆发；学生思维的激发与碰撞要多，教师的介入就要少，而且学生的思维要遵循的也要少，要让学生思维既能无限发散又能有章可循，避免思考的局限性和不可知性。——这'多'中也是有'少'的，语文教学的'少'，也是一种辩证艺术。"

"嗯，受教了，王老师！"

阳光透过树枝的缝隙洒下来，让我想起了朱自清《荷塘月色》中的句子：塘中的月色并不均匀；但光与影有着和谐的旋律，如梵婀玲上奏着的名曲。

第二章

语文教学"少"的艺术

第二章 语文教学"少"的艺术

一片云在空中悠闲地飘游，几片叶在枝头轻盈地摇荡，案头的一盆绿萝探身过来，和我一起静静地读着书。

语文教研室的门开了，绿萝摇了摇它的叶子，几个同事挤进了门。一同挤进门的，还有他们的嚷嚷声。

"高中语文的地位真是尴尬，学校不重视，学生也不重视。"小董老师愤愤不平。

"唉，真是'我待学生如初恋，学生虐我千百遍'！"小方老师发出了感慨。

"也就是咱们语文老师仁慈，才给学生布置那么点儿作业！还是咱们语文老师可悲，就算只布置那么点儿作业，学生都不能完成！"小易老师"恨铁不成钢"。

"你看他们不做语文作业，却'义无反顾'地在语文课堂上做其他学科的作业。没收了几个学生其他学科的作业，还有学生偷着做，我上个语文课都成'打地鼠'的了。"小周老师也很无奈。

"觉得咱们语文老师好欺负不成？我也要给他们布置很多很多作业，让他们使劲做，做不完，就罚他们站在外面。"小李老师气鼓鼓地说。

这些充满激情、积极向上又对学生"恨铁不成钢"的年轻同事，让我想起了20多年前初登讲台时的自己。

那时的我，因为年轻，锐意进取，充满了闯劲儿，浑身都是干劲儿，天天早起晚归，备课、批改作业不知道苦，课上教学、课下辅导不觉得累，对语文教学充满了热情，我相信"一分耕耘，一分收获"。学生胆敢在我的语文课堂上做其他学科的作业、看课外书，那绝对是要被没收，而且要被严厉处罚的。在我的严格要求下，学生也都能够尽心尽力地完成任务。我当时最爱哼的歌就是《步步高》："世间自有公道，付出总有回报，说到不如做到，要做就做最好，步步高。"

当时我们办公室里有一位老教师——李老师，他常常在办公室里喝喝茶，摆弄摆弄桌上的花草。我感觉他侍弄花草比教育学生还要尽心——这人一上了年纪，事业心就不强了。更要命的是快联考了，他却因病请了近半个月的假，我真替他们班的学生担心。

我努力，我成功！

联考成绩终于下来了!

我们班的学生学习成绩——一盆凉水呀!

我的心血,都付之东流了!说好的"一分耕耘,一分收获"呢?

喝茶、侍弄花草的李老师班上学生的学习成绩,竟然比我们班的好很多!不是说"世间自有公道,付出总有回报"吗?

我拿着不敢相信又不得不信的学生成绩单,狂躁地跑到班里冲学生大吼,又单独找几个成绩差的学生大批特批。学生无辜又可怜,我又何尝不是?

多少个半夜未眠的努力,变成了一夜难眠的痛苦。

不服!绝对不服!我一个血气方刚的男儿,竟然不如一个"无所事事"的老者?

"播种不一定有收获,但不播种肯定没有收获。"我相信这句至理名言。

我只问耕耘,不问收获。我让自己活成了一匹臧克家诗中的老马——"背上的压力往肉里扣,它把头沉重地垂下"!我加大课堂容量,增加知识含量,增加作业量,增加作业评讲次数……我披星戴月,含辛茹苦。

我期待用优秀的学生期中考试成绩,来验证我的教学能力,来证实我的教学理念。

"看你整天忙,忙忙忙,看看你忙的是个啥?人家老李,轻轻松松就拿了个年级第一!"学生期中考试成绩单是年级主任给我的,不,是扔给我的,同时扔过来的还有这句又怒又怨的话。

我拿着成绩单愣住了。

"发什么愣呀,王老师!我们正在讨论怎样给学生的语文学习加点儿剂量呢,您给出出主意呗!"小李老师的话把我拉回到眼前的语文教研室。

"一口吃不成个胖子!"看着意气风发却又陷入梦想与现实脱离的泥淖的年轻同事,我仿佛看到了20多年前的自己,便放下书,对小李老师说。

"嗯,我是有点儿胖,"小李老师觉得莫名其妙,脸微微一红,"不过最近一直在努力减肥。"

"呵呵,不是说你,我是在说语文教学。"我连忙解释,"语文教学不能贪多求大,'给学生的语文学习加点儿剂量'可能会适得其反。"

第二章　语文教学"少"的艺术

多年前的我多备课多讲课多辅导多检查，学生多听多读多背多写作业，我的教和学生的学都到了无以复加的地步，可成绩还是不如人。"痛定思痛，痛何如哉！"

"一口吃不成个胖子！"当年，在语文组办公室里，李老师语重心长地对我说，"你整天只知道喂食，不让学生消化消化，还想让学生长胖？没被撑晕、噎死就算是不错的啦！"

"语文教学要把握好'多'与'少'的辩证艺术，"我认真地对大家说，"尤其是走上工作岗位不久的新老师，想要有所改变、有所突破，更要注意少教！"

是啊，少！

这是20多年前我吃了几堑，才从李老师那里得来的一智。20多年来，我不断发掘并运用"少"的语文教学艺术，我"少"教却能教多，学生"少"学却能学多，给自己松了绑，也解放了学生，达到了教学相长的目的。

第一节　何为语文教学的"少"

桌上的绿萝蓊蓊郁郁，肆意生长，爬满了我的小半张桌子。它生机盎然，惹人喜爱，我拿起手机正想给它拍个照，却发现其中夹杂着两三片枯黄的叶子。我手起剪落，将这黄叶"就地正法"——陈叶不去，新枝难成。

"王老师，先别侍弄您的绿萝了，还是给我们讲讲语文教学的'少'是什么吧。"小周老师挺善于提问。

"少，就是教师要树立少讲解、少总结的意识，坚持有效备课却还教于生、洞悉教学仍少于说教、明于结果还期待学生的诱思探究教学理念，实现富有针对性、启发性、创造性、发展性教学效果的有效教学实施理念。"我将剪刀伸进绿萝的繁枝间。

"嗯，我能够揣摩出这个概念的大部分意思，"小方老师看我剪下一枝绿萝，"可还是不知道该怎么做。您还得像以前传授我们扦插绿萝让它生根的技术一样，传授我们如何扦插繁衍这个'少'的技术呀，王老师。"

语文教学"多"与"少"的辩证艺术

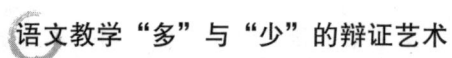

"一般而言，知识传授无外乎两类方法：一类是分析解读，一类是总结归纳。你们就从这两个角度思考一下语文教学的'少'指什么。咱们周一和周三不是有集体教研例会吗？你们思考好了，咱们下周共同来探讨一下。"我要卖个小关子。

"别呀，王老师！您这是刚开头就结了尾，您现在就跟我们说说呗，我正拿着笔准备记呢。"小程老师有点儿着急。

"这可不是您的风格，您向我们传道授业解惑历来都是知无不言，言无不尽……"小董老师突然说。

"'知无不言，言无不尽'，你这是在夸我吗？在教学过程中，咱们老师有时候真的不能'有一说一，有二说二'，甚至有时候对学生就应该'逢人且说三分话，未可全抛一片心'。看来你们还真得好好思考一下语文教学的'少'了。好了，你们先思考着，我要给这盆绿萝浇浇水了。"

"浇水要用多长时间呀？"小程老师还是那么率真。

"那你们思考要用多长时间呀？"我历来认为，真正深入的思考需要的是没有时间维度而由广度和宽度构成的二维空间。

大家心领神会，走出办公室。

小董老师有意走在最后，见其他同事走得稍远后就对我说："王老师，对不起，刚才我的本意……"

"我明白，你的本意是想夸我，我那么说也不是有意让你下不来台，你不要放在心上，这些小事对于我们的成长进步来说，都不算什么。20年前如果没有年级主任对我的一顿痛批，可能就没有我以后痛定思痛的反思和痛下决心的改变，也可能就没有你们现在口中的王老师。

"20年前那个血气方刚的我在年级主任的批评下，确实很没面子，但事实就是事实，年级主任的批评话糙理不糙：'李老师的确是整天喝茶养花，但他自己闲着的时候能让学生学起来，甚至在自己闲着的时候能让学生学得轻松。即使是课堂教学，他也教得少，但能够教到点儿上，使学生学到点儿上，所以学生成绩好。你呢？净搞一些持久战、消耗战、疲劳战，自己累得半死，学生学得半晕。王老师，有时候真的不是"多多益善"，而是多"少"益善啊！'

"小董老师，当年年级主任的话犹在耳畔，正是他的批评让我开始认真反省自己的教学,开始学习李老师的课堂教学方法,开始研究魏书生等名家的语文教学艺术,不断地校正、丰富、提升自己。批评,正是批评者对批评对象的一种期望啊!"我诚恳地说。

"我明白啦,王老师!我一定不会辜负您的期望!"小董老师释然了,自信地走出了办公室。

一、语文教学的"少"指什么

周一,语文教研室中,二十几位语文教师坐在一起举行集体教研例会。

"我先明确一下,语文教学的'少',是从教师教的角度提出的,'少'是指教师少教,并不是教师教得少,也不是教师投入得少,更不是弃学生于不顾。明确了语文教学'少'的内涵,我们才能在语文教学过程中以少胜多,少投入多产出,少付出多收获,以小博大。这次集体教研,大家主要从讲解和总结两个角度,来谈一谈对语文教学'少'的认识。"我总是喜欢抛出问题,让别人成为主讲人。

1. 讲解要少,变"多讲解"为"精讲解"

"对'好老师'的定义,我们过去有一个思想误区,总认为能在课堂上把知识点讲得清清楚楚、把难点讲得明明白白、把考点讲得真真切切的老师就是好老师。于是我们每一个力求做'好老师'的老师,都要把知识点嚼碎了、含化了,再喂给学生,认为这样学生学起来就容易消化和吸收了。这种越俎代庖式的讲解,让学生失去了自己咀嚼、品味的过程,也就是学生自己思考的过程。教师把自己的思想硬塞到别人的脑袋里,没门儿!学生老吃别人嚼过的馍,没味儿!一个教室里只有一个头脑,那是非常荒凉的!顿顿吃别人嚼剩的渣,那是非常凄凉的!"小董老师思维敏捷,总是打"当头炮",也经常能够取得"开门红"。

"对,在这种情况下学生根本就没有主动思考的机会,也没有主动思考的需求,甚至没有主动思考的必要。学生的思维处于被动接受状态,思考过程也是线性的,根本就谈不上发展和创新。德国著名哲学家雅斯贝尔斯告诉我们,真正的教育是用一棵树去摇动另一棵树,用一朵云去推动另

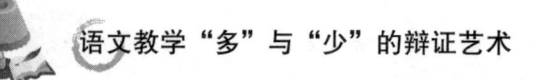

一朵云，用一个灵魂去唤醒另一个灵魂。'一言堂'带来的必然结果是思想僵化、思维单一！"小程老师补充道。

"实际上，中学生具有非常强大的独立思考能力，对探究性学习也非常感兴趣。他们有着自己独特而又独立的接受方式，不愿意拘泥于呆板地听教师的讲解，而喜欢在各种情境中去探索和发现新的知识，提升自己的能力。只有留给学生足够的思考时间和探究时间，才能使他们在学习中产生疑点，在对疑点的探求中寻找方法，在对方法的整理与总结中提高自己的素质和能力。不给学生的思维种子以生存的时间和空间，学生的思维如何能够生根、发芽？又怎么能够开花、结果呢？"小方老师满怀忧虑。

"知识是无穷无尽的，课堂教学不可能也不需要面面俱到。课堂上有些知识是不需要教师讲太多的，多则乱，一味地讲只会占用学生自主思考、自主学习的时间，也容易让学生在坐享其成中变得思想懒惰、思维迟钝，最终失去思考能力和学习兴趣。少讲精讲相对来说有一定的优势：少讲，给学生以思考的时间；精讲，给学生以思考的空间。有了思考的时间和空间，学生才能去自主学习，深入探究，合作展示，深入讨论，有所感悟。"小董老师真爱思考，也善于思考。

"讲解少，但有效信息不能少，好钢要用在刀刃上，话要说到点子上。用最少的话表达最有用的信息，要做到'三不三能'：不讲学生已经会的，不讲学生自己能学会的，不讲学生怎么也学不会的；能让学生观察的要让学生观察，能让学生思考的要让学生思考，能让学生表述的要让学生表述。"小周老师的思维很有辩证性。

"教师的讲解必须做到言简意赅，清晰明了，以一当十，以少胜多。中国古代教育家也大多主张教师的讲解以简约明了为好，《礼记·学记》就提出了这样的精辟论述：'善歌者，使人继其声；善教者，使人继其志。其言也，约而达，微而臧，罕譬而喻，可谓继志矣。'这启迪我们，教学不能'眉毛胡子一把抓'，不能泛泛而谈、面面俱到，而要讲精华，博观约取，做到一叶知秋；讲重点，扣紧核心，牵一发而动全身；讲难点，破解障碍，一难解而成破竹之势；讲关键，通观全局，做到一点通而全文通。"小易老师说话总是很文雅。

大家都打开了话匣子，讨论越发热烈起来。

有人谈讲解方法："所有的讲解都要依照学生的认知特点，依照教材的体系特点，分清主次，点面结合，突出重点，注意难点，用简短的语言概括较多的内容，用有限的时间讲清关键的内容，给学生留下充分的思考时间和广阔的思维空间。"

有人强调引导在讲解中的重要作用，引起更多老师的共鸣。

"教师的作用在于引导，而不在于填充。教师要把握好讲解的时机，利用好讲解的策略，讲在当讲时，讲在应讲处。教师要在学生合作学习后仍有困惑时讲，要在学生体验学习后仍认识肤浅、不深入时讲，要在学生思维卡壳、探究受阻时讲，要在学生陷入思维困顿、走不出思维误区时讲，要在学生认识模糊、思维迷茫时讲。教师要讲在不得不讲时，说在不得不说处，要达到教师一讲学生茅塞顿开的效果。"

"对，孔子说：'不愤不启，不悱不发。举一隅不以三隅反，则不复也。'这句话是极有道理的。学生如果没有经过努力思考、认真感悟，没有一点儿自己的体会，没有达到各种想法撞击于心，却无法用语言表达的那种想说而说不出口的状态，教师就不应该去开导他；学生如果没有达到冥思苦想，却找不到思维出口的状态，教师就不要急着去启发他。"

"说得好！这让我想起了《礼记·学记》里的一句话：'道而弗牵，强而弗抑，开而弗达。'这句话给了我们良好的启示，也给了我们极大的警示：教育要引导但不能牵制学生的思维，勉励学生但不能抑制学生的思维，开导学生但不能替代学生的思维。如此这般，才能让学生达到'道而弗牵则和，强而弗抑则易，开而弗达则思'的理想的思维境界。"

"好！大家谈得都很不错，看来'讲解'这个词也要变一下了，'讲'不一定能'解'，引导诱思，问题方'解'。多讲无益，精讲为妙！"我总结道。

2. 结论要少，变"说结论"为"得结论"

小李老师在刚才那个话题的讨论中没有插上话，这次一上来她就像竹筒倒豆子般滔滔不绝："在信息化的今天，学生获得结论的途径已经多元化，教师绝不是其获取结论的唯一途径。教师的职责，已经越来越少地体现为向学生传递现成的、固定的结论，更多的是体现在激励学生思考、引导学生思维、促使学生探究上。教师将越来越像一位导游，只进行必要而简短的讲解，而更多的是让游客自己去游览、去体味。教师将越来越像一

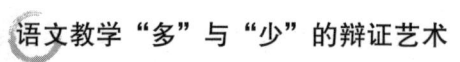

位研讨会的参与者,可以给出自己的意见和建议,但并不具有绝对的话语权,他的意见和建议仅仅是一个参考答案,而不是一个标准答案。"

小方老师很赞成:"教师将越来越像一位同行的取经人,他和学生一块儿去取经,一块儿去发现问题,经历坎坷,经历磨难,发现真理,但绝不是一个真理的给予者,绝不是一个真经的授予者——教师要做唐玄奘,而不要做如来佛祖。"

小董老师语出惊人:"教师不要做话题的终结者!在我们的生活中,有些人总喜欢做结论,你刚聊个开头,正聊得兴起,他就要给你个结尾,就要终结话题!一般人的话题讨论过程是开端—发展—高潮—结局,这种人的话题讨论过程是开端—结局。和这样的人一起聊天是很无趣的。"

"对,课堂不需要'无花果'——没看到开花的过程,就看到了结果。首先,教师不要急于为学生做结论,不要急于给学生一个确切的答案,而要给学生足够的思考时间和思维空间,让学生拥有一个独立而完整的思维过程。其次,教师应该少做结论,多肯定学生的合理意见和积极意见,甚至肯定学生不合理意见中的积极成分,给学生以激励、引导。再次,教师不要追求答案的唯一性,言之有理即可,言之有据即可,鼓励学生积极思考,开拓学生的思维。最后,教师要做到'三不四让':学生思考时,教师不打岔;学生总结时,教师不打断;学生有异议时,教师不讽刺;学生能思考时,教师让学生思考;学生能发现时,教师让学生发现;学生能总结时,教师让学生总结;学生能形成合理答案时,教师尽量让学生的答案成为标准答案。"小周老师赞同地说。

"告知学生结论,不如让学生研讨,得出结论。培养学生的总结能力,不仅可以使他们对知识的掌握更牢固,还可以激发他们的学习兴趣,更能提高学生发现问题、分析问题、解决问题的能力,最终使他们有所发现、有所创造、有所前进。这就把新的教育教学理念真正地融入教学之中了。"小方老师说道。

"今天大家的探讨,深入浅出,幽默风趣,见解深刻。因时间关系,我不得不打断大家,做一次话题终结者——说结论如南墙撞头,得结论必曲径通幽。"我说。这次的讨论很成功。

二、语文教学"少"的原则

新叶打蔫,老叶泛黄,藤蔓无精打采,还有几片叶子残缺,我出差一周回来,这盆绿萝就病恹恹、惨兮兮的了。

花草不能过于呵护,否则它就会得"娇病",照顾得越多,死得越快;也不能不打理,否则长得再好的花草不旱死、涝死也会病死。

这盆绿萝现在就得了虫病和钾缺乏症。

除虫,添加草木灰。药到病除,我的绿萝很快就又生机勃勃了。

"哎,王老师,您终于回来了!"

小方老师炸雷一般的声音吓了我一跳。这群可爱的小同事,一进来就叽叽喳喳地说个不停。

"王老师,您可回来了!这几天我们遇到了好多事想跟您说说呢。"

"对,您跟我们说语文教学要注重'少',可是语文教学怎样'少'、多少为'少'呢?真让人纠结呀!"

"就是。我在语文教学中也遇到了这样的问题,弄得我头又晕又疼,想找您这位'王医师'给我诊疗诊疗。"

"那好,现在挂牌行医。针对你们不知道语文教学怎样'少'、多少为'少'的弄得你们的头又晕又疼的病症,先挂出我今天的行医牌——'少'的原则专科门诊。

"下面挂号排队,你们先说说具体症状,我查体征,再开方子。但要注意,我是'主治医生',除了'患者',其他人都要给我当'医助',咱们要共同会诊,协同治疗。说说,你们的语文教学都生了什么病啊?"

小程老师是我的首个"患者":"王老师,我真是讲了不知道,不讲吓一跳哇!"

我听着这句话有点怪怪的:"此话怎讲?好像说反了呀!"

小程老师气冲冲地解释:"我是晕头转向,但这话真没反。我以前在课堂上一直讲,自己讲的时候,并不知道学生不会、不懂。现在我按照您的要求,尽量少讲,结果,我这一少讲,再提个问题,教室里面就静悄悄的,我看着学生是大眼瞪小眼,学生看着我是干瞪眼!都说'举一反三',

我给学生举'三',他们都不给我反个'一'!"

"是不是有学生很希望你继续讲啊?"我问。

"是,是。有几个学生还跟我说:'老师,您还是多讲讲吧!我们最喜欢听您讲课啦!'"对此,小程老师颇为得意。

"那些学生是不是平常不喜欢学习语文?"我继续问诊。

"不喜欢学习语文还希望老师多讲课?"小易老师觉得不可思议。

"这个脉,把得准!孙悟空还得悬丝诊脉呢,王老师,您这是神机妙算呀!那些学生平常真的不喜欢学习语文。"小程老师十分惊讶。

"那我告诉你,这就是上课爱一味多讲的老师的悲哀呀!"看到大家一脸诧异的表情,我赶紧解疑,"老师上课一直讲,不喜欢学习语文的学生,尤其是在课堂上偷偷玩的、看闲书的学生,只需要听着你讲课的声音——要注意不是听你讲课,就知道你在哪儿、离自己有多远了,这样他就可以放心大胆地偷偷玩、看闲书啦。"

小程老师顿时满脸通红。

"所以老师还是要适当少讲。当然,少讲要把握以下原则。"我开出了第一张"药方"。

1. 启发性原则:给学生一根点燃智慧火焰的火柴

"启发性是课堂有效提问的前提,也是沟通的基础。话说,有一位大妈上了空调车,投了一块钱。司机看着她说:'两块!'大妈点点头回答说:'嗯,凉快!'司机又说:'投两块!'大妈笑着说:'小伙子,不光头凉快,浑身都凉快!'说完大妈就往车厢后头走,司机赶紧喊:'钱投两块!'大妈说:'前头是凉快,后头人少,更凉快!'沟通不到位,努力全白费;沟通无启发,提问白费蜡!

"启发性是沟通交流的有效手段。你提出问题,学生却没有反应,回答不上来,可能就是因为你的问题没有启发性。语文教学中的启发性原则,即教师不要包办学生的学习和思考,少进行灌输式的教,要鼓励学生自主学习、主动发现并提出问题、尝试解决问题,教师只需为学生的学习提供必要而适当的帮助。教育不是燃烧而是点燃,启发性原则就可以给学生一根点燃智慧火焰的火柴。"

我的"医助"也不含糊,纷纷拿出自己的会诊意见。

第二章 语文教学"少"的艺术

"这根火柴真的可以星火燎原。启发性原则为培养学生思维能力、教师教学技能,提高语文教学质量提供了保障。"

"在新课程背景下,启发性原则自觉地把学生看作认知活动的主体,在教学全过程中,教师以指导为主,以学生为主体,不是重在传播知识,而是重在对学生激发思维、指导思维、发展思维、训练思维、培养思维,使学生在积极主动的体验式活动中实现掌握知识与发展智能的有机统一,促进心理健康和谐发展。"

"启发性原则贯穿于课堂教学的始终。教师如能灵活应用这一教学原则,将会收到意想不到的教学效果。教师要调动学生学习的积极性、主动性;要抓住重点、难点,讲解少而精,以起到点拨作用,给学生留下更多的思维空间。"

"启发性原则的应用,还要求教师创设问题情境,启发学生思维。只要教师善于运用启发性原则,运用自己的智慧,赋予它灵活性和创造性,那么学生思维的火花就会随之迸发、闪耀。"

小董老师拿着2号"就诊单",坐在我的对面一声不吭,不一会儿却红着眼圈要哭起来。

"这是怎么啦?老公惹你生气啦?'清官难断家务事',我这儿可是语文教学门诊处,解决不了家庭情感纠纷问题!"我打趣道。

小方老师赶紧接上话:"哎,王老师,这您可小看我们小董老师了,我们小董老师可厉害啦——同事犯错,就把他气趴下;儿子犯错,就把他训趴下;老公犯错,就让他自个儿趴下!"

"哈哈哈哈哈哈——"大家都被小方老师的幽默逗乐了。

"小方老师,就你多嘴!"小董老师嗔怪地瞥了小方老师一眼,却也没有那么难过了,"王老师,我这次真的快被学生给气趴下了。上课时我提了个问题,学生不会还乱答,我批评他,他不仅狡辩还跟我顶嘴。您说气人不气人?

"昨天下午上语文课,我评讲一道诗歌鉴赏题'从艺术手法的角度赏析这首诗'时,让一个男生起来回答,谁知他竟然回答'押韵'!全班同学爆笑。我一听就来气,平常教给他们的艺术手法知识竟然这么快就还给我了?我当时就抢白他:'你怎么不说这首诗是用汉字写的呀?'他还跟我

语文教学"多"与"少"的辩证艺术

呛声:'那我也没有回答错呀!'

"班里学生各种表情各种笑,各种心思各种瞄,但我还是强忍着怒火说:'答题要有敏锐性,你要明白命题人的意图,要明白命题人想要我们回答什么。'您知道他说什么吗?他说:'可我不明白呀!2017年的浙江高考语文阅读题《一种美味》,许多考生说太难,该文作者巩高峰被网友"人肉"出来,他自己对自己的文章也只能"阅读"而无法"理解",回答:"标准答案没出来,我怎么知道我想表达什么?我哪里知道结尾有什么意义?"老师您看,作者自己都不能明白命题人的意图呢!'唉,他的话把我给噎的呀,心窝子都疼!王老师,您给支个招儿,我该怎么治治那个学生呢?"

我马上纠正小董老师的错误思想:"哎,可不能这么说,我这儿是语文教学门诊处,只给语文教学治病,可不是要治治谁的!"

"嗯,我的意思是怎么引导他的答题思维。"小董老师马上认了错。

"小董老师,刚才有个老师来我办公室了。"我突然冒出这么一句,大家都觉得很奇怪。

"谁呀?"小董老师问。

"人!"我回答。

大家都笑喷了。

"人?什么人?"小董老师又问。

"活——人!"我回答。

大家都笑傻了,小董老师也笑个不停。

我问小董老师:"你觉得这样问话和这样答话怎么样?"

小董老师吸了一口气,强忍住笑,认真地说:"您每句话说得都对,但每句话都不是我想要的答案。"

"如果每句话都对,但每句话都不是答案的话,那就不是答案错,而是问题错!你们班那个学生的回答没有错,但不符合标准答案,只能说明问题设置的指向性不明、针对性不强。可以这么说,你的'从艺术手法的角度赏析这首诗'的问题针对性不强,导致学生答题思维出现偏差,所以才与标准答案不吻合。"

我为小董老师开出了一张"药方"。

2. 针对性原则：给学生一把开启智慧法门的钥匙

"小董老师，问问题要有针对性，语文教学也要有针对性，要因人而异、因事而异，针对不同学生的能力与水平，针对不同学生的优点与缺点，进行提问和指导。针对性包含两个方面：一是知识本身的指向性，如这种知识是针对哪个年龄段设置的、有什么样的价值观导向、有什么样的教育引导作用等。像你刚才提到的诗歌鉴赏的问题，针对性应该是考查学生对艺术手法方面的知识的掌握情况，但由于问得不太具体，针对性就不强，因而不能给学生以明确的答题指示，所以学生的答题思维就容易出现偏差。二是知识传授者针对知识接受者的个体独特性而采取的差异性的知识传授方法。语文教学中的针对性原则，即教师不要笼统全面地教学，而要针对学习过程中存在的问题及学生的个体差异展开教学。"

"王老师，我感觉针对性原则要求教师在进行教学时要因材施教，因为人与人之间存在差异，所以教育既要面向全体学生，又要尊重每个学生的个性特点，要针对不同对象的特点、不同的目的和要求，采取不同的态度，选择不同的教学方法。"小李老师做了很好的补充。

小程老师也赞成："因材施教的目的是调动每一个学生学习的积极性、主动性，让每一个学生主动地、活泼地发展。"

"小程老师，你说的这个'因材施教'，根据我刚才说的针对性原则，这个'材'字可以理解为'教材'和'人才（材）'，也就是说我们既要根据教材施教，也要根据受教者施教。"我也补充道。

大家见仁见智，畅谈起来。

"在组织教学中，把分班教学、分组教学与个别教学结合起来；在教育过程中，贯彻个别对待的原则，讲求'一把钥匙开一把锁'。"

"一般说来，教师掌握的教学方法越多，就越能找出适合特定情况的教学方法。"

"教学设备的多样化、现代化也为教学方法的选择提供了可能性。"

……

第三个"病号"是小李老师："王老师，我这是心病啊！心里发闷，堵得慌，难受哇！这心病您可能也知道，就是这个月的教学评价表。"

教学评价表一事我是知道的，学生给小李老师的评价也真是不给面

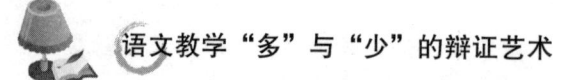

子:"语气平淡,语调平淡,讲课内容更平淡。""这是语文老师吗?这是一台照本宣科的全自动智能留声机!""读教材和教参,特别准确认真,呵呵!"

话不多说,我开出了第三张"药方"。

3. 创造性原则:给学生一个撬动智慧地球的支点

"语文教学中的创造性原则,即集中时间和精力创造性地设计教学内容和教学过程,激起、强化、优化学生学习。语文教学要达到最佳效果,就不能靠死板的教学资源,也不能靠名家的教学经验,而要靠教学艺术,语文教学艺术的生命力就在于教师的创造性。每一节课,你都要用心去感受,用心去创造,这样学生才能在你的教学中发现一颗千变万化的'心',才能感受到你的语文教学中千姿百态的美!为什么教师教学要有创造性呢?大家有什么创见都谈谈吧!"我想听听大家的观点。

小易老师说:"首先,我觉得这是由新课程改革的迫切需要决定的。新课程改革促进基础教育改革进一步深化,对我们广大教师提出了更高的要求。新课程改革能否顺利实施,关键在于我们广大教师能否适应要求。在教学实践中,我们要由传授者转变为促进者,由管理者转变为引导者,由权威者转变为平等者。要实现这样的角色转换,唯有充分发挥教师的创造性,才能使语文教学真正产生质的飞跃,才能最大限度地追求语文的艺术性,才能更充分地调动学生学习语文的积极性和创造性……"

小程老师抢着回答:"'其次'由我来说。这是由语文教学本身的艺术性决定的。我们知道,任何艺术都是依赖于创造主体的生命激情、人格魅力来表现的。语文教学也具有艺术性,所以在语文教学中,我们除了要追求教学目的和教学内容的科学化,还要追求教学的个性化,要用动态的语言激活课程中的静态资源,让活化了的作者的生命气息进入学生的心灵深处,让飞扬着的作者的灵性在教师艺术性的引导下活灵活现地展现在学生的面前,让学生产生身临其境的感觉,真切地感受作者脉搏的跳动。"

"对,这样就使得我们的教学真正是在训练学生品味和运用语言能力的同时,发展其个性、培养其人格,这就是我们语文教学的艺术性才能达到的教学效果!"小方老师表示赞成,接着她讲述了她在《将进酒》的诗歌节奏教学中的一个创意教学活动。

第二章 语文教学"少"的艺术

"我向学生介绍：七言古诗的节奏一般都是'二二一二式'或'二二二一式'的。'二'是指两字成词需连读，'一'是指一字单读。其实没有这个'一'，诗句在语意上还是通顺的。

"接着，我找一个学生读这一段：'人生得意尽欢，莫使金樽对月。天生我材有用，千金散尽复来。烹羊宰牛为乐，会须一饮百杯。'

"我接着说：大家可以感受到，没有这个'一'，诗句读来就没有了顿挫、变化之美。这个'一'极为重要，它决定了整首诗的节奏、音韵，甚至情感。

"然后我请学生跟着我做拍手动作，也就是拍两下手，拍一下桌子，从而感受一下'二'与'一'的节奏美。再请学生回忆 *We Will Rock You* 这首歌，与学生共同唱这一句：We will we will rock you!

"接着我说：我们将要震撼你！怎样震撼？就是通过'rock'这个'一'来震撼你。可见，这种'二二一二式''二二二一式'的节奏形式，不仅为中国古诗所有，在外国音乐中也存在。另外，这个'一'不仅带有节奏美、旋律美，更重要的是能够辅助我们做高考古诗炼字题。因为古诗中用得好的字，大都是这个'一'。高考曾有一道诗歌鉴赏题是让考生找出《江间作四首（其三）》一诗颈联'沙明拳宿鹭，天阔退飞鸿'中用得十分传神的两个字，如果明白了这个'一'，是很容易找出'拳'和'退'两个字的。

"然后，我又让学生读：'人生得意须尽欢，莫使金樽空对月。天生我材必有用，千金散尽还复来。烹羊宰牛且为乐，会须一饮三百杯。'

"最后我说：读好了这个'一'，就能感受到'须''必''且'等表明意愿的词语的运用效果，这些词将诗人的情感由欢畅一步一步推进、提升，最后积聚成高亢、嘹亮的'会须一饮三百杯'的豪举高歌。"

第四个"病号"是小周老师："王老师，我现在看到班里的几个学生就晕，我晕是因为他们太晕了——那脑筋死的，九头牛拉都转不过一个弯儿！你只要在这次作文中跟他说了个主题，下次不管是什么作文题，他都能再扯上这个主题。有些学生的作文不是跑题了，就是在跑题的路上。"

"对，有些学生绝对是现代版的'刻舟求剑'：这次考试，'其剑自舟中坠于水'，他失败后还会提醒自己'是吾剑之所从坠'。到下次考试，他就'从其所契者入水求之'。"小董老师也有相同的感觉,"我们班也有这样的学生,思考问题就一根筋:丁是丁,卯也是丁;黑是黑,白也是黑!"

我说道:"出现这种情况,大家有没有想过我们老师可能就是始作俑者?"

小易老师第一个不赞成:"王老师,一遇到学生的错误,您就要让老师大包大揽?"

小董老师也不认可:"您的意思是,照相机公司破产了,手表行业衰败了,电视机生产厂家经营困难了,都是因为手机出现了?那学生要是嫌老师长得丑,而不喜欢这位老师,进而不喜欢这门学科,三年后没有考上大学,难道就因为老师长得丑?这归因也太牵强了!"

小周老师也反对:"王老师,您是不是想说'没有不会学的学生,只有不会教的老师'?无论您怎么说,这句话我是不信的。"

"这句话说得太绝对,不仅你不信,我也不太信。"我顿了顿,"那我前天给你钓一条鱼,昨天给你抓一条鱼,今天给你网一条鱼,明天给你叉一条鱼,我问你们,前天、昨天、今天、明天你们吃的都是什么?"

"鱼!"大家异口同声。

"你们看,我是用各种方法捕鱼,但给你们的还是一条鱼,"我微微一笑,"'授之以渔',不在于各种授和各种鱼,而在于授各种捕鱼方法。很多老师都是用各种方法研究再给学生一个答案,自以为是'授之以渔',实际上还是'授之以鱼'!小周老师,你就是用了各种方法,给了学生一个答案,学生在下次考试中不用这个答案用什么呢?"

"那,这还真是我的病啊。"小周老师脸红了。

"是的,你的病因就在于教学没有发展性。"我开出了第四张"药方"。

4. 发展性原则:给学生一支描绘智慧蓝图的画笔

我对小周老师说:"语文教学中的发展性原则,即教师根据学生学习的个性特点,在学生现有学习水平的基础上,为学生预设发展目标,对学生实施突破性引导或提升式培训,为学生构建向上的学习台阶和攀登的学习梯子,从而把学生的智力、情感水平提高到一个新的发展阶段。"

小董老师最先认可:"不错,在全面推进新课程改革的今天,教育思想提倡的是面向未来,注重开发学生的潜能,引导学生的个性健康发展。

因此，教师应该以学生为中心，培养学生的学习能力，使之自觉成为终身学习者、研究者、开拓者。"

小程老师也同意："发展性原则意味着，不只要发展学生的思维，也要发展学生的人生；不以让学生能在现在考出一个好分数，能在将来考上一所好学校、找到一份好工作而努力地管、学、教，而以培养素质全面发展、个性充分发挥、生命异彩纷呈的人为根本目的。"

小方老师接着说："心中有佛，万物皆佛！发展性原则正是基于'每一个孩子都是好学生，每一个孩子都能得到发展'的认识，强调赏识每一个学生，强调通过反思自己的工作改进教育行为，从而使学生的心灵得到呵护，学业得到长进，素质得到发展。语文教师应该把字、词、句、篇看作一颗颗美丽的种子，将它们栽种于学生的心灵深处，精心培育，使之开出语言丰富、思维活跃之花，结出心灵纯洁、灵魂高尚之果。"

"嗯，想看学生笑话，把学生看成一个笑话，这样的老师，他本身就是一个笑话！"小周老师愧疚起来。

第二节　语文教学如何"少"

一、语文教学"少"的宏观要求

又一个星期三，又是举行语文教学集体教研例会的时间。

作为集体教研例会的主持人，我向大家提出："咱们这次集体教研的内容，是谈一谈语文教学'少'的宏观要求，大家结合自己的教学实际……"

"我认为要结合自己的教学实际，讲授就不能少！"赵老师接上了我的话茬，语气还有点儿怪异。

赵老师是学校引进的优秀高级教师，责任心强，能力高，虽一直坚持传统的讲授教学，但其班里学生的成绩也不错。平时她虽然对我提出的语文教学"多"与"少"的辩证艺术理念不满意，可从未公开表达过，看来今天是要有意发难了。

"赵老师，有什么想法请直接说，咱们开诚布公地谈。"我相信教育上的理越辩越明，教学上的事越说越清。我跟赵老师在学术上经常针锋相对地争辩，工作上却惺惺相惜，生活中也从无介蒂。

同事们一看气氛有点儿凝重，都安静了下来，看着我们俩。

"王老师，我是有一些话想说。首先我得承认，对您的教学理念，我并没有刚来学校的时候那样排斥了，或者说在某种情况下也有一定程度的认可。但世界是丰富多彩的，事物的多样性决定了我们认知的方法、途径、效果都可能不一样。是吧，王老师？"

"在理！赵老师这话没问题，我完全赞同！"我点头称是。

"您既然认可，为什么在语文教学讲授上提倡'少'而不提倡'多'呢？"我刚想应答，赵老师接着说，"理对不对，要看事行得通行不通。事实胜于雄辩。我知道王老师的教学成绩一直不错，但是王老师应该也可以看到我的教学成绩，好像也不赖吧？"

"赵老师的教学成绩一直优秀，这是有目共睹的！我一直是认可赵老师的教学能力的。"我又点头表示赞同。

看着赵老师步步紧逼，而我不断认可，小方老师、小董老师等人都有点儿替我着急了。

"'一招鲜吃遍天'，语文教学上我'一招制敌'就不成吗？我能调入咱们这所学校也是因为我有比较强的讲授能力，要不然面试那一关我就被淘汰了。那我现在想问问王老师，我因为讲授特长而调入这所学校，而来到这所学校之后，却不要我发挥讲授特长，这到底是学校处事的矛盾呢，还是因为我个人的蒙昧呢？"

赵老师提出的这个问题有高度、有深度，很尖锐呀！

"第一，赵老师，我一直很佩服您的讲授能力，我也一直没有否认过讲授在语文教学中的重要作用。大学里的教师评上教授之前有个专门的名称叫讲师。我认为每一位教师都应该有高水平的讲授能力，因为讲授本身就是教学的基本手段，就是教师的基本能力和素养。那我想问赵老师：您是觉得我就没有讲授能力吗？"在教学研讨上，我历来十分认真。

"这当然不是，王老师的能力谁不相信呢？"赵老师也是襟怀坦荡之人。

"那我想再问赵老师：特长讲授，特长教学，发挥特长优势，这很好，只是您是否关注过学生有没有特长？您是觉得学生的特长就是看您展示特长？"

"这……"赵老师有点儿语塞了。

"我想三问赵老师：您知道事物具有多样性，学生具有独特性，您却以'一招鲜吃遍天'，这到底是您处事的矛盾呢，还是因为我个人的蒙昧呢？"

赵老师的脸有点儿红："不管怎么说，我年年带的学生学习成绩也十分优秀哇！"

"我以前也把这个惨痛教训作为自己的优秀表现了，赵老师。"我十分诚恳地说。

"把惨痛教训作为优秀表现？怎么讲？"赵老师面露疑惑。

"那是好几年前的一件事。我收到了以前教过的一个学生的一封信。那个学生可以说是我的得意门生，语文成绩相当好。他在信中说，非常怀念我以前教他语文的日子。那时候我讲得神采飞扬，妙语连珠，学生听得也如痴如醉，学习语文的积极性都被调动起来了。可到了二年级，我不再教他语文，而新的语文老师不太爱讲授，学生对语文学习的兴趣就减弱了，成绩也大幅度下滑。"我停顿了一下，看向赵老师，"怎么办，赵老师？"

"那位新老师也应该提升自己的讲授能力，才能提升学生的学习兴趣，提高学生的学习成绩！"

"对，赵老师！我一开始也是这么想的。可后来我又想了一下，教师讲授，是学生的思维拐杖，甚至是为学生思维代步。小学教师多讲，初中教师多讲，高中教师多讲，大学教师还要多讲，那学生什么时候能扔掉思维拐杖独立思考呢？换个讲授少的老师，学生就对学习兴趣索然，这说明在教师讲授的过程中，学生根本就没有形成自己独特的语文学习思维和方法。我们的语文教学不能只顾学生当前的语文成绩，而不顾及学生以后语文思维的发展！"

赵老师若有所思地点了点头。

"优秀教师不是总要发挥自己的特长，而是设法让学生发挥特长，甚至学生在某些方面没有较好能力的时候，我们还要引导他，锻炼他的能力。"

语文教学"多"与"少"的辩证艺术

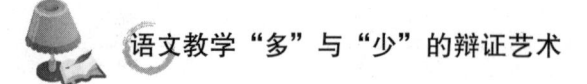

"唉,实在是汗颜。我现在想明白了,教师讲得多,就挤占了学生思考的时间、发挥特长的时间,学生就思考得少、发挥得少。"赵老师有所感悟了。

"是的,赵老师。咱们教师就应该为学生的思考留下充足的时间,为学生的发挥留下足够的空间,为学生的展示搭建良好的平台。这样,学生才能更好地增长智力、提升特长。"

"王老师,您说得对!教师是应该让出舞台,让学生去施展自己的才智。"赵老师还是很有胸怀和气度的,"'听君一席话,胜读十年书。'王老师,我有个请求,在课堂上我再也不做'主演'了,但在教研室开展教研时,我也不想只做观众了,我也要参演一下,参与你们'语文教学"少"的宏观要求'的研讨,如何?"

"热烈欢迎赵老师!"我高兴地说。

"这些研讨话题实际上也是对你们刚才争辩内容的进一步延伸哪。"小程老师见气氛有所缓和,才敢插上一句。

实现语文教学的"少",有以下几点益处。

1. 教学关系上,"少"有利于实现教与学的统一

"还是让我这个'反面教材'先做个检讨吧!"赵老师首先发言,"在师生教学关系上,我过去片面强调教师的教,以教为中心,以教为基础,形成了以教师为本位的教学关系。我把自己当成了课堂的主宰者,认为教学就是我将自己拥有的知识传授给学生。教学关系就是我讲你听,我问你答,我写你抄,我给你收。其实这样说还是有些美化以前我和学生的教学关系了,实际的教学关系可能是这样的:我讲,你没听,我觉得你听了;我问,你没答,我替你答了;我写,你没抄,我以为你抄了;我给,你没收,我认为你收了。现在想想,一直以来我一厢情愿式的讲授教学,不是教师的教服从、服务于学生的学,而是学生的学服从、服务于教师的教。学生在教学活动中的主体地位丧失了,教师也不是教学的主导者,而是教学活动的主宰者。'对手戏'变成了'独角戏','群英会'变成了'一言堂','双边活动'变成了'单边活动',教代替了学。教与学本末倒置的种种片面性,导致学生亦步亦趋、囫囵吞枣,最后摧毁了学生学习的主动性、自主性和创造性。前车之鉴啊,同志们!"

"我是对事不对人。"小董老师说话谦和有礼,但言语犀利,"在这种教学关系中,教支配、控制学,学无条件地服从于教,教与学由共同体变成了单一体,学的独立性丧失了,教也走向了其反面,最终成为遏制学的力量。教师越教,学生越不会学、越不爱学。"

"话糙理不糙!小董老师,我现在正在进行教学思想大革命,你的这些话都是帮我革故鼎新、激浊扬清的义勇军。我以前的那种以教为本位的教学思想,完全把学生定位在依赖性层面上,低估、漠视了学生的独立学习能力,忽视、压制了学生的独立要求,从而导致学生的独立性不断丧失,这也是传统教学不能更好地促进学生发展的根本原因。"

"赵老师的胸怀和境界让人佩服!"我为赵老师"点赞","教学关系不是静态的、固定的关系,而是动态的、变化的关系。从学生的角度来说,整个教学过程就是一个从教到学的转化过程。在这个过程中,教师的作用不断转化为学生的学习能力。随着学生学习能力的不断提高,教师的作用逐渐弱化。最后的结果是学生完全独立,教师完全放手。"

"嗯,你提出的语文教学'少'的艺术,实现了从完全依靠教师的教转向更多地依靠学生的学,实现了教与学的统一。教与学是相互联系、相互依存的,二者共同居于教学统一体中,在实质上是合一的。但我以前的课堂教学设计总是着眼于自己如何教,而不是学生如何学,教学时只管照自己的意思去教学生,而不顾及学生的兴趣及认知规律,造成了教与学的割裂。"赵老师进行了深刻反思。

"陶行知先生曾批判太重视教而导致教与学分离的教学:'先生只管教,学生只管受教,好像是学的事体,都被教的事体打消掉了。论起名字来,居然是学校;讲起实在来,却又像教校。这都是因为重教太过,所以不知不觉地就将教和学分离了。'"小易老师说。

"所以我们要运用语文教学'少'的艺术!'少'强调将教师教的思路与学生学的思路尽可能地有机统一起来,把分离的教与学统一起来,解决传统教学中少、慢、差、费和单纯追求知识的问题。"小周老师挺乐观。

2. 教学目标上,"少"有利于以学生的发展为本

"一看到王老师让我们研讨的这个问题,我就想起了小时候读过的郑渊洁的童话《望子成龙》。"小李老师说,"我搜索到了原文,给你们念念。"

语文教学"多"与"少"的辩证艺术

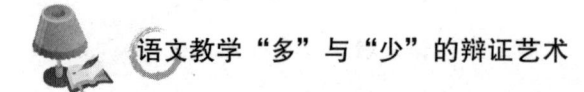

他和她希望自己的孩子成龙,尽管他和她不是龙。正因为他和她不是龙,才如此殷切地望子成龙。

一

他的家族一直追溯到青铜器时代,没出现过一条龙。她的家族甚至从石器时代算起,也没出现过龙。

他和她结合了,希望给双方的家族光宗耀祖,生条龙。

他和她选择了龙年生孩子,让孩子生下来就属龙。为增大保险系数,还给孩子取名为龙龙。

龙龙本来是可以成龙的。他天生聪颖,智商不低。可惜投错了胎,否则诺贝尔奖获奖者的花名册上准有他的名字。

他听说没有压力是成不了龙的。于是倾其所有买了一台压力机,终日往龙龙身上加压。开始是一个压力,后来是两个压力,到龙龙九岁时,已经加到十二个压力了。

她认为响鼓更要用重锤。托关系铸了一把重达数十公斤的大锤,得空便敲打龙龙,直打得龙龙周身红肿,遍体鳞伤。

他和她发誓,要让他们的孩子成龙——因为他和她的家族中都没有龙。

二

龙龙降生到这个世界上后,对周围的一切都感到有兴趣。

山为什么那么高?水为什么那么深?天为什么是蓝的?土为什么是黄的?……他想知道这一切。

压力机和大锤来了。它们强迫龙龙对这一切感兴趣,其实龙龙已经感兴趣了,强迫龙龙吞食知识,世界变得暗淡了。

龙龙的兴趣熄灭了。

是压力机和大锤,使龙龙厌恶这个世界,他感到整个世界变成了一个颜色——灰色。

龙龙开始使出全身的力量抵抗压力机和大锤的压力。现在,龙龙唯一感兴趣的就是这个。

他和她望子成龙的心态已达到疯狂的地步,他和她不是龙,所以他和她要弄出一条龙来,以使他们的晚年有光彩,以使他们在旁人眼里生辉。

压力机不断升压。

大锤不断加重敲。

三

他和她不是龙。如果他和她不管，龙龙确实能成为一条龙。可他和她管了。不是龙的东西，怎么能管出龙来呢？他们只会扼杀龙。

龙龙最终没有成为龙。他和她的过。

"故事讲完了，可我觉得这样的故事讲不完，在我们中国的大多数家庭中一直是'未完待续'。这个故事不仅发生在很多家庭中，也上演于许多学校中。郑渊洁写的是一部现实版的童话！"小李老师感叹着。

"是呀，这个故事很有典型性和代表性。家长以爱的名义给孩子施加太大的压力，是一种过度期望。教师以教的名义给学生施加太大的压力，是一种过度教学。过度教学现象是极其普遍的，突出体现在相同内容过度重复，教师不厌其烦地一遍遍教学生，并围绕这些内容编写大量习题，没完没了地进行习题训练，直至学生烂熟于心。这种过度教学实际上就是对学生自主发展的摧残和扼杀。"小程老师首肯。

"对！这样真的培养不出龙，只会扼杀龙。即使培养出了清华大学、北京大学的学生，也不能算作培养出了龙——那样的学生难以发展成大师，也许这就是'钱学森之问'的根源所在吧。"小董老师虽话不多，但思想深刻。

小方老师对这种情况更是深恶痛绝："极端的爱是犯罪，极端的教也是犯罪！我们不能以爱的名义扼杀孩子，也不能以教的名义扼杀学生！"

我也有同感："所以我们的教学必须坚持'少'！'少'坚持以学生发展为本的教学目标，旨在培养学生的自主学习能力，让学生在自主学习过程中，构建一个自主开放、综合完整且可持续的知识架构模式，真正体现知识、能力、态度三个方面的有机结合。苏联教育家赞科夫提出教学的目的就是以尽可能大的教学效果促进学生的一般发展，他尤其强调，一般发展不仅包括发展学生的智力，而且包括发展学生的情感、意志品质、性格和集体主义思想。'少'通过激发学生的自主学习，促进学生多方面的发展。"

"教师尽量不要折腾学生，要多讲'一句话新闻'，少演'连续剧'！若教师能用一句话甚至一个关键词讲清楚一节课要教给学生的东西，这至

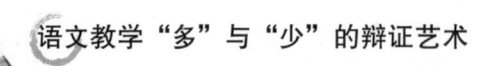

少说明教师本人是明白这节课的教学内容的。有的教师在一节课里拿出很多内容塞给学生,导致教师教得模糊、粗浅,学生学得不深、不透,其原因就在于教师对教学内容没有纲领性的认识和表达,没有用学科思想引导课堂教学,使得学生必须掌握的知识点犹如一盘散沙,无法形成体系,无法让学生构建自己认知发展的'知识树'。这就要求教师把握知识的本质,引导学生向知识内核处漫溯,这样才能教在知识的关键之处、源头之处,才能让学生有方向地学。有了方向,学生的学习和发展才不至于出现偏差。"小李老师的话很有内涵。

"对整个教学来说,教师固然重要,但课堂时间是学生学习的时间,而不是教师教学的时间,只有明确定位,教师才不至于讲太多的废话,浪费太多的时间。教师要尊重学生的个体差异,充分挖掘学生的内在潜能,发现学生身上的闪光点,鼓励学生选择适合自己的学习方式,从而健康地发展。"小周老师说。

"教师要相信每一位学生,让他们得到自主、充分的发展。教师要相信学生有自己发现问题、讨论问题和解决问题的能力,要敢于放手让学生自由地发展,通过正确地引导学生,让学生自己进入教师预设的知识范围之内。"小易老师补充道。

3. 教学主体上,"少"有利于突出学生主体地位

"王老师,我觉得,学校、学生,'学'是关键词,学生自然是学校的主体、学习的主体。可有的教师偏偏把'学堂'变成了'教堂',把自己变成了'牧师',甚至变成了'主教',唉!"小程老师说。

"包办式婚姻被时代抛弃,在当代中国已经难寻踪影,可包办式教学仍屡见不鲜。包办式教学,只是一味地照搬照抄,整个教学过程味同嚼蜡,缺乏生机与活力,使学生既没有成长的可塑性,更缺乏知识和智慧的生长点,钝化了学生的思维,束缚了学生的手脚,扼杀了学生的创造性,徒增了学生的倦怠感。比如,在学生参与教学活动之前,教师就已经把答案预设好了,在一问一答中,学生只是被动地完成了学习任务,教师忽视了整个教学活动的生成过程,这不是包办又是什么?"小董老师感慨道。

"是啊,包办式教学,滋生的必然是愈演愈烈的课堂教学霸权现象:在教学活动中,学生还没反应过来,教师就已经把答案呈现出来了;教学

问题基本都是教师预设好了的，没有真正解决学生面临的问题，这样必然产生更多的教学问题；学生没有真正带着问题去学习、去研究，继而对学习也会丧失兴趣。当教师把一切教学活动都大包大揽的时候，教学的生机与活力在哪里呢？"小方老师"心有戚戚焉"。

"教学是由教师、学生、教学内容、教学手段等要素构成的统一体。各种要素相互作用、相互制约、相互影响，因而形成了多种教学矛盾。在诸多教学矛盾中，教师的教与学生的学是教学过程的主要矛盾。教与学的矛盾关系一般表现为学是矛盾的主要方面，处于主导地位，决定着教学的进程与效果；而教是矛盾的次要方面，处于从属地位。"赵老师的思辨性思维很强。

"对！教师在教学中的作用应是创设一种鼓励学生建构知识的学习环境，提供多元化的信息和学习经验，为学生积极、主动、探究、开放地学习创造条件。"小周老师表示赞成。

"教师参与得少了，学生参与得就多了。凡是学生自己能学会的，就引导学生自己学；凡是学生自己能动手操作的，尽量让学生自己动手操作，从而让他们积极参与、独立思考、合作交流、自主探究、分享应用，形成乐学、多学、会学的良好氛围。"小易老师很乐观。

"语文教学的'少'，应该就是在语文教学的土地上'退耕还林还草'，打造绿色语文教学生态环境！'少'的思想体现了教的出发点和归宿都落在学生的学上，使教与学的矛盾得到了很好的解决。教师在课堂教学中要突出学生的主体地位，尊重学生的独立人格，使学生在教师的引领下做学习的主人。"我向大家再次强调。

4. 教学时间上，"少"有利于增加学生自主时间

"王老师，现在很多高中生过着'三点一线'的生活，甚至吃饭时忙于看书，走路时忙于背单词，睡觉说梦话还在忙着背公式呢！根本没有自主时间。"小董老师说的的确是当前大多数学校学生的真实情况。

"错！应该说现在的高中生只生活在学习中——学习时走路，学习时吃饭，学习时睡觉！"小方老师表示反对。

"哈哈哈！说得有些夸张，但现在学生的自主时间确实很少！听听这个学生的心声：君不见周测月考联考卷，天天飞舞如雪片！君可知连接半年导学案,可绕地球一整圈!"小周老师念的这一段令我们忍俊不禁,但这话听起来很夸张,实际上应该是不少学生的真情流露。

"大家听听学生文艺范儿的'吐槽':举头望明月,低头写作业!洛阳亲友如相问,就说我在写作业!少壮不努力,老大写作业!垂死病中惊坐起,今天还没写作业!生当作人杰,死亦写作业!人生自古谁无死,来生继续写作业!众里寻他千百度,蓦然回首,那人正在写作业!"小易老师用抒情的腔调配上滑稽的动作,引得大家不由得又发出一阵阵笑声。

"我这里也有学生的'吐槽':我们学校是个好学校!我们虽下课晚,但我们上课早啊!我们虽休息少,但我们加课多啊!我们虽放假晚,但我们开学早啊!我们虽活动少,但我们作业多啊!"小程老师也读了手机上的段子。

"我还可以给这个段子加上两句:我们虽然自主时间少,但我们老师讲课时间长啊!我们虽然学得少,但我们老师讲得多啊!"小董老师接上的两句更引人深思。

"这都是一些黑色幽默。'无端的空耗别人的时间,其实是无异于谋财害命的。'鲁迅先生的这句话,在今天仍放射着真理的光芒。我们今天还有很多老师心安理得地剥夺着学生的自主时间,理直气壮地'谋财',义无反顾地'害命'!"小方老师义愤填膺。

"唉,我们这些当老师的,确实要好好地反省一下。教学时间作为教学过程中一个相对恒定的因素,是一种有限的存在,是不能再生、复原的稀缺资源。目前在课堂时间分配上存在着统一时间过多、自主时间太少的问题,即学生缺乏自我选择、自主学习的机会,特别是教师讲授时间增多,造成学生自主时间缩减,必然对学生的发展造成损害。"赵老师有些自责了。

"嗯,教师'满堂灌''堂堂灌'的时间多了,学生自主学习的时间必然会减少,就更谈不上为学生留出创造性学习的时间了。'少'就是指要减少教师在课堂上讲授的时间,给学生以自由的时间和空间,让学生敢于想象、动手,激发学生的创造欲望,鼓励学生形成创造意识。"我说。

"没错!教师要充分利用有限的制度化时间,并妥善利用学生的自主时间。在自主时间内,学生可以作为'自然学习体'参加到教学之中去,在教师的指导下按个人兴趣进行有目的的学习。"小李老师代为总结。

5. 教学过程上,"少"有利于强化因学定教意识

"这'因学定教',让我想起一个故事。读大学时,有位老教授对我们做过一个测试。老教授问:'如果你去山上砍树,正好面前有两棵树,一棵粗,另一棵细,你会砍哪一棵?'问题一出,大家都说:'当然砍那棵粗的了。'老教授一笑:'那棵粗的不过是一棵普通的杨树,那棵细的却是红松,现在你们会砍哪一棵?'我们一想,红松比较珍贵,就说:'当然砍红松了,杨树又不值钱!'老教授依然面露微笑地看着我们,问:'那如果杨树是笔直的,红松却七歪八扭,你们会砍哪一棵?'我们觉得有些疑惑,但还是说:'如果这样的话,还是砍杨树。红松弯弯曲曲的,什么都做不了!'老教授目光闪烁着,我们猜想他又要加条件了,果然,他说:'杨树虽然笔直,可由于年头太久,树干中间都空了,这时,你们会砍哪一棵?'虽然搞不懂老教授的葫芦里卖的是什么药,但我们还是从他所给的条件出发,说:'那还是砍红松,杨树中间空了,更没有用!'老教授紧接着问:'可是红松虽然不是中空的,但它扭曲得太厉害,砍起来非常困难,你们会砍哪一棵?'我们索性不去考虑他到底想得出什么结论,就说:'那就砍杨树,同样没啥用,当然挑容易砍的了!'老教授又追问:'可是杨树上有个鸟巢,几只幼鸟正在巢中,你会砍哪一棵?'终于,有人问:'教授,您到底想告诉我们什么?想测试什么呢?'老教授收起笑容,说:'你们怎么就没人问,到底为什么砍树呢?虽然我的条件不断变化,可是最终结果取决于你们最初的动机。如果想要取柴,你就砍杨树;想做工艺品,就砍红松。你们当然不会无缘无故地提着斧头上山砍树!'这个故事告诉我们:很多人出发得太久,竟然忘了当初为什么上路。有目标的人生叫航程,没目标的人生叫流浪!"小周老师的故事引得大家议论纷纷。

"有些教师教得太久,以至于忘了为什么教。"小程老师幽幽地说。

"有的教师把自己定位为教书匠,把教作为自己的职责,认为教了就是尽职尽责了。殊不知,教只是手段,学才是目的。"小方老师说。

小易老师轻唱起来:"已经记不清楚从哪里来,忘记了为什么而存在。现在我还不想化作尘埃,因为我的故乡叫作未来。"她接着说:"电影《缝纫机乐队》里的歌曲唱得很好:'故乡叫作未来。'很多时候,我们的出发点才是我们的目的地。"

"是的。我们经常引用两个哲学问题'我从哪里来''我要到哪里去',却很少有人思考'教学从哪里来''教学要到哪里去'。实际上,我们也要弄清楚教学的出发点和目的地。'少'强调以学定教、顺学而教。这样的教学过程改变了教学起点,即将教学起点从教师、教材转向了学生,具体来说就是转向了学生的认知、学情,关注学生的学习需要。"小董老师向小易老师报以微笑。

"教师在了解学情的基础上,对教学内容、教学方法进行适时的调整与选择。这样,使教的工作与学的活动构成了有机的教学关系,也使教师的教更具有针对性。"小李老师补充道。

"为确保备课充分、预设到位,我们要采用'自备—研备—改备'的方式。自备,就是自行备课、钻研教材、研究教法、分析学情、拿出教学预案,这相当于'先学'。研备,就是在自备的基础上,学科组教师所进行的相互研讨。这一过程必须真实有效,通过研讨首先要解决各自在备课中存在的问题,最终必须达到'六个统一':课时划分统一、教学流程统一、学习目标统一、自学指导统一、解决策略统一、作业训练统一。"小周老师总结道。

"这一过程相当于'后教'。改备,就是在研备的基础上,教师针对本班实际所进行的'回备',对研备内容进一步研究,改正自备中存在的问题,改进教学策略,从而使课堂教学更有实效性。"小董老师进一步完善。

6. 教学内容上,"少"有利于突出探究应用功效

"探究、应用对学生的学习和成长来说都是不可或缺的重要能力。不下水,永远学不会游泳。一个人如果不去尝试,将一事无成,更不能体会到学会、学成一件事的满足和快乐。"小方老师一直喜欢探究不同的教学方法。

"这也像学开车,不管教练给你上了多少堂驾驶课,也不管你看了多少本驾驶方面的书、学会了多少有关驾驶的理论,如果你不坐在方向盘后真正操纵汽车的话,那恐怕永远也学不会开车。你说是不是呀,小程老师?"小董老师又揶揄起了小程老师。

小程老师考驾照,科目二学了半年多也没考过。她经常看驾驶方面的书，能把侧方停车、倒车入库等讲得头头是道。在小程老师的理论指导下，其他几个同事在驾校练了几天后都顺利通过了科目二，可小程老师仍然在跟科目二较量。上了车她就一直背她的驾驶理论，下了车她就找教练理论。

小程老师白了小董老师一眼，说："我不跟你一般见识。不过呢，你话糙理不糙，'纸上得来终觉浅，绝知此事要躬行'。我以后学车不能老琢磨理论，得多练练手啦！"

小周老师赶紧转移话题："不只是学开车，有的人在许多事上都只重视看书，可学习、研究了再多的理论、原理、技巧，也只是纸上谈兵，一旦进入实战阶段，便束手无策。在教学上也是如此，好多教师只注重理论知识的传授，而忽视学生探索研究、自主发现的价值。教师应该遵循探究性原则设计教学内容，帮助学生与教学内容展开深层的对话。"

小方老师倡导："我们提倡'少'，就要改变先前只重视教学内容的观念，淡化知识的系统性，精心设计教学内容，让学生在提出并解决问题的过程中有更宽广的时空吸取必需的知识。"

二、语文教学"少"的具体策略

雨过天晴，窗外的树叶纤尘不染，绿意逼人，雨珠滚落，闪闪发亮。

"王老师，您的绿萝叶子有一片变黄了，我给剪了吧！"眼明心细的小易老师去除了一片枯黄的叶子后，绿萝又通体碧绿了，"王老师，我看您这几天气色、心情好像都不太好哇。"

"听小易老师这么一说，我也觉得王老师最近确实有点儿瘦了。"小董老师关切地说。

"哦，有吗？我吃饭、睡觉都挺正常的，工作、生活都挺如意的。"我自己倒没察觉。

"王老师是被我们传染了！"小方老师见大家一脸茫然，忙解释道，"真正的好医生都是想病人之所想，急病人之所急，设身处地，感同身受。"

"你别扯那么远，我们现在讨论的是王老师的身体状况。"小董老师听得一头雾水。

"我这不正说着嘛！大家想一想，这段时间，王老师自从开办语文教学门诊处以来，我们经常找一些让自己头昏脑涨的语文教学疑难杂症向王老师请教，王老师悉心问诊、倾心指导，用心心累，操心面苦。你们说，王老师的气色和心情能像以前那样好吗？"小方老师耐心地解释道。

"有道理。那可怎么办呀？"小董老师焦急地问。

"我们每天说一些教学中的趣事、乐事给王老师听，王老师的心情不就会好了吗？"

"那我们就把语文教学门诊处变为'语文教学趣事大家谈'，如何？"

"好——"

"那我们就来聊聊语文教学'少'的具体策略吧！"我也赞成，语文教学中不仅有问题、有麻烦、有困难，更多的还是有收获、有成就、有乐趣。语文教学就要乐在其中！

1. 教师课前功夫：前"多"后"少"得高效

要想让我们的语文课堂教学高效生动，教师就必须在课前做足功课，功夫要下在备课上。教师的课前有效备课包含以下两个层面。

第一层面：有效备文，明确体系。

"我先说吧。有效备文就是有效地备课，不过我说的这件事不是什么乐事，而是我的尴尬事。"小董老师欲说还休。

"没关系，你的尴尬事就是我们的乐事！"小方老师打趣道。

"好吧，那我就让你们的快乐建立在我的痛苦之上了。"小董老师大度地一笑，"下面这件事，就是因为我没好好备课而草草上课，给自己带来的尴尬。"

下次再也不能不备课

"五一"小长假我外出旅游，回来得晚，特别疲惫。虽然我不记得假期前上的是第几课——因为用的是新版本的教材，但作为一位有着多年教学经验的老教师，我认为明天早上早点儿去学校看看教材就能对付了。

第二天我起得不晚，但在路上接连遭遇堵车，我都恨不得跳下车自己走，但是距离又远，没办法，只能坐在车上干等着，看着时间一点一点地过去。

第二章 语文教学"少"的艺术

幸运的是,在预备铃声响起的那一刻,我赶到了办公室。可不幸的是,我推开教室前门走上讲台,还没稳住神,校长就推开后门坐进了教室。

校长听课?有没有搞错?怎么碰上今天听课?为什么要听这节课?

我的那些感动了自己、感动了学生的课没人听,校长却偏偏听我这节没有准备好的,甚至不知该教哪篇课文的课!

但作为一位有着多年教学经验的老教师,我还是稳住了心神。

"同学们,我们上节课学的是什么呀?这节课该学什么呢?过了一个小长假,你们还记得吗?"学生的回答让我知道了自己该上的课是《为了忘却的记念》——我为自己的"机智"而暗暗叫好。

我看了一眼校长,校长正看着旁边学生的课本。

老教师有老教师的老办法!对,激发兴趣,导入新课。

我真是安之若素、处变不惊哦!我为自己的"沉稳"而暗暗"点赞"。

为了激发学生的学习兴趣,我说:"同学们,从小到大,你们一定亲身经历过、亲眼见到过、亲耳听到过许多难以忘怀,甚至一辈子都不会忘却的事情,谁来和大家分享一下?"

不知道是因为陷入了沉思,还是因为校长坐在后边有些拘谨,我提出问题之后,全班一片沉默。

不久,总算有几只手举了起来,慰藉了我备受冷落的心灵。但即便是举手的学生,回答得也非常牵强,我只好把导入环节草草收场。

为了不使刚才的尴尬场面重现,我灵机一动,决定让学生自己学习课文,然后回答:读了课文后,你知道了什么?

在学生自己学习的同时,我开始绞尽脑汁地思索:怎么让学生学得快乐点儿、有意思点儿?想了半天,却怎么也想不出什么好话题,脑袋一热就问了句:"你们还记得去年的运动会吗?"

"记得。""记得。"学生这下像炸开了锅,你一言我一语,争先恐后、叽叽喳喳地说了起来。

我看到学生把思维都聚在这个问题上了,便打断他们:"同学们说得都很好,去年的运动会让我们记忆犹新,我们暂时不说了,好吗?"

"老师,我还有——"一个学生仍处于兴奋之中。

"那你说吧!"我不想扫了他的兴。

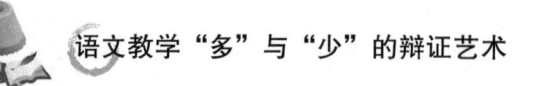

"我获得了400米跑的冠军,回去妈妈还奖励我了。"

没想到自己一句无心的提问,就激起了千层浪,后来冷静下来想一想,我的提问是那么没有意义,和课堂主旨没多大关系。在这节课里,无谓的讨论浪费了学生不少的时间和精力。表面上,学生热烈地讨论着,其实更多的是没有预设的尴尬和窘迫,以及没有价值的讨论和探究。回想整堂课,教学目标没有达成,却浪费了整整40分钟。如果我们教师总是没有准备地进入课堂,一路跟着学生生成,那到头来,有用的东西没让学生学会多少,换来的只是滔滔不绝的废话和随心所欲的放纵。

当然这都是后话,而我现在急于考虑的问题是校长已经皱着眉头,站起身,跨步走出了教室。

"校长,请等一等,听我解释一下……"

作为一位有着多年教学经验的老教师,瞬间我感觉自己变成了一个语无伦次的小学生……

"哈哈哈!你这是'葫芦僧乱判葫芦案',偏偏碰上个清醒的检察官!哈哈哈……"小李老师大笑不止。

赵老师忍住笑说:"'凡事预则立,不预则废',士兵不能打无准备之仗,教师不能上无准备之课。无准备而强上课,必然误学生、害自己。"

小方老师也有同感:"作为语文教师,我们首先要对文本内容有深入的了解,但是不能止于对文本的解读和结论性知识的传授,不能只满足于做'二道贩子'。"

"有效备文需要注意:立足文本,超越教参。教材是教师教学的底本,教参是教师教学的参考。作为底本的教材,可供教师大胆发挥,不断创新,不断超越;而作为参考的教参,可供教师作为教学辅助工具和启发教学思维的媒介。所以教师教学时要以教材为本,以教参为辅。然而,当下许多教师偷懒,简单地把教参中的结论性知识原封不动地'搬'给学生,长此以往,学生对课堂就会产生倦怠,会兴味索然。"小董老师提出了自己的见解。

"对!现在是信息社会,教辅资料多如牛毛,学生拥有与教师同样甚至更多的学习资源。他们听教师讲课,是希望从教师那里听到不一样的文本解读,收获与教辅资料不一样的信息,这就需要教师真正立足文本,找准文本的新颖、独到之处，解读出不一样的味道。"小方老师表示赞同。

"有效备文还需要注意：高屋建瓴，构建体系。在新课程改革的背景下，教材由原来的按文本编排变成按主题体系编排，这就要求教师在一个大的语文体系中做到高屋建瓴。"小程老师的思考很在理。

"放眼高考，立足文本也要跳出文本，敢于打破模块界限的前后勾连，重点解决'授之以渔'的问题。譬如我们学习人教版必修3和必修5'中外小说'部分，就要围绕高考新课标卷文学类文本阅读做好文章，备好功课，找准每个文本鉴赏的切入点，如《林黛玉进贾府》中人物的性格特点与塑造手法，《祝福》中的情节结构和独特的叙事方式，《老人与海》中的主旨解读，《林教头风雪山神庙》中的伏笔，《装在套子里的人》中象征等艺术手法的运用，《边城》中的环境描写，等等，各有侧重，有的放矢，教学效果才会明显。"小李老师的补充完美得很。

"要做到有效备文，不但要考虑教材、文本的特点，更要考虑学生的发展需要。人与文的交集，是新课程改革背景下一个很重要的目标，也是评价一节语文课好坏的重要标准。"我总结道。

第二层面：认真备人，因材施教。

"认真备人，首先要做到了解学生，因为学生是课堂教学的对象。对此，大家有什么有趣的事拿出来一起分享？"我问。

"我有！"小李老师讲起了自己因没有认真了解学生而出糗的事。

一定要记住学生的名字

刚开学不久，由于整天忙于备课，所以我没有去认真认识、了解所教班级的学生，结果那天上课时就因为没对上学生和学生的名字而闹了笑话。

那天我在高一（29）班提问时，第一题叫了教室后面一个举手的女生来回答，第二题我说"请班长来回答"，结果全班同学都笑了。正当我感到莫名其妙时，就看到刚才那个女生又站了起来……

那个女生回答完问题坐下后，我又提出了第三个问题，然后俯身在花名册上点到"万雨菡"这个名字，结果全班同学都大笑了起来。我被笑蒙了，大脑一片空白，他们又笑什么呢？

只听见学生笑着说："老师，她就是万雨菡！"我在哄笑声中将目光从

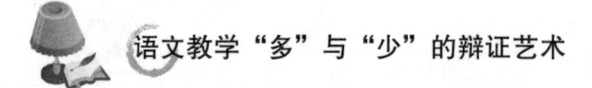

花名册上移到教室后面——没想到，站起来的还是刚才那个女生。我一时大窘。居然有这么巧的事情？想一想，我也笑了。

这节课上我教了什么，我已经忘了；同学们学了什么，不知道他们是否还记得。但我和学生肯定都记住了这件糗事。

"你这事可真够糗的，不了解学生，甚至不认识学生，怎么能顺利进行教学呢？"赵老师笑着嗔怪道。

"认真备人，方能因材施教。记不住学生的姓名，更谈不上备人了。"小周老师也笑道。

"了解学生，关注学生的兴趣点和兴奋点，以此作为引导，才能真正实现课堂的有效、高效。《功夫熊猫》中有一个片段，师傅本来对阿宝这只又大又肥的熊猫感到非常头疼，认为他不可能成为真正的'龙战士'，但是偶然发现他竟能够一跃几尺高，目的是得到高处的饼干，于是师傅因材施教，用食物激发了阿宝学武的积极性，这不也证明了教师对学生的了解和关注的重要性吗？"小程老师说。

"语文学科不同于其他学科的一点是语文学科的情感态度与价值观维度体现得非常明显，因此，备课的重点必须是对人文、人性的关注。作品我们要关注，作家我们要关注，而学生我们更要关注。"我总结道。

认真备人，其次要做到还教于生，因为学生是课堂活动的主体。

"我有过多次还教于生的经历，"小方老师拿起自己的教学记录本，"给大家读一个我的教学故事。"

同学，你来教吧

"没有我你怎么办，你的泪水谁为你擦干，谁帮你打伞安慰你心烦，失眠的夜你最怕孤单。"

何润东的歌《没有我你怎么办》飘荡在耳畔，我心里也泛起这样的疑问：没有我照料，我的学生，你们怎么办？

放手爱会不会失去爱？放手的课堂怎能让人放心？

而我经历了虽不放心又不得不放手的课堂——

身为班主任，每次考试过后学生的成绩都让我喜忧参半，喜的是有些学生努力付出有所回报，成绩优异；忧的是有些学生努力了却不见成效，学得很辛苦成绩上却没有体现。可喜的自然要表扬，堪忧的却不是简单鼓

第二章 语文教学"少"的艺术

励就能了事的。问了有些屡"试"不"爽"的和成绩下滑的学生,有些学科的课听不懂,是他们成绩不如意的重要原因。

怎么办呢?

有的学生听不懂,这个问题我跟学科教师也反映过,但学科教师表示:学生理解水平有差别,不能光为了让所有学生都听懂而降低讲解难度或放慢教学进度。

我是班主任,不是全科教师,不可能每门功课都给他们讲啊。

但我真的不想放弃他们,他们才上高一,以后的路还长着呢。现在的知识他们都没听懂,那以后的知识该怎么学?以后的学习该怎么进行下去呢?真是无法想象。

怎么办?怎么办?冥思苦想之后,我终于灵光一现——还教于生,让听懂的学生给没听懂的学生讲,让成绩优秀的学生给成绩落后的学生讲。

没想到,我在班里一宣布这个决定,竟得到了全班学生的拥护。

成绩好的学生为有机会当老师给别人讲题而兴奋,成绩落后的学生则为有人给自己讲题、帮自己弄懂知识了而兴奋。

其实,虽然宣布了这个决定,但心里还是忐忑不安。教师都没给学生讲懂的题,学生给学生讲,就能讲懂了?

但我对学生还是有所期待的,每门学科都选择了一个学生作为主讲人。

地理学科主讲人黄柯嘉同学主动请缨,要求下周的第一次"生教课"(就是学生当老师的教学课,我权且这么称呼吧)由他来上。好哇,有人这么积极地响应我的决定,当然是件高兴事。

那个周二下午第三节是黄柯嘉同学上地理课的时间。他早早地向我借去了电脑,我也早早地来到了教室。

黄柯嘉同学还真有两下子!他的课让我耳目一新。

他说话时而用普通话时而用方言,有时还夹杂豫剧的腔调,蹦出几个我听不懂的时尚潮语,这家伙是在调侃知识、戏谑难点!他没有一点儿老师的架子,在课堂上和学生打成一片。学生听得情绪高涨。

他的课件做得也非常生动活泼,插入了带有弹幕的"哔哩哔哩"网站的视频,还把自己的同学"整蛊"进了地理知识中。学生听得笑声连连。

有学生小声向我反映：他讲得比老师还好呢！

黄柯嘉收拾好他的东西走下台来，有点儿得意。

哈哈哈，你就得意吧！我心里也正在为自己这个让学生为学生讲课的决定而得意呢！

"不错！为小方老师'点赞'！在'教'的课堂中，教师在课堂上起主导作用，教师主动地讲授，学生被动地接受，'听讲＋记笔记＋做作业＝好学生'。这样的课堂，知识陈旧，没有创新，教师一味地灌输，学生只是容器。我们倡导语文教学的'少'，就是要把课堂真正还给学生，积极倡导学生主动学习，使学生学会自主、合作、探究，进行有效的学习。"我很欣赏小方老师的做法。

赵老师也积极发言："这不得不引起我们的反思。备课不仅是教师对文本的深入理解，更重要的是使学生真正动起来，所以必须认识到学生是课堂学习的主体，教师只是学生学习的指导者。很多教师上课时课堂预设得非常充分，但这样做往往容易走入一个极端：学生永远被教师'牵着鼻子'走。课程教育专家方智范教授提到过一个有意思的案例：一位特级教师为某个教育代表团讲学，其课堂设计精准，如行云流水，甚至上课结束时这位教师正好讲完最后一句话。但是代表团对这堂课的评价是学生没有自我发挥的空间，是一堂没有必要上的课！"

小董老师语出惊人："现在的很多观摩课、优质课设计精妙，步步为营，起承转合都准备得非常好，大有'请君入瓮'之嫌，这样的课堂充其量是教师在'演课'，从学生的角度而言，效果不一定好。因此，教师在备课阶段必须认识到学生才是课堂活动的主体。"

小董老师的话引起了大家的共鸣。

"观摩课上，教师'请君入瓮'！这极具讽刺意味，却有一定的现实性。"

"语文课堂要倡导动态学习，鼓励学生动起来。"

"学生要站坐自如，行走自如，思维自如，使课堂焕发出生命活力，这样的课堂才会更有生机。"

"譬如鉴赏《荆轲刺秦王》《鸿门宴》《廉颇蔺相如列传》《项羽之死》等文本时，不妨挑选几个片段让学生表演，使他们在表演中体味人物的性格。"

"教室本来就是学堂，学生应该是学习的主体。把课堂交给学生，学生就会给你创造一个意想不到的天地。"

2. 现代教学手段：借"多"巧"懒"得高效

对这个话题，网络高手小周老师当仁不让："传统教学方式有其不可否认的优点，也有其不可回避的缺点，而利用现代教育技术便可最大限度地扬长避短。

"自实施新课程改革后，作为河南省首批示范性高中，我校的课堂教学发生了很大的变化，这不仅体现在教学内容、教学手段上，更重要的是课堂教学模式也发生了巨大变革。特别是现代教育技术被广泛应用于语文课堂教学中，语文多媒体教学也正趋向成熟。信息技术为传统的语文教学注入了新的力量，为语文教学开创了一片新天地。"

小方老师接着说："以多媒体和网络为核心的信息技术的运用，正是21世纪知识经济时代基础教育的重要基础和突出特征。网络信息技术是现代人必备的人文素养，信息技术和语文教学整合是高科技与传统文化的完美结合，是将博大精深的传统文化以生动形象的方式展现在学生面前，其优越性在听、读等方面都有明显体现。"小方老师是课件制作的高手，我校教师参加大型教学竞赛的课件制作大都是他帮助完成的，他的话是相当有说服力的。

赵老师也有了兴趣："现代教学手段都有哪些作用呢？"

小周老师发挥其网络技术的特长，抢先回答："我觉得现代教学手段的第一个作用是积极导入，是激发求知的催化剂。

"万事开头难。有了好的开头，事情的发展就顺利了。一节语文课巧妙的导入设计，有利于创设良好的课堂教学情境。在这个环节使用现代教学手段，可以在激发学生强烈的求知欲的基础上，调动学生学习的积极性，所以在导入新课时，适时利用现代教学手段是广大语文教师喜欢的一种方式。以教授朱光潜先生的《咬文嚼字》一课为例，在新课伊始，先用动画的形式展现话题：一只小老鼠边翻书边吃书，接着出示课题——《咬文嚼字》。大屏幕上，生动的画面配上有趣的音乐，一下子就把学生的注意力吸引住了。这时，再引导学生进入新课学习，他们就会表现出极大的兴趣。"

小方老师点点头说："有好的开头也要有好的过程，这就要发挥现代教学手段的第二个作用——创设氛围，这是渲染情感的添加剂。

"在语文教学中，有些文本很平淡，有时候不容易找到解读的切入点，而合理地运用现代教学手段，能帮助我们在教学中创设良好的情境氛围，往往会产生'未成曲调先有情'的效果，收到事半功倍的奇效。如教授《奥斯维辛没有什么新闻》一课时，以多媒体方式播放一段有关南京大屠杀的视频，出示数张第二次世界大战时法西斯残害无辜百姓的图片，一下子让学生产生了心灵上的强烈震撼，顺势引导学生深入学习课文，在整个文本赏析过程中不断通过多媒体展示第二次世界大战的相关图片和视频，收到了牵一发而动全身的效果。"

小董老师接着说："说到创设氛围，我觉得语文教学中的朗读教学最离不开氛围的创设，特别需要发挥现代教学手段的第三个作用——有声有色，是激情朗读的强化剂。

"利用现代教学手段，可以使无声的语言材料变成可感的声音，使课文中的语言形象和情感迅速渗透到学生的心里去，从而使学生耳醉其音、心醉其情，激发朗读愿望。像诗词鉴赏部分，单靠教师的解读会显得寡淡无味，在单纯文字的显示条件下，课文美感的展现绝对会受到约束。"

"现代教学手段的介入能使教学效果得到显著提升。在诗歌鉴赏时，不妨播放《唐之韵》等专题片，伴随着优美的旋律、娓娓动听的诵读、深入浅出的解读，学生对诗人就有了整体的了解，知人论世，以意逆志，对作品的理解自然会深刻得多。"小周老师给予了补充。

3. 引导参与活动：生"进"师"退"得高效

我说："关于这个问题，我给大家说一说吧。20年前我在语文教学上'积极进取'却屡遭挫折的经历让我记忆犹新，在痛定思痛中，我不断反思。语文是实践性很强的课程，教师的任务绝不仅仅是传道、授业、解惑。在语文教学中，我们要以教材为依托，以综合性实践活动为媒介，把生活中丰富的语文学习资料与教材相结合，善于捕捉生活中的信息，并及时为学生提供综合实践活动的主题，根据学生的年龄、兴趣、爱好，设计切实可行的、符合学生年龄特征的活动方案。

"我们要以教材为依托，以活动来引发学生学习语文的兴趣。请看我下面这篇心得。"

带着学生在语文课上"淘宝"

同学聚会,神侃鬼话。

一帮当语文教师的老同学聊着聊着就聊到了本行。

一位同学牢骚满腹,向大家"吐槽":"教其他学科的,像数学、物理、英语教师,在学校受领导重视,在班里受学生重视,而语文……"

"我受不了的就是这一点,"他还没说完,另一个同学接上了话茬,"上语文课,成绩好的学生做其他学科的作业,成绩差的学生睡觉,哼,成绩不好还不学语文!"

其他几位同学也颇有同感。

"支支招儿呗,你这语文界'大咖'!"大家都把头转向了我。

我笑着摆摆手,认真地说:"学校领导喜不喜欢语文,这我们当不了家。学生喜不喜欢语文,这个家,我们还是当得了的,或者说我们是可以让学生喜欢上语文的。

"语文课本中的文章篇篇都是专家精挑细选的宝贝,你得把语文课上成淘宝网,让学生在课文中淘到宝。"

我如此这般地向他们介绍了一番。

一学期过去了,一位同学给我发来了微信:"看,下面是我的学生在语文课本中淘的宝——我让学生以对偶的形式写课本人物。

"勾践:咽下的不仅是苦胆,更是一杯坚定的信念,从环佩中鸣出坚韧的信念;卧着的不只是柴薪,更是遍地顽强的意志,从剑鞘中拔出锋利的意志。一心所向,以坚定砥砺仇恨,三千越甲可吞吴;一往无前,用顽强锻造辉煌,千古风云写荣光。一种信念升华成一段历史,一颗心灵弥散成千古风景。

"岳飞:一条幽径,总在迂回曲折中激起心旷神怡的向往;百般无奈,只于醉眼蒙眬时忘却刻骨铭心的仇恨。三尺青锋杀金人,一曲战鼓震星辰。十年大梦,韶华苍颜,心上有国耻,胸中有家仇。你将灭金作为生之意义,你将复国视为死之宽慰,心中信念坚定,脚下道路宽阔,你在抗金救国的道路上步步前行,走成一片精忠报国的风景。"

有三位同学给我寄来了他们的成果——语文课前十分钟学生演讲作品集《一苇万顷》《笔墨青春》《时光墨韵》。

把语文课上成淘宝网,让学生在课文中淘到宝,让学生有所发现、有所收获、有所提升,学生自然会爱上语文、重视语文、学习语文了。

"我的语文课'淘宝'秘诀就是——

"第一,挖掘教材,开展语文综合性学习。语文课程资源包括课堂教学资源和课外学习资源。教材是课堂教学资源之一,因此,我们要以教材为依据,充分利用好课堂这块阵地,把生活中丰富的语文学习资料与教材相结合,构建开放的语文课堂,开展综合性语文实践活动,激发学生学习语文的兴趣,使学生真正地行动起来。譬如,学习完'现当代诗歌'板块后,可以开展中外经典诗歌推荐及朗诵活动,要求学生在朗诵诗歌的基础上发表不少于300字的推荐理由,从而培养学生的鉴赏能力;学习完'唐诗宋词'板块后,可以开展'我与唐诗有个约会''邂逅宋词'等活动,引导学生对唐诗、宋词进行个性化的解读。这样的语文实践活动往往比教师一厢情愿的解读更能激发学生的兴趣,更能拓宽学生的知识层面,更有利于提高学生的语文素养。

"第二,立足课堂,开展语文综合性学习。教师可以开展'开课五分钟'活动,'开课五分钟'指的是上课铃响后的前五分钟。把这五分钟从平常的课堂教学中拿出来,进行语文学习的专项活动,称之为'开课五分钟'活动。高考对学生的语文素养要求高,因此平时学生忙于应付繁重的课业,无暇关注丰富的世界,我们不妨开展'开课五分钟'活动,由学生分享新闻热点焦点评论、精彩素材等。短短的'开课五分钟'活动不但能激发学生学习语文的浓厚兴趣,巩固和提高课堂教学效果,还有助于学生各项能力的培养,尤其是能够显著提升学生的口头表达能力和思辨能力,从而发挥学生的特长,促进学生个性的发展。

"第三,拓展课,开展语文综合性学习。在平日的教学中,我除了紧扣课文内容开展实践活动,还积极引导、鼓励学生在课外时间开展语文实践活动。我校语文教研室不断拓展语文学习的第二课堂,相继成立了沙澧诗社、春笋文学社等学生社团组织,定期开展汉字听写大会、成语听写大会、经典文化诵读比赛等活动,邀请社会团体进校园传播传统文化,与市豫剧团合作开展'戏曲进校园'活动,与许慎文化园合作开展'《说文解字》进校园'活动,与贾湖文化园合作开展'走进贾湖遗址'活动……第二课堂活动让学生融入了社会,在生活中学习了语文,受益匪浅。"

4. 系统总结反馈:知"整"用"点"得高效

"看你们讨论得这么热烈,我一直没插上话。对于系统总结,我给王老师讲一个故事吧。"小易老师终于发言了。

有一个商人,在小镇上做了十几年的生意,到后来,他竟然失败了。当一位债主跑来向他要债的时候,这位可怜的商人正在思考他失败的原因。

商人问债主:"我为什么会失败呢?难道是因为我对顾客不热情、不客气吗?"

债主说:"也许事情并没有你想象的那么糟,你不是还有许多资产吗?你完全可以从头做起!"

"什么?从头做起?"商人有些生气。

"是的,你应该把你目前经营的情况列在一张资产负债表上,好好清算一下,然后从头做起。"债主好意劝道。

"你的意思是要我把所有的资产和负债项目详细核算一下,列出一张表格吗?是要把门面、地板、桌椅、橱柜、窗户都重新洗刷、油漆一下,重新开张吗?"商人有些纳闷。

"是的。"债主坚定地说道。

"事实上,这些事情我早在15年前就想做了,但是一直没有去做。也许你说的是对的。"商人喃喃自语道。

后来,他确实按债主的主意去做了,在晚年的时候,他的生意成功了!

"不会总结,等于瞎忙。做事没有计划、没有条理、不会系统总结的人,无论从事哪一行都不可能取得成绩。一个在商界颇有名气的经纪人把'做事没有条理'列为许多公司失败的一个重要原因。知识的系统总结,即知识管理,是指对理论跟实践结合的系统化知识结构进行持久而深入的思考,找出隐藏的规律,然后持续优化,使得知识系统化、类别化、指向化。"小易老师就是一个说话层次分明、做事思路清晰、工作与生活都打理得井井有条的人。

"是啊,人生如竹,处处总结!图书馆中的藏书要按照不同的类别摆

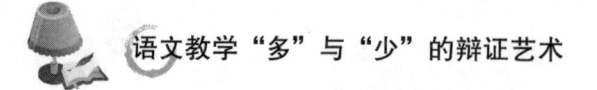

放，数学书放在一块儿，政治书放在一块儿，艺术书放在一块儿，总之，所有的书都是按系统分门别类地摆放着。商店也是如此，不同的货物摆在不同的货架上，这样能使得顾客一目了然。"赵老师说。

"系统化、条理化是人类生活的一大特征。套用一句有哲理的话来说，人类的活动促进了整个世界从无序走向有序。而且，我们经常被教导做一个既全面又有条理的人，这是为什么呢？原因就是全面又有条理的人做事效率高，成功的可能性大。因此，教学也应该系统化、条理化。"小李老师也表示认可。

怎样才能做到语文教学的系统化、条理化呢？

第一种方法：知识系统化，树立语文学习综合意识。

小周老师在工作中非常重视知识的总结和系统化，他说："在一次大学公开课上，有学生问高晓松是如何记住那么多数字、典故的。他的回答大致是这样的：当信息收集到一定程度，可以把所有的缝隙都填上的时候，你就记住了。事物之间是有联系的，只要建立好了各种关系，将其连贯起来，你就能记住了。这段回答给我的印象非常深刻。如果把整个高中学到的知识，用自己的思维方式构建出一个完整的体系，那就能很容易地记住并灵活地运用了！"

小程老师深有同感："许多学生常常是抓起一本辅导书，从头看到尾，既不注意从整体上去把握，也不知道搞清楚各知识点之间的联系，只是一味地做题。做题当然很重要，我也同意复习时该大量做题的观点，但是，在高考复习中如果能将系统地看书与大量地做题结合起来，学习效率将会大幅度提高，会有事半功倍的效果。"

"书本知识本身是有体系的，但它是知识讲解的体系，而不是知识运用的体系。如果只学习了知识讲解的体系而没有构建自己的知识运用体系，就会导致有些学生在学的时候什么都会，到了考试的时候却屡屡犯错。因此，优化学习就要构建自己的知识体系。知识系统化，就是通过对知识点的分析、整理，将其内容简单明了地表达出来，如在讲'谦词和敬词'专题知识时，可以简明地概括为'家大舍小令外人'，使之系统化。"小董老师很善于思考，也善于总结。

小易老师竖起大拇指给小董老师"点赞"："不错，这将是学习突破无序性阶段的一条重要途径。通过专项训练，分析总结，找出关联，就会不断完善整个知识体系。这一层次的处理，是积极主动地学习基本知识的过程，必须自己动手动脑来完成，当然也可以接受教师的指导和借鉴别人的经验。"

赵老师说："我谈三点具体的内容。

"第一，单元知识系统化，就是把相对独立的每个教学单元的知识内容加以归纳、总结，使之系统化。这一层次的系统化，主要利用知识点结构系统化的成果，可以将知识点连成知识链，也可以列出细目或结成知识网。

"第二，专题知识系统化，主要是指在复习中打破教材的章节体系，把同一性质、同一类别的知识归纳在一起，使之成为一个系统。如学习表现手法时，就可以打破不同文体的知识体系，将同一文体的表现手法罗列、归纳在一起进行分析研究、比较学习，进而总结归纳。

"第三，学科知识系统化，主要是指从总体上把握学科的知识结构，即把一个学科看作一个系统，这一系统由几个子系统组成，每个子系统又可分成几个更小的子系统……直至充分地涵盖这一学科的所有知识。如高中语文阅读可以分为古文阅读和现代文阅读；就古文阅读而言，又可分为文言文阅读和古代诗歌鉴赏。"

赵老师的话得到了大家的认同，小方老师进一步强调："要想系统地掌握一门学科的知识结构，就必须真正领悟这一学科的基本原理，对这一学科的知识形成认识。只有这样，做题时才能达到举一反三、触类旁通的程度，从而保证答题要点不遗漏。"

第二种方法：知识类别化，树立语文学习分类意识。

"知识类别化，就是按照知识内部的本质属性特点，按照知识内在的逻辑关系，对知识进行分门别类的编排，使知识条理化、有序化。"我正想接着讲，忽然被打断了。

"先打断一下，王老师，我们现在先来做一个小游戏。"小方老师说，得到我的同意后，他接着说，"我现在问大家一个小问题，大家要立刻回答：谁能迅速地一连串说出500位名人的名字？"

大家都面面相觑。

语文教学"多"与"少"的辩证艺术

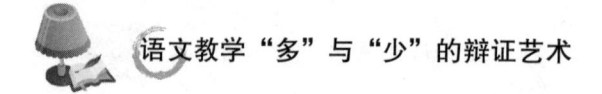

"没有人回答吗?"小方老师问。

一片沉默。

"再给大家3秒钟时间思考,有人能回答吗?"小方老师又问。

小董老师看了看沉默的同事们,对小方老师说:"这500个名人的名字我们应该能说出来,但是让人迅速地一连串说出,恐怕不是一件容易的事。"

"是呀,记忆可不像是在银行存款,可以零存整取。"赵老师对回答不了这个问题不以为意。

小方老师笑了笑:"那好,我再问大家:谁能说出20个中国当代的政治人物,20个外国当代的政治人物,10个中国现代的政治人物,10个外国现代的政治人物,20个中国古代的政治人物,20个外国古代的政治人物?"

突然之间,大家都叽哩呱啦地说开了。

小方老师赶紧挥手示意停止,说:"虽然没听清大家说什么,但是我相信,很多老师都能够说出这100个政治人物。而且我相信,按照类似的分类方法大家能够很快从经济、文学、哲学、历史、体育、科技等各个领域各说出100个名人的名字,加起来达到500个,不是很容易的事吗?"

大家都点了点头。

"所以,我认可王老师的观点。有些事情不容易一下子全部说出来,但是只要分门别类,就能够做到。好了,王老师,插播完毕。"小方老师在一片掌声中坐下了。

我对大家说:"其实我们都有过体会,自己费了很大的劲儿记了很多东西,但当做题需要提取所学知识时,总是感到很难,甚至会出现想不起自己究竟学了哪些东西的现象。究其原因,就是因为我们没有把所学的知识类别化、条理化,所以记忆效率低,提取知识困难。小方老师的这个游戏很好,让我们都能明白也能意识到类别化、条理化对提升学习效率的重大意义,我们当然要进行类别化、条理化的教学。"

小方老师再次发言:"其实类别化、条理化并不是困难的事情,尤其是对于学生来说,所学的知识已经整整齐齐地类别化、条理化于教材中了,即类别化、条理化工作已做好了。我们只需将书中的知识,按照其类别化、条理化形式,即章节形式搬到学生的脑子中就是了。"

大家又开始热烈地讨论起来。

小李老师说,知识的类别化、条理化就是各科教材的章节结构,所有的知识点都分布在这些章节中。看完书后,不一定能把所有知识点(知识点是指基本概念、基本定理、基本原理及基本方法)全部记住,但起码要知道全书分为多少章,每一章分为几节,每一节讲了哪些知识点,做题时知道题目所涉及的知识点属于哪一章、哪一节。做到这些,就已经初步完成了条理化、系统化的任务。

小周老师认为,学生平时学到的知识就像是一颗颗散乱的珠子,而条理化的主要意义就在于把这些"珠子"穿起来,做成一条美丽的项链。而知识的类别,就是穿起这些"珠子"的"线"。

小程老师提出,"穿项链"其实很简单——翻开教材的目录,这极易被学生跳过去的几页其实就是最需要用"线"穿起来的知识点。找到规律后,开始按照这条"线"去复习。一周以后就可以丢掉教材,用回忆的方式来复习。每次开始复习之前,先写下教材的纲目,并继续细化,直到某些词语的词性、用法,甚至每一道与之有关的习题。这样两次复习下来,平时那些没有被注意到的"珠子"就自然而然地被穿起来了。

小方老师强调,使学习过的知识条理化是提高复习效果的有效手段。只有把所学的知识条理化,才能在头脑中形成清晰而明确的思路,不但有利于知识的记忆和理解,而且能保证答题的正确性。

我们的集体教研例会就在这样热烈的氛围中结束了。

桌上这盆绿萝生命力真是旺盛,几天工夫就又旁逸斜出了。我拿着剪刀给它们修整修整。

人生也一样,修整后更能积极向上。知识亦如此,修整后才能良性发展。

今天的工作相对轻松,我便约了小周、小方、小董三位老师来办公室谈心。聊着聊着就聊到了我们的老本行——语文教学。

"我还是想再深入了解一下语文教学'少'的艺术,"小董老师真诚地说,"语文教学'少'的艺术,我完全赞同,并熟于心、验于行,而且在理论上也跟着王老师进行了不断的探索,在实践上也是坚持推进,在成效

语文教学"多"与"少"的辩证艺术

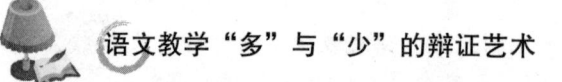

上学生有不小的进步,我感到很满意。"

有人说,知识就像一个圆,圆内为已知,圆外为未知,你知道得越多圆越大,你接触的未知领域就越广阔。课改实践也是如此。研究得越深,可能会发现待解决的问题越多;实践得越久,可能会觉得困惑和迷茫越多。

"小董老师,先谈谈你的认识。"

"王老师,我来说说您平常所说的语文教学'少'的艺术的'二四六'吧。'二'是指少讲精讲和少结巧论;'四'是指启发性、针对性、创造性、发展性四项原则;'六'是指实现教与学的统一、以学生的发展为本、突出学生主体地位、增加学生自主时间、强化因学定教意识、突出探究应用功效六个宏观要求。"小董老师如数家珍。

小方老师也不含糊,接过话茬说:"在语文教学'少'的艺术的具体实施层面,教师课前功夫多,方可有前多后少的成效;现代教学手段多,才会有借多巧懒的智慧;引导参与活动多,才易形成生进师退的局面;系统总结反馈多,才能有知整用点的自如。"

"大家总结得虽然笼统却很到位。大家要想把握语文教学'少'的艺术,就要把握它'三化三少'的核心三点,即薄化知少备课,精化明少解读和简化求少反馈。薄化知少备课,是从备课角度对教师提出的知识收集、加工要求,是指教师在备课前要掌握大量的材料、丰富的知识,在备课中期将自己收集的材料、掌握的知识条理化、系统化,而在备课的后期就要将自己收集的材料、掌握的知识精简化、集约化,即所谓厚积薄发,博观约取。精化明少解读,是从授课角度对教师提出的精简知识传授,提高知识传授质量,增加知识传授效能的要求。简化求少反馈,是从反馈角度对教师提出的简化反馈程序,精化反馈内容,提升反馈质量的要求。"

"嗯,王老师说的'三化三少'的核心三点贯穿融合了备课—解读—反馈三个语文教学的核心节点啊!"小方老师仿佛有了新发现,"在这核心三点中,解读又是其中的一个重点,薄化知少备课为精化明少解读奠基,简化求少反馈为精化明少解读服务,精化明少解读又受薄化知少备课的影响。"

"你的理解是正确的!解读的确是核心三点中的重点,而我们语文教学艺术中提出的'讲解少,结论少',与'少'的启发性、针对性、创造性和发展性原则,以及教学的关系、目标、主体、时间、过程、内容,都是依托语文教学'少'的艺术构建起来的。

"三者之间存在着相互依存的关系,缺少了其中任何一个因素,另外两个因素的存在都是不完全的;三者之间存在着相互制约的关系,任何一个因素都是另外两个因素的制约条件。

"三者之间的相互依存性,使得语文教学过程完整而严密,从而体现出语文教学'少'的艺术的和谐美、流畅美和回环美;三者之间的相互制约性,使得语文教学过程紧凑而流畅。"

"语文教学'少'的艺术,也是语文教学辩证法,科学严谨,妙!"

第三章

语文教学"多""少"结合的

艺术实施策略

第三章　语文教学"多""少"结合的艺术实施策略

阳光普照，万物竞秀。

穿过叶缝，透过窗户玻璃，一缕缕阳光斜照在书桌的绿萝上。绿萝青藤披散，绿叶舒展，郁郁葱葱，生机盎然。

门外传来争论声。随之而来的，是小李、小张等几位年轻教师。"王老师，您告诉我们一节课要讲15分钟左右。这一节课，有个学生问问题，我一讲就讲了40分钟。回来跟他们几个一说，他们也对课堂内容和课堂时间的把握存在困惑，就一起过来请您指点一下。"小张老师是学校的教学能手了，可求知态度仍是毫不含糊。

面前的年轻人面红耳赤，桌上的绿萝绿意葱茏。

绿萝是喜阴植物，在阴凉的室内，它们肆意地伸着枝，张着叶，不唯暗处，更向明处。植物就是这样，喜阴植物也不能一直放在阴暗处，喜阳植物也不能一直放在阳光下。明暗光热适度，植物才能更好地生长，焕发出生命的活力。

我给他们讲了一个小猴子种葡萄的故事。

猴子很聪明，而且善于模仿人类的动作。猴子想学种葡萄，便来到一个葡萄园里。它见园丁正给葡萄秧浇水，就说："原来种葡萄需要水，这还不容易？我要给葡萄秧浇更多的水，让它结更多的葡萄！"于是，它把一棵葡萄秧插进了河里。结果，葡萄秧被淹死了。

猴子又来到葡萄园，它看见园丁在给葡萄秧施肥料，就说："哦，原来种葡萄需要肥料。我要给葡萄秧施更多的肥料，就能结更多的葡萄！"于是，它把葡萄秧栽在了粪堆上。结果，葡萄秧被烧死了。

猴子再次来到葡萄园，这时已到了冬天，猴子看见园丁用稻草把葡萄秧包起来埋在地下，就说："哦，原来我的葡萄秧栽不活，是因为葡萄秧受冻了。这次我一定要着意保护，使它免受风霜！"次年春天，猴子种上一棵葡萄秧，而且学着园丁对葡萄秧越冬的管理技术，用稻草把葡萄秧包得严严实实地埋在了地下。结果没几天，葡萄秧被闷死了。

"俗话说：'物极必反。'这个故事说明，任何事物都必须保持其一定质的数量界限。在一定界限内，量的变化不会改变事物的质，而一超出这个界限，量的变化就会引起质的变化。掌握事物质和量的统一很重要的一点，是掌握事物的度。在自然现象和社会现象中，任何事物都有个度，只

语文教学"多"与"少"的辩证艺术

有使事物保持不过度,才能不断促进事物发展。"小张老师打趣道,"懂了吗,猴子们?"

"啰唆,说话也要有个度!'行百里者半九十'和'过犹不及'的道理,你这猴子要是不知道就一边儿待着思考去吧!"小李老师瞥了小张老师一眼,问我,"王老师,您说的道理我也懂,可是在实际操作中,我们该怎么进行呢?您再给我们具体地聊聊吧!"

小李老师的钻研精神让人喜欢,她跟你说话不把你的"砂锅"打得稀巴烂,她是不会离开的。而我也常在她的追问中,对教学、对生活进行了更深入的思考。

阳光真好,讨论正好。

第一节　"多""少"结合的意义

要把握语文教学"多"与"少"的度,就要做到"多"与"少"的结合。

"多"与"少"结合,就是教师在教学过程中要灵活运用教学手段,合理安排教学时间,智慧引导教学过程,智慧增值教学效果,从而实现"多"中求"少"提纲挈领,"少"中求"多"见微知著,"多""少"适度相得益彰的教学理念。

"多""少"适度,体现在教学材料上,要做到厚积薄发;体现在教学思考上,要做到既能入乎其内又能出乎其外;体现在教学语言修饰上,要做到浓妆淡抹总相宜;体现在问题讲解和课堂节奏上,要做到收放自如。

一、"多""少"结合厚薄可随心

从不同的角度而言,"多"和"少"有着各自不同的内涵,但作为相对而言的概念,它们从同一个角度去定义语文教学时,必然是优劣互现、不可调和的矛盾体。但这优劣、矛盾又不是绝对的,不是一成不变的。"多"和"少"是有一定限度的,有时半不如盈,有时过犹不及。比如,

第三章 语文教学"多""少"结合的艺术实施策略

我们用它去衡量语文知识的量时,语文知识积累得多总要比积累得少好,但多而不化,又成累赘;我们用它去衡量教师的讲授量时,如果不能把握适度的原则,教师讲授得多不一定就比讲授得少好。"多"体现在丰富、积累方面的智慧,"少"体现在启迪、运用方面的智慧。"多"是厚积,"少"是薄发,"多""少"结合才可厚积薄发。华罗庚说过,读书的真功夫在于"既能把薄的书读成厚的,又能把厚的书读成薄的",这番对读书的独到见解,耐人寻味。

"读薄"与"读厚",虽然有着相同点,如都要聚精会神、一以贯之地读,都要"运用脑髓,放出眼光"思考着读,等等,但终究取向不同、方法不同。从取向上说,"读薄"偏重于求深度,"读厚"则偏重于求宽度;从方法上说,"读薄"需要开掘、"蒸馏","读厚"则需要拓展、杂糅。

有一种阅读方法叫厚薄阅读法,就是先将阅读内容具体化、精确化,把"薄书读厚",再将阅读的具体内容加以概括、梳理和归纳,提纲挈领,去粗取精,达到把"厚书读薄"的目的。

具体来说,我们阅读一篇文章或一部作品时,先要透过语言文字,利用已有的知识经验,通过联想发挥,使其内容具体化,让语言文字与头脑中的形象、事物、道理、感受对应起来,也就是对字词、句段、篇章做具体的理解。此外,我们还需要借助自己的理解,更加详尽地去体会作者所隐含、所省略的意思。这样使阅读内容细化,在阅读内容中加入读者的理解和感受,就是把"薄书读厚"的过程。例如,我们在阅读《黄鹤楼送孟浩然之广陵》这首古诗时,就要解析、阐释诗句中字、词、句及诗的具体意义,了解作者李白与孟浩然、广陵与扬州和黄鹤楼之间的关系是什么,进而联想作者所叙之事、所写之景,体会作者当时的心情和感受。还要分析作者写自己目送"故人"远去,为何直到"碧空尽"时也不离去,还在那里呆望"长江天际流"。这样一来,短短二三十个字就展开成了数百字甚至数千字的有事有物、情景交融的送别情境,等于把"薄书读厚"了。在周晔写的《我的伯父鲁迅先生》中,作者描写车夫外貌时,使用了一个很传神的词——饱经风霜。教学时,有的教师让学生说一说这个词的含义,当然不是不可以,但我没这样做。因为我每次读到这句话时,脑海里便浮现出车夫的形象,浮现出他那一张令人同情的脸。我相信学生也会这

语文教学"多"与"少"的辩证艺术

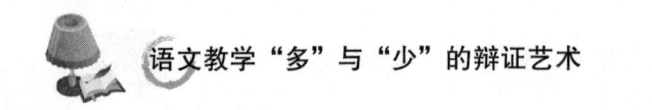

样想,于是我请他们展开想象,并写出他们想象中、理解中的车夫的饱经风霜的脸。学生沉思起来,动情了,动笔了。学生描写出来的脸,虽然语句不同,但都表达了同一个意思——饱经风霜。

另外,我们还要对阅读的内容逐句、逐段地筛选归纳,理清条理,疏通脉络,抓住关键词句,抓住重点语段,领会其主要的意思。这种把阅读内容抽取精要、提纲挈领的粗化过程,就是把"厚书读薄"的过程。例如,我们在读《我的伯父鲁迅先生》时,通过对这洋洋数千字的文章加以归纳分析,知道了文章开头讲的是"伯父"去世后众多人士前来吊唁的情境和"我"对此的疑惑,中间部分讲了"谈《水浒传》""谈碰壁""救助车夫"和"关心女佣"四件事,最后则讲了他"为自己想得少,为别人想得多"——这句话既总结了全文,又点明了中心。这样一来,数千字的文章,在我们头脑中就被概括成了一个中心句和四件事了。又如,我们读完数十万字的《哈利·波特与魔法石》之后,要向没有读过这本书的朋友介绍这本书,不可能原原本本地一字一句说下来,而只需对其内容加以梳理归纳,把主要情节、主要人物、主要内容和自己最深刻的感受介绍清楚就可以了。这样一来,我们就把"厚书读薄"了。

在读书过程中,"读厚"和"读薄"都很重要。如果只是"读薄",不仅功利,而且毫无乐趣可言。万事不能"一刀切",也不能"一条路跑到黑"。读书的最高境界是乐趣,没有了乐趣,找到了那几个字又有什么意义?"读厚"的过程就是一个自己找乐趣的过程:在你精选出来的那一本小小的书里,往往藏着无数的谜底,有着无数的道路。特别是读古文的时候,碰到不懂的词和新鲜的人名、地名,都要停下来去查找相关的资料,它们像一条条引线,把我们从迷宫里引领出来,使我们看到柳暗花明。有时候,一个人名又会牵出另外的书和另外的故事,给我们更多的乐趣和惊喜。这样,读一本书,常需要几本书来陪伴,一本薄薄的书,就这样厚出了可爱。现在信息技术发展和社会前进的步伐太快,短短几年,我们正在教授的很多"新"知识就已经落伍。学生因为课业太重,不可能读完教师规定读的所有书籍,而这些书籍对于学生来说又非常重要。因此,教师要把"厚书读薄",把书里庞杂的枝叶去掉,独剩精华部分让学生消化、掌握就够了。把厚书(丰富的材料、理论)中的精华部分筛选出来,使之变成薄书；而对于有精华内容的薄书则要好好理解，将其内涵充分挖掘出来，使薄书变得厚重。"由薄到厚"与"由厚到薄"，前者是扩充，是博；后者是集约，是精。经过这两步，才能真正达到"懂"。

二、"多""少"结合内外定乎分

一个人的成长与其眼界的宽窄、心灵境界的高低有很大关系。不囿于事、不拘于时的人往往也是敢于突破、勇于创新的人，因为他们既能够深入问题去体察，也能跳出问题去思索。语文教师优秀与平庸的区别可能就在于，平庸的语文教师能在问题内思考问题，而优秀的语文教师能跳出问题思考问题，语文教学专家则既能在语文教学内思考语文教学，也能跳出语文教学，在语文教学之外围观语文教学。王国维《人间词话》中有言："诗人对宇宙人生，须入乎其内，又须出乎其外。入乎其内，故能写之。出乎其外，故能观之。入乎其内，故有生气。出乎其外，故有高致。"语文教学也是如此。

"多"是一种丰富，可以体现出一种深度，所以语文教师拥有"多"，就更容易入乎语文教学之内。"少"是一种简约，可以体现为一种轻便，所以语文教师拥有"少"，就更容易出乎语文教学之外。而人们对于教学的思考，既存在于教学之内，又存在于教学之外，内外之间并非割裂，而是互动的，从而构成了一幅不同追求、不同风格的教学思考画面。

站在教学内的思考是直奔教学实践主题的，是围绕着好的教学效果进行的，从思考内容的性质看，一般属于"教学技术"范畴的思考。原因很简单，即作为教学要素的教师是在教学中的，是为教学系统的价值实现服务的。在教学系统的价值已经预设的条件下，教师的思考自然会聚集到实现教学价值的手段上来。

但语文教学不能一直拘泥于语文问题之内，而应该跳跃到语文问题之外，甚至不能一直存在于语文教学之内，而应该跳跃到语文教学之外。先站在语文教学内思考，再跳到语文教学外思考，从个别的教师发展到成群的教师，从立足解决面临的具体问题到兼顾教师自身的专业发展，发生了质的飞跃，其结果是拉动了教学之外专业思考的发展，教师由被动到主动

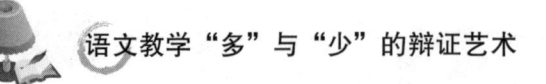

地接近了原先远离他们的教育、教学理论。这样，教师不仅可能成为优秀的教学实践者，而且可能成为优秀的理论研究者。否则，人类的教学认识将在一个较低的水平上自我陶醉，进而减少教学实践发展的可能性。

语文教师要发展，就要入乎其内，出乎其外；学生语文能力要提升，也要入乎其内，出乎其外；语文教学效果要增强，更要入乎其内，出乎其外。通过对一个篇章的学习，掌握这一类文体相应的学习方法，从而沟通、连接更多篇章的学习。遗憾的是，我们的教学恰恰缺乏这样的策略。追根溯源，其实是教师自设牢笼所致。

一千个读者眼里有一千个哈姆雷特。每个学生都是独一无二的个体，知识积淀、性格特点、学习方式、家庭背景、成长环境等都不相同，面对同样的文本，学生看到、想到的都有差异，情感体验、感悟所得都有区别。基于此，课堂教学时需要做的是，给学生一个明确的指引或者参考的方法，给学生制造一个切入点，提供一个研究问题的入口，让学生入乎其内。但我们不要把学生"闷死"在问题内，还要给学生提供一个出口，让学生出乎其外，把学生引入无比开阔的境地，提供多种可能性让学生去解读、鉴赏、品味，促使他们结合自己的立场得出适合自己的结论。教师需要做的，不是给学生制造固定的模式，不是给出标准的答案，而是打开学生思维的大门，拓宽他们的视野，引领他们走上阅读、学习、揣摩的道路。

三、"多""少"结合浓淡总相宜

课堂教学语言是在特定公众场所，面向特定人群使用的语言，不能不讲究表达方式，不能不注重语言内容。课堂教学语言需要修饰装扮是毋庸置疑的，但装饰也要适度。

1. "少"出精当化，"多"出连贯性

教师的语言精当，要言不烦，画龙点睛，学生就能抓住要领。教师说得多，不一定就能讲明白；说得少而精，讲在点子上，学生反而易于接受。叶圣陶说的"倾筐倒箧容易，画龙点睛艰难"是很有道理的。教学时教师语言简练、精当，可以腾出更多的时间来让学生读书、思考。有时，

教师说话需要引而不发，说而不透。如在做总结时，如果教师一句话就说到点上，就不能留给学生思考的空间。

教师的语言还要言之有物，内容丰富。如在提问题时，教师提出的问题应按照一定的顺序联结成一个有机的整体，成为一条环环相扣的问题链，高度重视疑问的相关性、设计的严密性、表述的流畅性。疑问句排列的顺序是多种多样的，可以由大到小，也可以由小到大；可以由浅入深，也可以由深到浅；可以纵向渐进，也可以横向排开；可以化整为零，也可以集零为整；等等。不管何种顺序，究其实质，都要按照学生的认知规律组织表达。表面形式上的停顿或间隔，并不能中断问题之间的内在联系。

2."少"出简明化，"多"出丰富性

教师要把每句话的意思讲明白，让学生听懂每句话的含义。这是对教学语言最基本的要求。无论是解释词句、分析课文，还是向学生提出问题，都要让学生准确无误地理解教师所要表达的意思。若教师的语言晦涩难懂、含糊其辞，学生就会不知所云，不解其意。尤其在讲解内容比较深奥的课文及难以理解的语句时，教师更应运用通俗易懂、简明扼要的语言，化难为易，化繁为简。

有时，教师为了突出问题、引起学生的注意，或为了加大爆发力、寻找突破口，或为了加强隐蔽性、培养学生的思辨能力等，需要十分讲究问题的语言设计和表述艺术。而且随着教学现代化手段进入课堂，问题的语言更是丰富多彩，教师可以采用实物生疑、背景导引、平中见深、巧妙暗示、连续追问、故设悬念、无中生有等方式，将问题艺术化地展现在学生面前，牢牢吸引学生，调动学生的积极性。

四、"多""少"结合收放需自如

英国诗人布莱克在《天真的预示》中有这样几句诗："一粒沙中有一个世界，一朵花里有一个天堂，把无限放在你的手掌，永恒便在刹那间收藏。"这几句很美的诗句可以浓缩为"微粒含世界，只手收无限"。我们的语文课堂也应该这样，要收放自如。"多"是放，是万绿满眼，让学生思接千载、视通万里；"少"是收，是万绿丛中一点红，能够笼天地、罩万物。

收放思维实际上指的是发散思维和收敛思维,收放的适度性更多地体现于发散思维和收敛思维的有机结合。所谓发散思维,就是讨论问题时广开思路,多方推测,自由猜想,尽可能找到解决问题的各种方法和途径;所谓收敛思维,就是对发散思维所得出的各种可能性,运用已有知识,通过去粗取精、去伪存真,在分析比较的基础上筛选出最佳结果。教学中,将发散思维和收敛思维有机结合起来进行训练,既遵循人们分析问题和解决问题的思维规律,又能在这种"发散—收敛—发散"的反复思维过程中培养学生的创造能力。

很多教师在教学中传授知识只从某一方面分析、讲解,习题解答只满足于寻找一个正确答案,探究也只是沿着设计好的方案去进行,这种收敛思维的教学形式无疑束缚了学生的创造能力。相反,教师如果能够引导学生从不同角度、用不同的知识来分析、思考同一问题,不但能加强学生对所研究问题的理解,使知识纵横联系,形成统一整体,还能加强学生思维的灵活性和知识迁移意识。

第二节 "多""少"结合的实施策略

一、"多""少"结合的宏观要求

1. "多"中求"少"提纲挈领

教育家吕叔湘先生早在1978年就提出了语文课的讲要省而精,做到少讲、精讲,可是到今天,不少语文教师仍不能合理运用。语文课堂教学需要讲,这是肯定的,但要把握好讲什么,怎么讲,在什么情况下讲,什么时候多讲,什么时候少讲。

一提到多讲,有人认为就是"满堂灌"。其实不然。如同作家写文章有时"泼墨如水"一样,教师有时上课也必须使用繁笔,酌情多讲。这种多讲,一旦被授课高手所驾驭,就能产生强大的力量,产生良好的效果。如特级教师于漪教授《七根火柴》一课结尾的一个"数"字时,就进行了必要的多讲：（1）无名战士数着七根火柴的心情。他把生命的希望送给同志，把死亡留给自己，这七根火柴是生命的火种。（2）卢进勇数着这七根火柴，再现了无名战士的高大形象和无私忘我的思想境界。这是为战友唱哀歌、唱赞歌，也表现了他革命到底的坚强意志。（3）今天我们仍然要数，要继承老一辈未完成的事业，把革命的火种深深埋在心头。

于漪老师抓住一个动词，解析文章点睛之笔，从多方面辐射开来，把它讲活了，讲深了，使学生深受感染，这样的多讲岂会嫌多？

2. "少"中求"多"见微知著

当然，在一些教师眼里，多讲就得面面俱到、滔滔不绝、泛泛而谈，恨不得把自己的知识无一点遗漏地全部传授给学生。比如，有位教师教授《谁是最可爱的人》一课时，从作者简介讲到时代背景，讲了中心思想，又讲段落大意，再讲写作特点，这样"一条龙"的包办代替，没完没了，教完一篇课文竟然花了五个课时。这种"满堂灌"式的多讲不但收不到应有的效果，反而会使学生的学习兴趣大大降低。

是不是语文课就要一味少讲呢？辩证法告诉我们，多讲、少讲是相对而言的，是矛盾统一的，有多就有少，有少就有多。一味多讲，便没有少讲的存在；全然少讲，必需的多讲也就失去了可能。多讲与少讲必须是高度实事求是的，可以说是"凫胫虽短，续之则忧；鹤胫虽长，断之则悲"。联系语文教学中的讲，就是我们不能面面俱到、泛泛而论，不能到处点火、全面开花，而应力求从细微处讲出佳境，讲出精华。学生的不明处，教师要讲；语言文学的奥妙处，教师要讲。在讲的时候应注意：要抓住核心，难点要讲准确，要点要讲透彻，重点要讲具体。教师在课堂上的讲应力求多中求少，以少胜多。

3. "多""少"适度相得益彰

新课程改革之前，不少教师认为讲授的知识越多，教学质量也就越高，多讲一点比少讲一点强。新课程改革之后，不少教师又认为教师讲得越少，学生活动得越多，教学质量就越高。究竟是教师讲得多点好，还是学生活动得多点好呢？"多"与"少"并不能从表面上去看，而应辩证地区别对待，教师讲得少、讲得精固然不错，但学生的活动如何开展才是根本。

语文教学"多"与"少"的辩证艺术

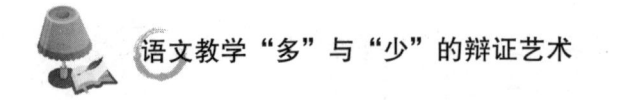

就拿现在的语文教学来说，有的教师运用的教学形式的确很新颖，课件做得很好，学生活动一个接着一个，你方唱罢我登场，整个课堂就像一个演播室。表面上看热闹非凡，实际上却华而不实。而有的教师因循守旧，在课堂上采用"满堂灌"的教学方法，不管学生是否明白，也不管学生能否接受，更不管学生有没有时间提问、思考，从一上课就开始滔滔不绝地讲，一直讲到下课铃响。这样"灌"出来的学生缺乏独立思考能力和创新能力，最多只能是个高分低能的学生。不可否认的是，这些教师都是用心良苦、认真教学的，前者是让学生动起来，在动中求知；而后者想把自己知道的一切都教给学生。可是由于走的都是极端，而忽略了教学实际，因此，一堂课下来，不是红火热闹，就是口干舌燥，学生的学习效果都不理想。

与此相反，有的教师采用传统教学方法与现代教学手段、理念相结合的方式，学生预习有的放矢，教师备课充分，学生的自学与教师的讲解、点拨相互配合，大大调动了学生学习的积极性和主动性。在课堂上，学生积极展开讨论，提出自己的见解及疑问，教师不失时机地进行讲解，学生的学习效率得到了极大的提高，教学效果自然很理想。

教师讲得多，学生不一定学得多；教师讲得少，学生也不一定学得少。关键在于教师针对教学内容和教学对象是否采用了适当的教学手段，在于教师教得得法不得法。

我们应该辩证地看待"多"与"少"的问题。辩证唯物主义认为，事物不仅具有质的规定性，还具有量的规定性。世界上没有无质的量，也没有无量的质，质和量是统一的。任何事物都有一个决定质的量的界限，量超过了这个界限，就会引起质变。在教学中，如果学生负担过重（教师讲得太多），食而不化，那么教师教得越多，学生反而学得越不好。从表面上看，量的积累很多，而实际上，学生理解得甚少，甚至许多知识是只知其一而不知其二，不能真正掌握，更谈不上灵活运用。反之，教师教得少而精，不仅能够使学生学好，还可以使学生举一反三，由此及彼，一通百通，从而变"少"为"多"。但是如果对于学生完全不解的知识教师仍旧不讲，那学生的活动就无法进行，更谈不上发展了。

"多"与"少"是对立统一的，不仅教师在教的过程中要正确处理二者的关系，学生在学的过程中同样要正确处理这一关系。有的学生不注重掌握知识的内在联系，只注重死记硬背，片面地认为背得越多越好；有的学生不注重解题技巧，只是一味地多做题，整天在"题海"中挣扎；还有的学生不注重学习的节奏，不注意劳逸结合，盲目打"疲劳战"。这些学生虽然也花了大量时间和精力学习，但是收效并不可观，甚至还会出现越学越糊涂的现象。这些都应该在我们引导学生学习时加以重视。

从以上分析可以看出，在教学过程中正确处理"多"与"少"的关系是十分重要的，它关系到教师教学方法的改进，也关系到学生学习质量的提高。我们应该突破旧的教学观念和教学方法的束缚，变应试教育为素质教育，真正做到少而活、少而精，使教学收到事半功倍的效果。

二、"多""少"结合的具体策略

我经过20多年的刻苦学习、努力钻研，在语文教学上取得了少许成绩，但我清醒地知道，自己距离研究型教师还有巨大的差距。清楚地记得2008年与我市语文名师工作室负责人杨东华老师的一次谈话，他语重心长地告诉我："虽然你的语文教学风格生动活泼，在课堂内外也探索出了语文教学听、说、读、写的许多'金点子'，但理论素养还需要进一步提升，而且学校的整体语文教学高度不够。'一花独放不是春'，我们的语文教学需要'万紫千红春满园'。今年，河南省开始实施高中新课程改革，希望你能够抓住机遇，充分发挥个人的聪明才智与骨干教师的示范带头作用，带领学校语文教师探索具有校本特色、学科特色的少教多学之路，努力成长为一名优秀的研究型教师。"

杨东华老师的一番话醍醐灌顶，反思我的教学历程，我渐渐领悟：努力只能称职，用心才会优秀，小智慧难有大成就，团队智慧才能有大作为。于是，在学校领导的支持下，我开眼看世界，观摩取真经，北京、上海、南京、济南、杭州……一路观摩学习下来，丰富了阅历，增长了见识。2009年一次偶然的机会，我邂逅了中国教育科学研究院韩立福博士，了解了他的有效教学论，真感觉是"柳暗花明又一村"，于是我如饥似渴地拜读他的有效教学理论著作。终于，困扰自己多年的如何将"多"与

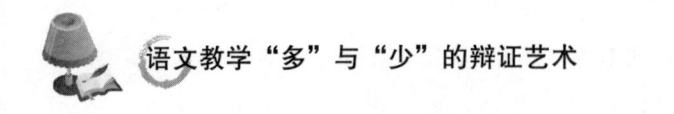

"少"有机结合起来的困惑在一片曙光中渐次清晰。

2009年末,韩立福博士于百忙之中冒着严寒莅临我校,揭开了城市一流高中的有效教学改革的序幕,我校朝着"中原名校"的战略目标迈出了坚实的步伐。我有幸作为改革的先行者,带领语文学科先行军,毅然站在我校少教多学课堂改革阵地的最前沿,责无旁贷,奋发为雄。

在韩立福博士的悉心指导下,同事们撸起袖子、甩开膀子加油干,一时间,"实施有效教学,构建高效课堂"成为教师们讨论的主题。功夫不负有心人,有效教学在我校悄然落地生根、开花结果,具有校本特色的"语文教学'多'与'少'艺术卓越课堂"学习模式已然成长为一棵参天大树。近几年,来自全国各地的百余所兄弟学校到我校观摩交流,我作为学校课程改革的骨干教师也多次受邀到北京、深圳、昆明、重庆、成都、杭州、呼和浩特等地的学校进行交流指导。

在"语文教学'多'与'少'艺术卓越课堂"学习模式下,具有鲜明特色的语文学科发挥学科优势,立足课内,更延向课外,既突出阅读,又链接写作,使学生在自主合作探究中提升了语文阅读鉴赏和写作能力,较好地实现了语文学科教学"多"与"少"的有机结合。

1. 建个模式:特色多,迷途少

在韩立福博士的指导下,我们经过三年的实践探索,集思广益,最终形成了具有校本特色的有效教学模式,即"语文教学'多'与'少'艺术卓越课堂"学习模式。这一模式的基本理念是卓越,关键词是问题导学、思维构建和个性发展,目的是实现我校"培养卓越型的领军人才,创办中华名校"的办学目标。

"语文教学'多'与'少'艺术卓越课堂"学习模式包括三个学习层次和六种学习方式。

三个学习层次又包括纵、横两个方向的指标,问题导学、思维构建、个性发展是三个学习层次的纵向指标,过程、工具、课程是三个学习层次的横向指标。每个方向的指标又包含丰富的内容:问题导学的内容包括结构化预习、《问题生成评价单》和问题生成发现课;思维构建的内容包括对话探究、《问题解决评价单》和问题解决展示课;个性发展的内容包括回归评价、《问题拓展评价单》和问题拓展提升课。过程的内容包括结构

第三章 语文教学"多""少"结合的艺术实施策略

化预习、对话探究和回归评价；工具的内容包括《问题生成评价单》《问题解决评价单》《问题拓展评价单》三种基本工具单，另外还有《问题综合解决评价单》和《单元复习回归评价单》；课程的内容包括问题生成发现课、问题解决展示课、问题拓展提升课三种基本课型，另外还有问题综合解决课、单元复习回归课和能力测试评价课等创新拓展课型。

六种学习方式指学生学习过程中的自学、合学、探学、展学、评学、拓学。

在长时间的探索过程中，我们认识到，语文学科的少教多学既要遵循"语文教学'多'与'少'艺术卓越课堂"学习模式的一般导学规律，又要具有鲜明的学科特色，那就是必须践行"大语文"课堂理念，牢牢抓住课内和课外两大阵地，认真落实课前、课中、课后三个环节。课前和课后两大环节是"大语文"课堂理念的丰富外延，而课中环节作为"大语文"课堂的重点，不应仅仅拘泥于文本自身，一节45分钟的语文课还可以分为小课前、小课中、小课后。

在传统课堂模式下，包括我在内的语文教师往往靠个人的聪明才智和人格魅力表演"独角戏"，认为一节好的语文课主要体现为教师讲得好，而学生是否听得好无人也无法进行准确的评价和界定。但在"语文教学'多'与'少'艺术卓越课堂"学习模式下，我们必须学会在课中做"减法"——教师少演"独角戏"，在课前、课后学会做"加法"。我把这些形象地概括为"抓两头，放中间"，我带领全体同人课前精心编制"一案三单"（即学习方案及上述提到的三种基本工具单），课后及时完善"三单"。这里需要注意的是，语文学科的"三单"不能简单地弱化为习题的汇总，而必须能够真正生成学习能力，特别是生成鉴赏能力、探究能力和写作能力。因此，我们在编制"三单"前认真研究知识间的必然联系，努力做到"四化"，即知识问题化、问题层次化、层次梯度化、梯度渐进化。确定重点是语文能力的培养，核心是语文素养的形成。

在实践中，我们把语文学科少教多学的基本流程分为预习、展示、反馈三个基本环节。少教多学的放，是放手，而不是放弃和放任，我们语文教师要学会适当放手，上课围绕"四主"（"三单"主导、学习主动、问题主线、活动主轴）来组织学生开展小组合作学习。语文有效教学是学生学

语文教学"多"与"少"的辩证艺术

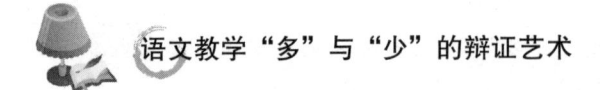

的课堂，是以教师为主导、学生为主体的课堂，是学生动起来的课堂，是学生训练发散思维的课堂。如何判断学生是否动起来了呢？需在实践中仔细观察，如果课堂上学生脸通红、眼放光、手高举、嘴大张，就说明学生已经动了起来，大脑活了起来，发散思维正在积极地进行，课堂教学效果肯定好！如何才能让学生积极动起来呢？首先，工具单设计要灵活。其次，课堂学习形式要灵活，尤其要结合文本、联系实际巧妙地设计开放性的探究问题，以活动为平台推动语文课堂，在活动中让学生积极展示自我，多元提升语文学习的能力和素养。

在有效教学改革的初期，我发现学生的学习过程已经退化到只有课中环节了，特别是语文学科，学生在长期的应试教育模式中问题发现和问题生成的能力已经丧失殆尽。其实，学生的学习行为是一个完整的过程，包括课前、课中、课后三个环节。任何一门学科都需要把这三个环节有机地结合起来，特别是要重视课前和课后的设计。因此，推动语文少教多学，我们首先抓预习导读，先导后学，引导学生认识到：课前没有预习，或者预习不充分，上课就没有发言权，更别说多元展示了。长期以来，学生课前预习仅仅满足于肤浅地读读文本、掌握生字词等，根本没有问题意识，究其原因，是我们教师的"导"出了问题。那么在有效教学背景下，学生如何进行语文学科的结构化预习呢？这就需要我们做好学生的脚手架，给学生提供必要的结构化预习路径，即要把预习的内容、方法、目标清楚地展示给学生，让学生反复与文本进行多元对话，找出关键问题，生成有价值的问题。如何阅读文本呢？运用查、画、写、记、练、思阅读"六字诀"，充分保证学生与文本进行全面而深入的对话。结构化预习结束，学生自主解决问题，解决不了的问题供小组探究，小组也解决不了的问题由师生共同开发《问题生成评价单》。问题生成发现课重在培养学生良好的预习习惯和阅读习惯，增强学生的自主学习意识。一般情况下，通过结构性预习，以及自学、对学、群学，学生能掌握所学知识的70%，能完成对文本的基本鉴赏和评价。

有问题生成，就有问题解决，于是转入问题解决展示课。问题解决不是传统教学模式下的靠教师解决，而是学生在教师的指导下通过合作探究来解决。教师尽量闭口，关键时刻再出手点拨、归纳、拓展、提升。教育即解放、教师即开发、学生即创造的实质内涵,就是解放学生的时间、空间、头脑、嘴巴、双手、眼睛,让学生动手演、动眼看、动耳听、动情读、动口议、动笔写、动脑思;就是把课堂真正还给学生,让学生真正成为学习的主体,让课堂真正成为学生创造的天堂、知识的超市、生命的欢乐场。

问题解决展示课的具体环节是根据师生共同生成的问题,学习小组内讨论解决,然后小组派代表进行展示,其他学生认真倾听,积极思考,适时质疑、追问,教师适时点评,对难以解决的问题加以引导,对解决不到位的问题进行质疑、补充、规范。教师要在各组展示的基础上再加以补充,使知识更有条理、更系统、更完善。对尚未解决的问题和需重点解决的问题,由师生共同生成《问题拓展评价单》。

温故而知新,举一要反三。要将已掌握的知识转化为能力,就必须进行拓展、训练,即进入问题拓展提升课。此时仍要求学生自学、小组群学、师生共探、学生多元展示,教师要适时引导、修正、点拨,使知识体系更加完善、程序更加规范、内容更加完整,从而提升学生的能力和素养,使学生走向成功。

2. 搭个平台:学友多,孤读少

语文教学中,对文本的解读是一个见仁见智的过程。因此,在语文有效教学的课堂上,我非常尊重学生的个性,同时又注意促使学生能力互补。语文课堂上,学习的最小单元不再是过去的学生个体,而是合作学习小组(即学习共同体)。学习小组可以说是语文学科实施少教多学的基础,学生在单位时间内能否做到高效学习和受益群体的最大化,很大程度上取决于学习小组能否有效构建和高效运转。因此,在相当长的时间内,我带领教师们致力于学习小组建设的研究,包括学习小组构建、学习小组培训、学习小组评价等。

(1)学习小组构建的行动策略

有效教学的合作学习是以小组为基本单位进行的合作学习,构建学习小组是进行合作学习的前提。新班级一组建,我便与全体科任教师一起对班内学生的能力水平、兴趣爱好、行为习惯、家庭情况等进行逐项分析。在实践中我们总结出,学习小组以6～8名学生为宜,在构建上要求小组成员在性别、学业成绩、智力水平、个性特征、家庭背景等方面有合理的差异，这样构建的学习小组才会组内异质、组间同质。组内异质为小组成员互助合作奠定了基础，而组间同质则为在全班各小组间展开公平竞争创造了条件。如何进行科学、合理的分组，基本保证学习小组组内异质、组间同质呢？下面以60人的班级规模构建10个6人学习小组的操作程序为例说明。

首先从全班学生中挑选出10名学习成绩较好、组织能力较强、在同学中威信较高的学生担任每组的组长；然后按学生的学业成绩和能力水平，从高到低分别选择编排每组的副组长（1人）与组员（4人），并从组长到组员依次编号；根据每组成员的性别、性格、成绩、能力等方面的比例结构进行组间平行微调，使同号的组员实力相当，组际之间的各科水平和综合水平基本平衡。构建学习小组时，男女生比例要适当，一方面，因为女生书写认真，答题步骤规范，能严格按教师的要求去做，男生答题步骤不规范，书写相对潦草，但思维活跃，讨论积极，往往注重结果，这样男女生合作学习可以相互取长补短。另一方面，从思维方式上看，女生侧重形象思维，而男生侧重理性思维和抽象思维，在学习不同学科时男女生合作学习可以互帮互助，共同进步。

从行政管理体系来看，组长是小组的灵魂。实践证明，选拔一名成绩较好、责任心强、有一定组织协调能力的学生担任组长，负责全组的组织、分工、协调、合作等工作至关重要。组长应该具备以下条件：①有较强的组织和协调能力；②有较强的口头表达能力；③学习成绩相对优秀；④有很强的责任心与集体荣誉感；⑤有较强的创新意识和发现问题、提出问题的能力；⑥有为同学服务的意识。

从学术管理体系来看，我指导每个小组设置不同学科的学科长，要求学科长在相关学科具备相对较强的学习能力和组织协调能力。学科长根据自己的意愿并综合科任教师的意见产生，这样就会大大增强组员参与管理小组的意识，增强他们的集体荣誉感和责任感，使每个组员都能感觉到自己很重要，从而为小组建设贡献力量。

下面是我所管理的2010级希望（6）班学习小组构建流程案例。

【小组构建要求】

①桌子的摆放：每4张桌子摆成一组，共摆10组，其余的桌子摆放在

四周，供学生摆放物品。

②小组的划分标准：把全班学生按其学习情况分成 A、B、C 三级，每组 6 人中有 2 名 A 级、2 名 B 级、2 名 C 级，各组学习水平均衡，有利于相互交流、共同提高，纪律、卫生、学习量化标准一致。

③组长的确定：全班从 A 级学生中投票选出 10 位组长。

④组员的组成：组长邀请一位 A 级学生做学习伙伴，男女不限，做帮手，保证组长在小组内能有人帮衬，避免曲高和寡。

⑤双向选择，人人满意：两位 A 级学生可邀请 4 位学生（2 位 B 级、2 位 C 级）入组，其他学生也可向 10 位组长写申请加入，组长可同意或拒绝，以对小组最有利为原则，要个人适应环境，不能环境适应个人。

⑥建立小组规章制度：小组讨论建立本组的行政、形象、学习、评价、奖惩机制和制度。

⑦确定小组标志：组名、组歌、组徽、口号、愿景、成员分工、规章制度、奖惩条例。

⑧逐个宣誓，签字确认。

【组长】

沙　迪　史路锦　马瑞敏　马　霄　徐慧杰

王桂萍　许　珂　蔡梦慧　彭筱琨　袁若溪

【组名】

书林坐笑　静水流深　骐骥　永不止步　潜龙若水

梦想之巅　微露折光　旗舰　春草之梦　Thunder

【小组口号】

书林坐笑：求学之路，没有最远，只有更远；明日成就，没有最高，只有更高。

静水流深：烟雨！平生！学海！我游！过最好的青春，做最美的梦。

骐骥：望骐骥追风，享梦里花开！

永不止步：唯有心静如水，方能气贯长虹。

潜龙若水：潜龙若水，刚柔并济，龙之出海，王者归来！

梦想之巅：放飞梦想，成就辉煌！

微露折光：点点微露，光芒四射！

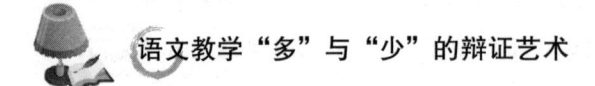

旗舰：不鸣则已，一鸣惊人；不飞则已，一飞冲天。

春草之梦：挑战自我，超越梦想，齐心协力，共创辉煌。

Thunder：用激情点燃梦想，用汗水播撒希望。

【组员分工】

人人担责任，人人有任务，人人有愿景，人人有动力。

【小组文化建设举例】

书林坐笑

①组名阐释

谁说学海无涯只有苦？我们坐在书林中笑对学习，乐观地面对学习中的困难，披荆斩棘。我们小组六位成员会团结一致，共同进步，取得佳绩，笑到最后，笑得最好！

②口号

求学之路，没有最远，只有更远；明日成就，没有最高，只有更高。

③愿景

学，问

努力，奋斗

立大志，成大事

百尺竿头，更进一步

欲穷千里目，更上一层楼

④学科长愿景

语文：西北望，射天狼。（沙迪）

数学：要有钉子一般的钻研精神；要学会举一反三，融会贯通；成功＝99％的汗水＋1％的灵感，只有不断求索进取，成功才会向我们靠近。（周高建）

英语：We must be the first，best and different！（张浩）

物理：在充满神奇与奥秘的物理世界里，踏遍每一个角落，探索未知真理，演绎一段传奇。（张浩）

化学：化学中，8电子无疑是最稳定的结构，我将与小组成员一起，以学习为核，聚智聚能，释放出青春与活力，聚变出光芒与辉煌！（周高建）

生物：紧握细心，不骄不傲，让达尔文的基因永远流传。（王昊原）

思想政治：独步于漫漫人生路，我见"德"的春风拂面，识"礼"的春鸟戏于枝头，政治伴着我们向前。（孙铭泽）

历史：把历史变成我们自己的，我们遂从历史进入永恒。（沙迪）

地理：我们要学出成绩的喜马拉雅，我们要团结成不可摧的飓风，我们永远书林坐笑。（刘姝畅）

⑤小组公约

第一，自主学习时间禁止讨论问题，严格遵守纪律。

第二，在不影响自己学习的情况下，帮助其他成员学习（独立完成作业）。

第三，保持小组卫生全天干净整洁。

（2）学习小组培训的行动策略

在有效教学背景下，我深刻地认识到，学习小组的培训在很大程度上影响着课堂有效教学能否有效、有序、高效地开展。我把学习小组培训分为学术助理、学科长和小组成员三个群体的培训。

① 学术助理培训策略。少教多学的核心是以学生为主体，以教师为主导；有效教学的最高境界是学生搭台学生唱，教师只是幕后导演。在这种背景下，学术助理的培养就显得尤为重要。有效教学改革初期，我们的操作并不尽如人意，有的教师要么将学术助理弃之不用，将其弱化为帮助教师收发作业的课代表，要么是到公开课时让学术助理临时救场。认真反思一下，不是我们缺少优秀的学术助理，而是我们忽视了对学术助理的选拔和培养。

有效教学背景下的学术助理不再是传统课堂模式下的课代表，其职责也不仅仅只是帮助教师收发作业，而是在有效教学的课堂上扮演主持人的角色，在教师的指导下组织学生开展有效学习。因此，学术助理必须具有较高的学科素养和较强的语言组织能力、表达能力和协调能力。

在学术助理的选拔、培训和展示方面要注意做到：

第一，学术助理的选拔要未雨绸缪。学术助理在传统课堂模式下叫课代表，肩负着帮助教师收发作业的任务，只要尽职尽责就算优秀了。而在有效教学背景下，学术助理是课堂上组织学生开展合作探究学习的小老师，除了常规的收发作业，还要能够落落大方地走上讲台，游刃有余地指导学生开展合作探究式的学习，共同完成学习任务。因此，为了保证有效

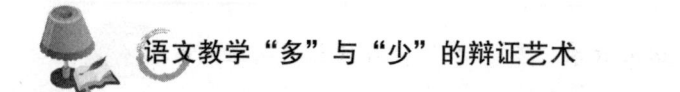

教学顺利开展、再上台阶，在班级组建之初，我会未雨绸缪，精心选拔学术助理。

首先，学术助理必须口齿伶俐，仪态大方，学科成绩优异，知识面宽，组织、协调、沟通能力较强。

其次，学术助理的选拔要充分发扬民主精神，绝不能只由班主任和科任教师说了算。新的班级组建后，我会在科任教师的配合下，充分调动学生的积极性，让学生民主自荐，竞选演说，全体学生民主表决，最后由班级学术团队综合评价，遴选出相关学科的学术助理2~3名。几名学术助理的性格、特点可以互补，以便我们实施有效教学时根据不同的课型特点灵活地调用不同风格的学术助理。

第二，学术助理的培训要多管齐下。很多教师狭隘地认为，有效教学的培训工作是班主任一个人的事。其实不然，学术助理的培养需要学校、班主任和科任教师各方面多管齐下，齐抓共管，长抓不懈。

首先，班主任负责对班级所有学术助理进行整体培训，培训要结合班情、学情有的放矢，让学术助理熟练地掌握有效教学课堂展示的规范流程和规范用语。

其次，科任教师负责对学术助理进行相关学科的专业培训，一是教学术助理注意规范使用学科术语；二是使其熟悉课型流程；三是随机根据不同的课型特点与学术助理共同备课，以使学术助理在主持课堂时有的放矢。

再次，学校定期举办学术助理论坛，搭建学术助理交流学习平台，开展学术助理技艺竞赛，评选星级学术助理等，让学术助理不断充电，时刻保持激情。

第三，学术助理的展示要异彩纷呈。在传统课堂模式下，讲台是教师展示的舞台，主要看教师的才艺展示，即教师如何教。在有效教学背景下，讲台是学生展示的舞台，主要看学生，特别是学术助理的才艺展示，即学生如何演，教师的价值通过学生的展示来体现。我们不妨从四个方面来对学术助理的展示进行培训。

首先，规范主持。规范主持就是按照有效教学的规范流程来指导学术助理。学术助理课前参与备课，课中按照规范流程指导学生开展合作、探

第三章 语文教学"多""少"结合的艺术实施策略

究、展示,准确掌控课堂时间,恰当点评学生展讲,系统总结知识方法等。

其次,智慧主持。有效教学课堂的亮点在于学生交流碰撞时产生的智慧火花,课堂的更高境界表现在学生在智慧碰撞的基础上解决问题的能力和水平,而学术助理在其中扮演着重要的角色。按照规范流程操作的学术助理只能称得上合格,优秀的学术助理可以在有效教学课堂上智慧地应对突发事件,借力发力,巧妙过渡。例如,我在指导学生鉴赏曹操的《短歌行》时,有的学生在课堂上大谈特谈三国故事,有的学生围绕曹操是奸臣还是英雄争得面红耳赤,这时,我们班的学术助理乔清同学巧妙过渡:"仁者见仁,智者见智,课下我们会专门举办一场三国辩论会,希望大家积极准备,一决高下……"

再次,个性主持。名师固然要有扎实的理论功底、高超的授课艺术,但其中也不乏个性的因素。同理,我们在实践中也要培养学术助理在主持中的个性,构建个性张扬的课堂,让学生终身受益。

最后,多元主持。有效教学发展到一定的高度和层次后,根据不同的课型特点,可以让2~3名学术助理同台竞技,碰撞智慧,激发学生的竞争意识,那时的课堂真的就成了知识的超市、生命的欢乐场。

② 学科长培训策略。在有效教学背景下,学科长的角色任务主要包括以下几个方面。

第一,学科长要团结同学、帮助同学、组织同学,打造积极向上的学习团队,勇敢地担当起学习小组的学科学习领袖角色。

第二,学科长要协助组长组织小组成员进行一对一的讨论或是小组内部三个层次间的研究解疑,确保每个小组成员都能实现高效学习,最终实现小组的整体学习目标。

第三,学科长要及时检查小组成员在本学科课堂上的学习情况和学习内容的落实情况,并进行有效评价。

第四,学科长要建立起针对每个小组成员学习态度、学习效果的评价制度,每周总结、公布一次,以督促小组成员不断反思,不断进步。

第五,学科长要组织小组成员高效自主自习,根据A、B、C分层完成评价单,并及时收齐上交。

第六，学科长要负责维持小组成员课堂学习纪律等。

学科长除了协助学术助理收发作业，更重要的是必须明确自己在有效教学课堂上的职责，即在科任教师明确学习任务的基础上，按照"一起立，二聚首，三开口，四讨论"的策略，迅速组织小组成员围绕学习任务开展合作探究学习。学科长在有效教学课堂中的主要职责有以下几个方面。

第一，明确本小组的展示任务和展示者。

第二，确定所有学习任务的讨论顺序和每一题的中心发言人，灵活调整问题的讨论顺序。

第三，学会一心多用，注意把控好讨论的时间，提醒负责展写或展讲的同学及时展示。

第四，注意维持讨论过程中的纪律，确保小组成员合作交流高效，避免伪讨论。

③ 小组成员培训策略。在有效教学背景下，要求所有学生都参与学习，积极投入合作学习，每个学生都要在现有的能力和基础上学有所获、学有所成。小组成员的培训主要包括以下几个方面。

第一，加强学生互助意识的培养，尤其是要让学优生明白：教会学困生学习，把知识传授给学困生的过程，也是自己深化知识、提高能力的过程。

第二，给学困生提供更多的学习、答题、汇报、展示的机会，对他们的每一点微小的进步，都要给予及时的肯定和赞扬。

第三，在每个学习环节、每个日常管理环节，都以小组为单位，对学生课堂上的表现、课堂纪律、学习成绩等方面进行评价。在培训过程中，我会告诉学生，个人的表现再好、成绩再优秀都不会得到肯定和表扬，只有小组的成绩才是自己的成绩，只有你的团队整体优秀了，你才是优秀的，以此来强化学生的团队意识，督促学生在小组内互帮互助，从而提高小组的整体水平。我通过开展优秀组长的评选活动，来激发学优生帮扶学困生的积极性；通过开展学习小组竞赛活动，营造小组间你追我赶的竞争氛围。

第四，在班级和学校范围内，大力开展集体主义教育和团队精神教育。对优秀学习小组的评选可以扩展到全校范围，为班级工作创造更大的舆论空间。

总之，只有把学习小组建设好，合作与交流才会真正地发挥作用，学生自主学习、共同提高的目的才能真正达到。

(3) 学习小组评价的行动策略

在有效教学背景下，让小组持续充满活力是至关重要的。对小组进行科学的评价是小组保持活力的关键，也是推动小组活动的润滑剂。

小组评价也称小组自加工、小组反省等，是对小组合作过程和学生合作表现的有效监控，是促进小组健康发展的重要环节。有效教学中的小组评价包括学生个人自评、同伴评价、学科长评价、小组长评价和学术助理评价五级评价。平时主要以小组评价为主，教师评价主要从外部对学生的合作学习行为进行评价，可以定期进行。两者各有侧重：小组评价侧重于组内个体之间的互评，教师评价则基于教师对小组群体之间的观察、比较、甄别，偏重于对有效的小组合作模式和行为的肯定、褒扬。通过他人的评价，学生能够获得合作学习时行为表现方面的反馈信息，并经过反复对照，使积极的行为得到强化，不当的行为得到纠正。这样就可以使每位学生的自我意识得以发展，从而朝着小组期望和教师期望的合作目标迈进。

启用小组五级评价机制后，我在班级层面建立起相应的激励性评价机制，如我所管理的 2016 级宏志（8）班"我心永恒"晋级挑战机制，其基本规则包括以下两点。

① 晋级制度：每周各个小组按照名次获得铜币，第一名得 9 个铜币，第二名得 8 个，以此类推，第九名得 1 个铜币。每周根据各小组积累的铜币数量换取对应的等级标志（见下页表），并开展星级小组评选活动。

② 每周例行班会总结时举行晋级仪式，由值周班长总结宣布晋级结果，由小组长亲自更换等级标志。

等 级	标 志	内 涵	与铜币的兑换比例
铜币		外圆内方。外圆的含义是做事要懂得分寸，内方的含义是做人要公平正直。	1∶1
银币		有韧性，要想成功必须持之以恒。可塑性强，人要学会不断适应环境，不断改变自己。	1∶10
金币		只要你是块真金，总有发光的一天。	1∶20
玉		"谦谦君子，温润如玉"，玉代表优雅华贵、深沉稳重的品格，与中国传统玉文化精神内涵相契合。	1∶30
红宝石		象征着热情似火，意味着吉祥。我们要像红宝石一样永远激情似火、生机勃勃。	1∶40
蓝宝石		给人以高远天空、寂静大海的联想，空明而沉寂。蓝宝石是"使人聪明之石"，象征着慈爱、诚实、智慧和高尚的品格。	1∶50
绿宝石		象征着幸运、幸福，拥有它会给人带来一生的平安。	1∶60
钻石		钻石是地球上存在时间最长的石头，是天长地久的象征，是永恒存在的标志。	1∶80
皇冠		人人都可以成功，可是没有人会随随便便成功，只有不断改变、不断奋斗才能获得最后的胜利。	1∶100

3. 有个工具：资源多，拘泥少

"语文教学'多'与'少'艺术卓越课堂"学习模式下，我们把教案提升为学生学习的"一案三单"，将文本解读的重点、难点问题化呈现在学生面前，共同合作解决。"一案三单"的编写质量直接决定着课堂的学习效果，从某种意义上讲，"一案三单"质量的高低决定着少教多学其他环节能否顺利开展。因此，编制"一案三单"需要充分发挥学科团队的集体智慧，是学科团队集体智慧的结晶。

（1）编制原则

①主体性。尊重学生，注重发挥学生的主观能动性；信任学生，留给学生充足的自主学习时间，让学生自主发展，做学习的主人。

②探索性。有利于学生进行探究性学习，激活学生的思维，让学生在问题的发现和解决过程中体验到成功的喜悦。

③启发性。问题设置富有启发性，能调动学生的思维，让学生通过自主学习，领悟知识的奥妙，培养敏捷的思维，享受顿悟的奇妙。

④灵活性。依据教学内容差异和学科特点差异，"一案三单"形式上丰富多彩、灵活多样，以内容决定形式，让形式服务于内容，体现了灵活性。

⑤梯度化。问题的设置由浅入深，小台阶，小坡度，让大多数学生经过自主合作交流解决大部分问题，调动学生进一步探究的积极性。

⑥层次性。学生分为 A、B、C 三个层次，题目设置也分为 A、B、C 三个层级，以 A、B 级为主，C 级为辅。在保证 A、B 层学生学习高效的同时，也满足 C 层学生的学习需求。

⑦创新性。强调内容创新，以培养学生的创新思维能力。

⑧导学性。具有指导学生学习的作用，有可供师生丰富完善的"留白外"，可供学生在研究中学习，师生共同参与。

⑨容量性。内容以教学重点、难点为依据，知识容量大。

⑩体例性。形式基本一致，体现校本特色，不出现或很少出现知识错误和印刷错误。

（2）编制模式

在韩立福博士有效教学理论的指导下，我校语文教研室发挥集体优

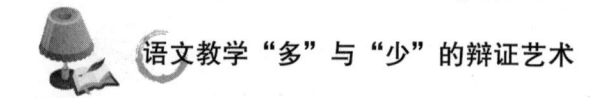

势，集思广益，结合学科特点，认真探索钻研，严格制定编制流程，最后总结出了语文学科"一案三单"的编制模式。

"一案三单"的编制流程如下所示。

①学期初由备课组集体讨论拟订课时计划，按照老年、中年、青年教师结合的原则确定3~4个编制小组。

②每个编制小组提前两周分配任务，确定主备课人，主备课人发挥个人才能，开始编制"一案三单"。

③主备课人在规定时间前编制初稿供编制小组内部讨论，编制小组发挥集体智慧，将讨论意见和建议反馈给主备课人。

④主备课人根据编制小组反馈的意见和建议修改初稿供备课组讨论审议。

⑤主备课人根据备课组反馈的意见和建议进行修改、定稿。

⑥备课组长签字，包科领导签字。

⑦交付印刷，上传电子稿，资源共享，循环使用，更新、完善"一案三单"。

"一案三单"的主要内容包括学习目标、重点难点、关键问题、学法提示、知识链接、预习评价、文本解读、拓展提升、我的收获、多元评价等。

每份"一案三单"要有设计人、审核人、包科领导、序号、班级、姓名、组名、时间等，页眉统一打印"河南省漯河高中语文教学'多'与'少'艺术卓越课堂工具单"，页脚统一打印"我主动，我参与，我体验，我卓越"的课堂活动口号。

以下为"一案三单"编制案例。

《廉颇蔺相如列传》学习方案

指导年级	高一年级	学科	语文	主题	《廉颇蔺相如列传》	指导教师	
课时	3	课型	问题生成发现课、问题解决展示课、问题拓展提升课			学习日期	
学习目标	1. 知识与技能。 (1) 了解司马迁、《史记》及人物传记。 (2) 归纳并掌握文中出现的文言基础知识。 (3) 梳理三个故事情节，把握文中的矛盾冲突，初步了解《史记》塑造人物形象的方法，通过品味人物语言、体会对比手法来把握人物形象的思想、性格。 2. 过程与方法。 (1) 结合注释疏通文意，归纳并掌握文言现象。 (2) 通过诵读、研读与鉴赏，学习本文刻画人物的方法。 3. 情感态度与价值观。 学习蔺相如机智勇敢、不畏强暴、顾全大局的精神，学习廉颇忠义爱国、勇于改过的精神。							
重点难点	1. 归纳并掌握文中出现的文言现象，把握人物形象的性格特点。 2. 欣赏作品塑造人物形象的手法，特别是个性化的人物语言。							
关键问题	1. 归纳文中的文言现象。 2. 欣赏人物形象塑造的方法。							
学习方法	1. 通过合作探究，深入分析文本，并解决重点、难点。 2. 通过展示交流，深层次理解文本，并进行思维拓展。							
学习准备	1. 教师准备工具单、教具和多媒体课件等。 2. 学生查阅有关司马迁、《史记》的背景资料。							

（续表）

	程序(要素)	时间	创设情境	教师行为	期望的学生行为
学习过程（第一课时）	一 创设情境 呈现目标	2分钟	出示成语图片，创设情境。	1. 用成语"完璧归赵""渑池之会""负荆请罪"等创设情境、导入文本。 2. 呈现学习目标。	通过图片，激发学生的阅读兴趣，使学生带着情感走入文本之中。
	二 走进文本 结构学习	20分钟	创设自主预习情境，加强诵读。	1. 分发《问题生成评价单》。 2. 请学生带着问题进入文本情境，发现问题、评价问题。	1. 学生结合《问题生成评价单》上的内容和要求，采取阅读"六字诀"进行结构化预习。 2. 学生解决文中出现的字音和文言问题，把握故事情节和人物形象。
	三 完成导读 合作评价	15分钟	创设预习评价情境。	请学生自主完成《问题生成评价单》。	学生自主独立完成《问题生成评价单》，学科长、小组长检查。
	四 问题生成 归纳提炼	8分钟	创设问题生成情境，归纳提炼。	1. 引导学生对预习所形成的问题进行归纳整理。 2. 学习小组讨论生成，教师巡回指导。	1. 小组合作交流，对个性问题进行有效评价、答疑解惑。 2. 二次生成小组共性问题，由学术助理将《问题生成评价单》反馈给教师。

(续表)

	程序(要素)	时间	创设情境	教师行为	期望的学生行为
学习过程（第二课时）	一 问题引领 合作学习	15分钟	创设合作学习情境。	1. 课前下发《问题解决评价单》，学生自主完成，教师批阅了解学情。 2. 在学生讨论时，教师逐组巡查，可作为角色之一参与进去，引导学生进行讨论，对某些学生进行关注指导。	学生根据教师创设的情境，围绕《问题解决评价单》上的问题分组开积极讨论，使讨论具有实效性和深刻性。
	二 小组展示 生生质疑	20分钟	创设展示学习情境。	1. 引导学生自我展示学习。 2. 对学生展示情况给予及时的评价。 3. 引导学生进行生生质疑，关注学生表现。	1. 在小组展示时，各小组成员要认真倾听其他小组的观点，积极思考并及时质疑追问，要科学评价别人的发言，适当保留个人意见，及时反思交流活动中自己的表现。 2. 小组合作展演完成，对各组的展演及时加以点评。
	三 师生评价 拓展延伸	5分钟	创设评价情境。	1. 教师根据小组展示的情况，对小组难以解决的问题进行引导，并对重点进行拓展延伸。 2. 对小组展示不到位的知识点进行质疑、补充。 3. 教师在小组总结的基础上适时补充。	学生与教师互动，进行小组总结。

（续表）

	程序(要素)	时间	创设情境	教师行为	期望的学生行为
学习过程（第二课时）	四 归纳总结	5分钟	创设总结情境。	大屏幕呈现规范参考答案，本课小结。	
	五 课外拓展			课下探讨司马迁其人其事以及廉颇、蔺相如的故事适用的话题，积累写作素材。	
学习过程（第三课时）	程序(要素)	时间	创设情境	教师行为	期望的学生行为
	一 创设情境 提出问题	5分钟	创设问题情境。	针对学情引导学生对所学知识进行回顾、挖掘，加深学生对问题的理解。	学生根据教师创设的情境，进行深入思考。
	二 小组拓展 总结归纳	5分钟	创设总结学习情境。	教师要求学生思考如何多角度塑造人物形象，对本课的问题进行总结。	学生根据教师提出的问题进行联想拓展，对本课问题进行总结。
	三 问题训练 合作评价	25分钟	创设自主学习、小组互评情境。	1. 下发《问题拓展评价单》。 2. 重点关注某些学生的完成效果。	1. 学生根据教师创设的情境，围绕《问题拓展评价单》上的问题进行独立阅读。 2. 小组合作探究学习，学科长组织成员互评。
	四 关键问题 师生共探	7分钟	创设反思提升情境。	1. 教师根据小组展示的情况，对小组难以解决的问题进行引导，并引导学生再次回到文本进行思考。 2. 对小组展示不到位的知识点进行质疑、补充。 3. 完善《问题拓展评价单》。	1. 小组长、学科长组织本组学生进行展示。 2. 学生之间进行评价交流。

(续表)

学习过程（第三课时）	五 归纳总结 体验成功	3分钟	创设总结情境。	大屏幕呈现规范参考答案。	
负责人评价					

《廉颇蔺相如列传》问题生成评价单

设计人：＿＿＿　　审核人：＿＿＿　　包科领导：＿＿＿　　序号：01

班级：＿＿＿　　组名：＿＿＿　　姓名：＿＿＿　　时间：＿＿＿

【学习目标】

1. 知识与技能

（1）了解司马迁、《史记》及人物传记。

（2）研读文本，整体把握故事情节，生成问题。

2. 过程与方法

（1）结合注释疏通文意，初步掌握文言现象。

（2）通过诵读、研读与鉴赏，感受本文刻画人物的方法。

3. 情感态度与价值观

在整体把握故事情节的基础上体味作者对人物的情感。

【重点难点】

1. 重点

掌握文中出现的文言现象。

2. 难点

把握故事情节，特别是三个故事情节的详略安排与塑造人物形象的关系。

【学法提示】

本节课在实现结构化预习的基础上，加强诵读，结合学习目标、学习重难点归纳文言现象，把握故事情节，初步了解人物形象。

【知识链接】

1. 作者、作品介绍

司马迁（约公元前145—?），西汉著名史学家、文学家、思想家。字子长，夏阳（今陕西韩城南）人。仕为郎中，成为汉武帝的侍卫和扈从，多次随驾西巡，曾出使巴蜀。元封三年（公元前108年），继承其父司马谈之职，任太史令，掌管天文历法及皇家图籍，因而得读史官所藏图书。太初元年（公元前104年），与唐都、落下闳等共订太初历，对历法进行改革。此后，司马迁开始撰写《史记》，后因替投降匈奴的李陵辩护，获罪下狱，受腐刑。出狱后任中书令，继续发愤著书，终于完成了"究天人之际，通古今之变，成一家之言"的不朽巨著——《史记》。他的著作原称《太史公书》，东汉以后始称《史记》。全书共一百三十篇，记黄帝至汉武帝约三千年的史事，分本纪、表、书、世家、列传五部分。《史记》是中国第一部纪传体通史，被历代修史者奉为典范。后人称其"善序事理，辩而不华，质而不俚，其文直，其事赅，不虚美，不隐恶，故谓之实录"；鲁迅誉之为"史家之绝唱，无韵之《离骚》"。司马迁还撰有《报任安书》，记述了他下狱受刑的经过和著书的抱负，为历代所传诵。

2. 文体知识

传记是记载人物事迹的文章，它可以由别人叙述，也可以由自己叙述，可以记载一个人的一生，也可以记载一生中的某一阶段。传记文学是传记和文学结合的一种文体，是用文学形式写成的传记，它是真实性和艺术性的统一。

传记包括以下几类。

(1) 自传体传记。这是主人公自己写的记载自己生活经历的文章。记载自己前半生或大半生的生活经历的一般称为自传。

(2) 回忆体传记。这类传记的作者往往是被立传者的亲属、朋友、同事或部属，他们主要是通过自己的回忆记载被立传者的生平与事迹。

(3) 采访体传记。这类传记的撰写人，一般与被立传者原来并无交往，或者是与被立传者相隔几代的后人，他们主要靠采访被立传者的亲友，搜集被立传者的各类资料，然后经过取舍、创作，形成传记。

3. 题目解说

这篇课文节选自《史记·廉颇蔺相如列传》，原传全文记叙了战国时代赵国的五个重要人物——廉颇、蔺相如、赵奢、赵括、李牧的事迹。课文节选的是第一部分,通过"完璧归赵""渑池之会"和"负荆请罪"三个故事,描绘了蔺相如智勇双全、能言善辩、顾全大局、维护团结的思想和性格,以及廉颇粗豪坦荡、知错必改的可贵品质,歌颂了文臣武将竭智尽忠,国难当头"先国家之急而后私仇"的爱国精神。

4. 背景资料

课文所写事件发生在战国后期,当时秦、楚、齐、赵等七国纷争,以秦国力量最为强大。秦国要统一六国,采取各个击破的战略,对外扩张。它南边的楚国和东北的赵国的实力比秦国稍弱,但要比其他四国强。在蔺相如完璧归赵和渑池之会时,秦国的主要力量正应对楚国,所以它对赵国虽也虎视眈眈,但还抽不出时间和力量来攻打。这就是蔺相如进行外交斗争取得胜利的客观有利条件。当然,蔺相如的主观努力——利用有利的形势,机智、勇敢地进行斗争也是重要的。

【预习评价】

问题1:字音

遗(　　)赵王书　　　语(　　)曰　　　肉袒(　　)

怒发上冲冠(　　)　　列观(　　)　　礼节甚倨(　　)

睨(　　)柱　　　　　广成传(　　)　　衣(　　)褐

间(　　)至赵　　　　汤镬(　　)　　　盆缶(　　)

王不怿(　　)　　　　刎颈(　　)　　　渑(　　)池

问题2:重点词语解释

(1) 使人遗赵王书(　　)

(2) 愿以十五城请易璧(　　)

(3) 曲在赵(　　)

(4) 均之二策(　　)

(5) 相如奉璧奏秦王(　　)

(6) 秦贪,负其强(　　)

(7) 相如度秦王特以诈佯为予赵城(　　)

(8) 决负约不偿城(　　)

(9) 臣请就汤镬(　　)

(10) 不如因而厚遇之（　　）
(11) 位在廉颇之右（　　）
(12) 相如素贱人（　　）
(13) 臣诚恐见欺于王而负赵（　　）
(14) 今君乃亡赵走燕（　　）
(15) 以勇气闻于诸侯（　　）
(16) 则请立太子为王，以绝秦望（　　）
(17) 因宾客至蔺相如门谢罪（　　）

问题3：通假字
(1) 可予不（　　）
(2) 拜送书于庭（　　）
(3) 召有司案图（　　）
(4) 秦自缪公以来二十余君（　　）
(5) 唯大王与群臣孰计议之（　　）

问题4：词类活用
(1) 宁许以负秦曲（　　）
(2) 赵王于是遂遣相如奉璧西入秦（　　）
(3) 乃前曰（　　）
(4) 严大国之威以修敬也（　　）
(5) 以先国家之急而后私仇也（　　）

问题5：文言句式
(1) 廉颇者，赵之良将也（　　）
(2) 徒见欺（　　）
(3) 以勇气闻于诸侯（　　）
(4) 何以知之（　　）
(5) 君何以知燕王（　　）
(6) 求人可使报秦者（　　）
(7) 今君乃亡赵走燕（　　）

问题6：古今异义
(1) 传以示美人及左右（　　）

(2) 请指示王（　　）

(3) 赵王以为贤大夫（　　）

(4) 明年复攻赵（　　）

(5) 不过三十日（　　）

(6) 而蔺相如徒以口舌为劳（　　）

(7) 宣言曰（　　）

(8) 臣所以去亲戚而事君者（　　）

(9) 相如前进缶（　　）

(10) 秦自缪公以来二十余君，未尝有坚明约束者也（　　）

问题7：请概述本文的故事情节，用四字短语加上小标题，并思考三个故事情节的详略安排与塑造人物形象之间的关系。

【我的收获】

【我的问题】

【多元评价】

自我评价	同伴评价	学科长评价	小组长评价	学术助理评价

《廉颇蔺相如列传》问题解决评价单

设计人：＿＿＿　审核人：＿＿＿　包科领导：＿＿＿　序号：02

班级：＿＿＿　组名：＿＿＿　姓名：＿＿＿　时间：＿＿＿

【学习目标】

1. 知识与技能

(1) 巩固结构化预习成果，提高运用所学的文言知识翻译句子的能力。

(2) 梳理三个故事的情节，把握矛盾冲突，初步了解《史记》塑造人物形象的方法，通过品味人物语言、体会对比手法来把握人物形象的思想、性格。

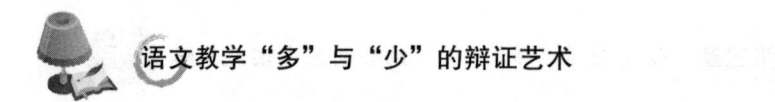

(3) 探究廉颇、蔺相如的故事适用的话题，积累写作素材。

2. 过程与方法

在自主梳理故事情节的基础上，合作探究人物的性格特点及塑造人物形象的手法。

3. 情感态度与价值观

学习蔺相如机智勇敢、不畏强暴、顾全大局的精神，学习廉颇忠义爱国、勇于改过的精神。

【重点难点】

1. 重点

把握人物形象的性格特点。

2. 难点

欣赏作品塑造人物形象的手法，特别是个性化的人物语言。

【学法提示】

本节课要在上一节实现结构化预习的基础上，巩固预习成果；通过小组合作探究，把握矛盾冲突，品味人物语言，体会运用对比手法塑造人物形象的好处；探究廉颇、蔺相如的故事适用的话题，积累写作素材。

【学生生成问题】

___

【教师预设问题】

问题1：把下列句子翻译成现代汉语，要求直译为主，意译为辅。

(1) 以勇气闻于诸侯。

___

(2) 君何以知燕王？

___

(3) 顾吾念之，强秦之所以不敢加兵于赵者，徒以吾两人在也。

___

(4) 臣诚恐见欺于王而负赵。

___

(5) 公之视廉将军孰与秦王？

___

第三章 语文教学"多""少"结合的艺术实施策略

（6）吾所以为此者，以先国家之急而后私仇也。

_____

问题2：请根据有关故事情节概括廉颇、蔺相如各自的性格特点，并做具体分析。

（1）廉颇：_____

（2）蔺相如：_____

问题3：本文通过一系列波澜起伏的故事情节塑造了栩栩如生的人物形象，人物性格鲜明，试结合文本分析刻画人物性格的手法主要有哪些。

_____

问题4：请根据有关故事情节，小组成员分角色合作演出其中一幕，深入把握人物性格特点。

_____

问题5：如果把廉颇、蔺相如的故事巧用到写作中，适用于哪些话题？小组探究，交流共享。

_____

【我的收获】

_____

【多元评价】

自我评价	同伴评价	学科长评价	小组长评价	学术助理评价

《廉颇蔺相如列传》问题拓展评价单

设计人：_____ 审核人：_____ 包科领导：_____ 序号：03

班级：_____ 组名：_____ 姓名：_____ 时间：_____

【学习目标】

1. 培养知识迁移能力，学会运用所学知识解决实际问题。
2. 提升文言文阅读能力，初探文言文阅读试题的解题方法。

【重点难点】

1. 文言文阅读试题的解题方法。
2. 知识运用和迁移能力的培养。

语文教学"多"与"少"的辩证艺术

【学法提示】

本节课要在问题生成发现课和问题解决展示课的基础上,结合重点难点、学习目标,师生合作探究,展示讨论,归纳总结,完成知识拓展、思维拓展的目标。

【积累运用】

1. 下列各句中加点字注音无误的一组是( )。

A. 臣等不肖(xiào)   刎颈之交(wěn jìng)   广成传(zhuàn)

B. 缪贤舍人(miào)   见臣列观(guān)   相如虽驽(nú)

C. 臣语曰(yù)   使人遗赵王书(yí)   睨柱(nì)

D. 秦王不怿(yì)   肉袒伏斧质(tǎn)   乃使其从者衣褐(yì)

2. 下列加点字词类活用类型与其他三项不同的一项是( )。

A. 完璧归赵

B. 宁许以负秦曲

C. 且庸人尚羞之

D. 毕礼而归之

3. 下列加点词都不属于古今异义的一项是( )。

① 蚓无爪牙之利 ② 璧有瑕,请指示王 ③ 秦王恐其破璧,乃辞谢 ④ 决负约不偿城 ⑤ 未尝有坚明约束者 ⑥ 明年复攻赵 ⑦ 臣所以去亲戚而事君者 ⑧ 君不如肉袒伏斧质请罪 ⑨ 比好游者尚不能十一

A.③④⑤   B.④⑧   C.⑥⑦⑧   D.③⑥

4. 下面各句按句式特点分类正确的一项是( )。

① 求人可使报秦者 ② 而君幸于赵王 ③ 君何以知燕王 ④ 拜送书于庭 ⑤ 何功之有哉 ⑥ 使不辱于诸侯 ⑦ 余是以记之 ⑧ 五亩之宅,树之以桑 ⑨ 然而不王者,未之有也 ⑩ 唯余马首是瞻

A.①⑦/②⑥⑧/③⑤⑨⑩/④

B.①/②⑥/③⑤⑦⑨⑩/④⑧

C.①⑥/②⑦⑧/③⑤⑨⑩/④

D.①/②⑧/③⑥⑦⑨/④⑤/⑩

5. 下列各组句子中,加点词的意义和用法相同的一组是( )。

A.① 且以一璧之故逆强秦之欢 ② 以相如功大,拜为上卿

B. ① 独畏廉将军哉　② 而吾以捕蛇独存
C. ① 不如因而厚遇之　② 因人之力而敝之，不仁
D. ① 相如因持璧却立　② 何当共剪西窗烛，却话巴山夜雨时

6. 把下列名句名篇默写的空缺部分补写完整。

（1）于是舍人相与谏曰："＿＿＿＿＿＿＿＿＿＿＿＿＿。今君与廉颇同列，＿＿＿＿＿＿＿＿＿＿＿＿＿。"

（2）顾吾念之，＿＿＿＿＿＿＿＿＿＿＿＿＿。今两虎共斗，其势不俱生。＿＿＿＿＿＿＿＿＿＿＿＿＿。

【能力迁移】

阅读下面的文字，完成7～11题。

赵奢者，赵之田部吏也。收租税而平原君家不肯出租，奢以法治之，杀平原君用事者九人。平原君怒，将杀奢。奢因说曰："君于赵为贵公子，今纵君家而不奉公则法削，法削则国弱，国弱则诸侯加兵，诸侯加兵是无赵也，君安得有此富乎？以君之贵，奉公如法则上下平，上下平则国强，国强则赵固，而君为贵戚，岂轻于天下邪？"平原君以为贤，言之于王，王用之治国赋，国赋大平，民富而府库实。

秦伐韩，军于阏与。王召廉颇而问曰："可救不？"对曰："道远险狭，难救。"又召乐乘而问焉，乐乘对如廉颇言。又召问赵奢，奢对曰："其道远险狭，譬之犹两鼠斗于穴中，将勇者胜。"王乃令赵奢将，救之。

兵去邯郸三十里，而令军中曰："有以军事谏者死。"秦军军武安西，秦军鼓噪勒兵，武安屋瓦尽振。军中候有一人言急救武安，赵奢立斩之。坚壁，留二十八日不行，复益增垒。秦间来入，赵奢善食而遣之。间以报秦将，秦将大喜曰："夫去国三十里而军不行，乃增垒，阏与非赵地也。"赵奢既已遣秦间，乃卷甲而趋之，二日一夜至，令善射者去阏与五十里而军。军垒成，秦人闻之，悉甲而至。军士许历请以军事谏，赵奢曰："内之。"许历曰："秦人不意赵师至此，其来气盛，将军必厚集其阵以待之。不然，必败。"赵奢曰："请受令。"许历曰："请就铁质之诛。"赵奢曰："胥后令邯郸。"许历复请谏，曰："先据北山上者胜，后至者败。"赵奢许诺，即发万人趋之。秦兵后至，争山不得上，赵奢纵兵击之，大破秦军。秦军解而走，遂解阏与之围而归。

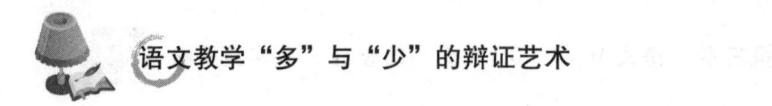

赵惠文王赐奢号为马服君，以许历为国尉。赵奢于是与廉颇、蔺相如同位。

(选自《史记·廉颇蔺相如列传》)

7. 对下列各句中加点的词语的解释，不正确的一项是（　　）。

A. 秦军鼓噪勒兵　　勒：训练

B. 王用之治国赋　　治：管理

C. 乐乘对如廉颇言　　如：依照

D. 杀平原君用事者九人　　用事：主事

8. 下列各组句子中，加点词的意义和用法都相同的一项是（　　）。

A. ① 遂解阏与之围而归　　② 汉亦留之以相当

B. ① 将军必厚集其阵以待之　　② 严大国之威以修敬也

C. ① 譬之犹两鼠斗于穴中，将勇者胜　　② 而君幸于赵王

D. ① 赵奢善食而遣之　　② 虽一龙发机，而七首不动

9. 下列句子表明赵奢胆识谋略不凡的是（　　）。

① 奢以法治之，杀平原君用事者九人

② 国赋大平，民富而府库实

③ 奢对曰："其道远险狭，譬之犹两鼠斗于穴中，将勇者胜。"

④ 军中候有一人言急救武安，赵奢立斩之

⑤ 坚壁，留二十八日不行，复益增垒

⑥ 赵奢许诺，即发万人趋之

A. ①③⑤　　　　　　　　B. ②⑤⑥

C. ①②④　　　　　　　　D. ③④⑥

10. 下列对原文有关内容的概括和分析，不正确的一项是（　　）。

A. 赵奢任田部吏时，有胆识，讲原则，依法从严惩治了平原君家不肯交租的主事者

B. 平原君不念旧恶，以德报怨，在国君面前推荐赵奢，让其负责管理全国赋税

C. 面对强秦伐韩，在是否援韩的问题上，赵国应对之策难定时，赵奢力主救韩，表现了非凡的胆识

D. 秦军的奸细潜入赵营，赵奢趁此施计，让其被表象蒙骗，中计而

第三章 语文教学"多""少"结合的艺术实施策略

归,终使秦军大败

11. 翻译文言材料中画线的句子和课内文言文中的句子。

（1）国强则赵固,而君为贵戚,岂轻于天下邪?

___

（2）军士许历请以军事谏,赵奢曰:"内之。"

___

（3）顾吾念之,强秦之所以不敢加兵于赵者,徒以吾两人在也。

___

【创新运用】

12. 请你模仿以下示例,为廉颇、蔺相如各写一则颁奖词。

感动中国历史人物颁奖词（非正式版）

中华文化的先驱:孔子。你是那来自远方的一声惊叹,满腹经纶,弟子三千;逍遥列国,谈经论道。你经历时间的跌宕,伤不逢时,寄兰作操,却赢得万世师表。一部《论语》,君子之守,子孙之昌。太和元气,永世长存。遥望君子,独唱幽兰。

不朽的行者:屈原。当黎明还黝黑时,他就触着光亮而长吟。上下求索,踽踽独行,忠君爱国,浩气长存。他使一个执着的生命得到了高度的提升,他使一个站立的灵魂得到了不朽的诠释。

___
___
___

【我的收获】

___

【多元评价】

自我评价	同伴评价	学科长评价	小组长评价	学术助理评价

4. 整个课型：课型多，纠结少

"语文教学'多'与'少'艺术卓越课堂"学习模式以培养学生掌握

科学的学习方法、训练学生科学的思维和培养学生的探究精神为目的,创造出体现问题导学特征的六种课型:问题生成发现课、问题解决展示课、问题拓展提升课、问题综合解决课、单元复习回归课、能力测试评价课。其中问题生成发现课、问题解决展示课、问题拓展提升课是基础课型,问题综合解决课、单元复习回归课、能力测试评价课是创新课型。抓好三种基础课型是实现课堂有效、学习高效的关键。我校"语文教学'多'与'少'艺术卓越课堂"学习模式将学生学习要素确定为"自学、合学、探学、展学、评学、拓学",将教师指导要素确定为"学习知识,问题引领;思维交融,问题解决;培育方法,形成思想;多元归一,多元思考;情知并进,扶正纠偏;网络构建,梳理归纳"。

(1) 问题生成发现课的行动策略

问题生成发现课的学习过程包括课前、课中、课后三个环节,我们把结构化预习看作学习和有效教学的起点。

在现行课堂教学模式下,许多学生学业成绩不理想的一个重要原因是学习时忽略了一个重要环节——课前的有效预习。没有预习的课堂是无本之木、无源之水,学生只能被牵着鼻子走,被动上课,即使课后花大量的时间去弥补仍无济于事。古人说得好:"凡事预则立,不预则废。""预",就是要事先做好计划或准备。日本学习方法研究会会长石川勤先生说:"所谓预习,也就是在上课以前,要明白自己想学习什么,想知道什么,然后带着问题去上课。这样一来,课堂学习就会充满活力,学习不再是别人的事,自己就会变成课堂的主人。"可见课前的有效预习是多么重要。

预习是学习的起点,学生自主高效地开展结构化预习是有效教学的其他环节得以顺利展开的前提和保障,只有做好结构化预习,学生在课上的学习才能有的放矢,课堂效益和效率才能提高。

经过不断探索,我总结出了语文学科问题生成发现课的基本流程,即结构化预习六环节。

第一环节:走进文本,整体感知,产生质疑,随时记录。(用时10分钟左右)

这一环节要求学生脱离所有参考资料,案头只有课本、记录本和必需的工具书。学生结合课下注释,运用阅读"六字诀"中的"查、画、写、记"整体感知文本，用黑色笔或蓝色笔总结字音、字形、词语等概念性问题，画出重要的注释、句段，划分层次结构，概括段落大意，在整体感知的过程中把自己的疑问写在记录本上。

第二环节：借助参考资料，解难释疑，补充完善课本。（用时5分钟左右）

针对整体感知文本过程中产生的问题，借助手头所有的参考资料释疑，运用阅读"六字诀"中的"查、写、记"，用彩色笔将答案补充到课本上相应的位置。

第三环节：脱离参考资料，自我检测，独立完成《问题生成评价单》。（用时5分钟左右）

由于个别文本篇幅长、容量大，第一时间给学生留下的印象不够深刻，所以要允许学生借助课本自主完成《问题生成评价单》的检测任务，这一步贯彻阅读"六字诀"中的"练"。当然，在自我检测的过程中，学生需要把二次生成的问题随时写在记录本上。

第四环节：借助参考资料，补充完善《问题生成评价单》。（用时5分钟左右）

这一环节和第二环节的流程大同小异，不再赘述。

第五环节：小组合作交流，互相答疑，生成共性问题。（用时15分钟左右）

这一环节主要借鉴问题解决展示课的操作流程，要求各学习小组在学科长的主持下开展合作交流，互相答疑，个性的问题由小组内部解决，同时生成1~2道小组共性的问题。共性问题可以分为知识性问题和文本性问题两大类，以文本性问题为主。各小组派代表将生成的共性问题迅速展写到黑板上。针对这些问题，学科科研小组迅速整合出6个左右有代表性的问题提供给教师，以补充完善《问题生成评价单》。

第六环节：小组成员互相检查、评价结构化预习成果，评选小组帮扶对象。（用时5分钟左右）

结构化预习成功与否，关键看不同层次的学生收获了多少。因此，检查、评价环节不可或缺。启动五级评价机制，即学生自评、同伴评价、学科长评价、小组长评价、学术助理评价。检查、评价的内容包括课堂笔记的记录情况、《问题生成评价单》的完成情况和生成问题的质量等，在此基础上评选出各小组的帮扶对象，即课堂笔记、《问题生成评价单》完成质量不高的学生，限其在一定时间内在小组其他成员的帮扶下补充完善。

问题生成发现课面临着如何合理安排时间的问题，因此，操作层面需要注意两点：一是篇幅较长的文本，如《廉颇蔺相如列传》《苏武传》等，第一环节所需时间较长，有早读的话可以适当前置进行；二是严格规范小组生成的问题，要从质和量两个维度界定标准和要求，不能不加限制地将所有问题都摆在课堂上解决，课堂上一般侧重于文本性问题的解决。

（2）问题解决展示课的行动策略

问题解决展示课的前提是教师根据学生生成的共性问题，结合自己对教学重难点的把握，把知识问题化，开发出高质量的《问题解决评价单》。实践中，我们把问题解决展示课分为四个环节。

第一环节：问题引领，合作学习。（用时 10 分钟左右）

① 课前下发《问题解决评价单》，要求学生自主完成，然后教师收回并认真批阅，及时掌握学情，上课后学生根据教师创设的情境，围绕《问题解决评价单》上的主要问题分组展开积极讨论。

② 学生讨论开始后，教师及时下发《小组展示分工表》，以使各组学科长明确展示任务，调整问题讨论顺序，为小组展写争取时间，从而保证展写的高效性。

③ 在学生讨论的同时，教师要走进学生之中，逐组巡查，如发现讨论得不积极、不热烈的小组，教师要作为角色之一参与进去引导学生进行讨论，使其讨论具有实效性和深刻性。

④ 在小组合作讨论阶段，学科长要一心多用：一是确定中心发言人和讨论顺序；二是注意把握讨论时间；三是注意是否有展示任务，特别是展写任务，如果有展写任务，小组微调讨论顺序，达成共识后派代表迅速进行展写。

第二环节：小组展示，生生质疑。（用时 20 分钟左右）

① 在学生充分讨论的基础上，小组及时派出代表进行问题展示。展示时要遵循"展、思、论、评、演、记"展示"六字诀"。

② 问题展示形式应灵活多样，尽量满足学生的展示需要，让学生充分

展示自我。在群体参与、平等对话、共同探究的气氛中，学生可以尽情表演、激情朗读、动情歌唱等。总之，引导学生以各种形式表达自己的内心情感，以达到心灵共鸣、思维共振、个性共扬的目的。

③ 在展示时，各小组成员要认真倾听其他小组的观点，积极思考并及时质疑追问，科学评价别人的发言，适当保留个人意见，及时反思交流活动中自己的表现。

④ 教师根据小组展示的情况，及时介入进行点拨、提升，并给予学生赏识性、激励性评价。

第三环节：拓展延伸，评价指导。（用时10分钟左右）

教师根据小组展示的情况，对小组难以解决的问题进行启发引导，对教学重难点进行拓展延伸，对小组展示得不到位的知识点进行质疑、补充。教师针对小组展示中出现的重大问题，要通过典型例题进行当堂巩固训练，以达到举一反三、触类旁通的效果。

第四环节：归纳总结，知识升华。（用时5分钟左右）

① 每个小组都对本节课的知识点进行归纳总结，使思维活跃、方法多样、能力提升。

② 教师在小组总结的基础上适时补充，使知识更加有条理、系统、完善。

课后，结合问题解决展示课中尚未解决的问题和未达成三维目标的问题组织编制《问题拓展评价单》，下发给学生进行拓展训练。

(3) 问题拓展提升课的行动策略

问题拓展提升课是问题解决展示课的有机延伸，通过拓展训练，学生解决问题的能力会得到锻炼。问题拓展提升课包括五个环节。

第一环节：创设情境，提出问题。（用时5分钟）

① 课前发放《问题拓展评价单》，学生自主完成，教师收回并认真批阅，及时掌握学情，上课后教师通过提问创设情境，直入主题。

② 教师针对学情引导学生对所学知识进行回顾、挖掘，加深学生对问题的理解。

第二环节：小组拓展，总结归纳。（用时10分钟左右）

小组遵循"忆、练、思、展、论、提"的拓展"六字诀"，根据教师引出的问题进行联想、拓展，将本章节的问题进行总结，从而发现规律。

第三环节：问题训练，合作评价。（用时 15 分钟左右）

① 通过《问题拓展评价单》，让学生对所学知识进一步巩固和提高。

② 小组合作探究学习，学科长组织小组成员互评。

第四环节：关键问题，师生共探。（用时 10 分钟左右）

① 将小组内的共性问题在全班展示。

② 教师适时引导、点拨、修正。

③ 通过师生共同探究使问题得以解决，使知识体系得以完善，使综合能力得以提升。

第五环节：归纳总结，体验成功。（用时 5 分钟左右）

① 教师要指导学生对学习成果进行自主归纳总结，让学生体验收获和成功的快乐。

② 这一环节既要达到优生优培的目的，也要对一般学生起到知识积累及兴趣激发的作用。

③ 体现教学相长、师生合作，达成三维目标。

（4）问题综合解决课的行动策略

从语文学科实际出发，问题综合解决课主要适用于处理略读文本，课前教师需要开发《问题综合解决评价单》，所涉及的文本问题宜精不宜多，拓展训练更要有针对性。

第一环节：创设情境，呈现目标。（用时 1~3 分钟）

教师进行情境引导，也可以与学生共同创设情境，达到使学生增强学习兴趣、深入了解学习目标的目的。

第二环节：预习评价，生成问题。（用时 5~8 分钟）

学科长组织小组成员对《问题综合解决评价单》上的问题进行小组内讨论解决，并进行组间展评，教师引导学生整理出不能解决的问题。

第三环节：合作探究，展示交流。（用时 15~20 分钟）

教师指导各小组根据迅速生成的问题进行小组讨论学习并在讨论过程中展示。展示时采用展示"六字诀"，要符合展示规范、注重礼仪。学生可以现场编题，拓展、丰富知识面。

第四环节：问题训练，组间展评。（用时 5~8 分钟）

教师组织学生进行训练，可以组织学生编题训练，也可以设计具有挑战性的小拓展单来训练。

第五环节：归纳概括，提升意义。（用时 1~3 分钟）

教师指导学生分组归纳知识、总结收获、进行课堂评价。学生先讨论后展示，谈本课的生活意义和情感意义。

（5）单元复习回归课的行动策略

长期以来，多数语文教师仅仅局限于对单个文本的处理，很少认真研究单元教学，更少进行单元复习回归的有益探索。在有效教学背景下，我非常重视引导学生进行单元复习回归评价，以期构建单元知识网络，进而培养学生能力。

第一环节：创设情境，回顾问题。（用时 3~6 分钟）

教师进行情境引导，当堂发放《单元复习回归评价单》，指导学生自主回顾本单元所解决的问题，在《单元复习回归评价单》上构建单元知识网络。

第二环节：生成重点，讨论解决。（用时 10~20 分钟）

教师让学生以小组为单位进行深度讨论，对单元重点问题进行生成提炼，并呈现在黑板上，继而组织小组进行交流展示，并规范评价。然后，教师对各小组的重点问题逐一进行展讲，并和学生一起作规范指导。

第三环节：拓展训练，小组展评。（用时 15~20 分钟）

教师课前编制好《问题拓展评价单》，指导学生迅速自主完成并组织学生展评。

第四环节：总结归纳，提升意义。（用时 2~5 分钟）

学生展评结束后，教师指导学生总结收获，归纳需要注意哪些方面的问题。

以下为人教版语文必修 3 第一单元"小说阅读与鉴赏"单元复习回归课的课堂实录。

第一环节：创设情境，回顾问题。（6 分钟）

师：同学们，我们利用一周半的时间相继鉴赏了《林黛玉进贾府》《祝福》和《老人与海》，相信大家对小说的阅读和鉴赏都有了自己的一套方法。特别值得一提的是，自 2017 年开始，新的考试大纲将文学类文本阅读由选考改为必考，这就要求我们在实践中掌握系统的小说阅读与鉴赏方

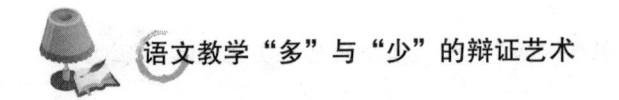

法。因此，这一节课我们就围绕小说单元进行系统的回归复习。首先，请同学们自主回顾本单元所学知识，在《单元复习回归评价单》上构建自己的单元知识网络，不要求面面俱到，但每个文本都要重点突出。

学生自主构建自己的单元知识网络，然后相互借鉴，补充完善自己的单元知识网络。

第二环节：生成重点，讨论解决。（20分钟）

师：第一单元选取的三篇小说各有特点，请大家结合高考要求，重新审视这三篇小说，以小组为单位生成重点问题，每个小组每个文本限一个问题，接着派代表迅速展写在黑板上，然后请学科科研团队进行筛选整合。

学生生成的问题如下：

问题1：《林黛玉进贾府》除了通过林黛玉的眼睛介绍贾府这一典型的环境，还重点介绍了两个重要人物——王熙凤和贾宝玉，也通过众人的眼睛介绍了林黛玉。同样是人物介绍，作者匠心独运，譬如，文中这样介绍王熙凤："这个人打扮与众姑娘不同，彩绣辉煌，恍若神妃仙子：……"介绍林黛玉却是"厮见毕归坐，细看形容，与众各别：……"同样是人物描写，为什么写王熙凤用"打扮"而写林黛玉用"形容"？

问题2：鲁迅说："要极俭省地画出一个人的特点，最好是画他的眼睛。"《祝福》中一共有几处描写到祥林嫂的眼睛？从这些描写中你觉得祥林嫂有哪些性格特点？

问题3：《老人与海》中直接出场的人物只有一个——老渔夫桑地亚哥，塑造起来难度可想而知，但他却成为了世界文学人物长廊中的一个不朽形象。课文节选部分除了正面描写桑地亚哥与鲨鱼的搏斗场景，还用二分之一的篇幅描写了老人的内心独白，这样的描写有什么作用？试举两例分析。

师：经过学科科研团队的整合，我们遴选出这三个有代表性的问题，下面给大家8分钟的合作交流时间，然后进行小组展讲。

题号	展写小组	展讲小组	质疑补充
问题1	5	10	全体同学
问题2	7	8	全体同学
问题3	9	6	全体同学

第10小组代表展讲：

首先感谢第5小组同学生成了这么有价值的问题，他们对文本的梳理很细致。"打扮"和"形容"在这里都是对人物的外貌描写，但王熙凤打扮与众不同，林黛玉形容与众各别，并且冒号后面都有极为细致的刻画，前者是通过林黛玉所见来展示的，后者是通过贾宝玉所见来展示的。

细心的读者应该注意到了这两处措辞上的差别。可以肯定的是，无论是王熙凤还是林黛玉，都堪称"万绿丛中一点红"，都是极为显眼的。然而，同为贵族小姐，她们二人却有着迥然不同的特点。

对王熙凤的描写，作者着意的是其"打扮"（即外在服饰），由"头上"而"项上"而"身上"而"下着"，这"通身的气派"（王熙凤赞林黛玉语）非"珠光宝气"不能概括，给人的总体印象是俗不可耐。文中虽然也有"三角眼""吊梢眉""粉面""丹唇"等容貌方面的描绘，却无法抢过她全身珠宝的风头。

而林黛玉呢，吸引宝玉的是她殊异的"形容"，也就是人物肖像中的容貌部分，而非服饰部分。从"罥烟眉"到"含情目"，从"泪光点点"到"娇喘微微"，着意的只是林黛玉的气韵神情，而对其穿戴竟无一字提及。事实上，不只是课文节选的部分，即便是整个《红楼梦》原著，对林黛玉肖像的描写都是虚多实少。原因很简单，林黛玉的非凡魅力，本不在其外部装束，而在其精神气质——书卷气、灵秀气、孤傲气。其外在形象，用"更无花态度，全有雪精神"（辛弃疾《临江仙·探梅》）差可比拟。其芳华气度，也恰与王熙凤的俗气形成了鲜明对照。

师：看来，你对《红楼梦》的研究非同一般，能够在这么短的时间内为我们大家展讲得这么深刻，真可谓"红学家"！

第8小组代表展讲：

"眼睛是心灵的窗户。"作品《祝福》对祥林嫂的刻画除了动作、语言，我想，给大家印象最深的莫过于文中对她的眼睛的多次细节描写。眼睛描写与其他描写相配合，鲜明地表现了人物的遭遇及内心世界的变化。譬如：

初到鲁镇——顺着眼（善良、安分）

再到鲁镇——顺着眼，眼角上带些泪痕（再受打击，内心痛苦）

讲阿毛的故事——直着眼睛（精神有些麻木）

捐门槛——分外有神（又有希望）

不让参与祝福——失神（再受打击）

行乞——眼珠间或一轮（麻木）

问有无魂灵——忽然发光（一丝希望）

总之，多次关于眼睛的细节描写展示了祥林嫂丰富的内心世界，形象地反映了祥林嫂是一步步被封建礼教和封建思想逼到绝境的，也表达了对罪恶的封建社会的无声控诉。

师：《祝福》中对祥林嫂的眼睛描写，似乎总在不经意间，却往往能直击读者的灵魂，引发读者的深思。

第6小组代表展讲：

本文除了描写老渔夫桑地亚哥与鲨鱼的搏斗场面，还有大量的内心独白，它们忠实地记录了桑地亚哥丰富的内心活动，写出了他在海上漂泊的心态，通过自由联想的方式，真实地再现了他的思想与感受。

譬如，"可是一个人并不是生来要给打败的""你尽可把他消灭掉，可就是打不败他"。

这是桑地亚哥的内心独白，也是整部小说的核心精神。它生动地揭示了桑地亚哥的内心世界和人生追求，也是作者人生观与价值观的反映。这句话意味着，人生的使命是奋斗，是与命运进行不懈的抗争。人生下来虽然面临着种种来自自然与社会的挑战，也许这些挑战强大到足以把人的肉体消灭，但只要保持旺盛的斗志和在任何艰难险阻面前都不屈服的精神，就永远是胜利者。

再如，"想点儿开心的事儿吧，老家伙""丢掉了40磅鱼肉，船走起来更轻快些""只要我有桨，有短棍，有舵把，我一定要想法去揍死它们"。

这些内心独白充分展示了桑地亚哥在面对鲨鱼一次又一次的袭击时虽然处境极端不利，但始终保持自信、乐观、豁达的精神。

另外还有：

（1）无人援助的孤独。例如，桑地亚哥第一次与鲨鱼搏斗后，"剩下的只有想想了"。

（2）心地善良。例如，他觉得"把一条鱼弄死也许是一桩罪过"，认为鲨鱼和他一样靠吃活鱼过日子，鲨鱼是美丽的、崇高的。

师：心理描写是指对人物在一定的环境中的心理状态、精神面貌和内心活动进行的描写，是小说塑造人物形象、刻画人物性格的重要方法。心理描写可以用第一人称，即描写人物的内心独白，直接写出人物的所思所想，让人物一无遮掩地吐露自己的心声；也可以用第三人称，即从旁观者的角度剖析人物的心理活动。

师：我们这一节课整合的这三个问题的关联点在哪儿？

生：都涉及一个核心问题——小说人物的塑造手法。

师：对。人物作为小说的核心要素，几乎是高考文学类文本阅读小说板块的必考题目，一般要求考生分析并概括人物性格特点、人物形象特点以及人物的塑造手法。我们这节课的学习目的就是引导大家注意梳理并归纳小说人物的塑造手法。当然，除了外貌描写、细节描写、心理描写，人物的塑造手法还有很多，大家不妨课下继续补充。

第三环节：拓展训练，小组展评。（15分钟）

大屏幕出示2014年高考语文全国新课标Ⅱ卷小说阅读《鞋》。

师：下面我们进行拓展训练。

原题：小说中守明是一个什么样的人物形象？她有什么样的心态？请简要分析。（6分）

学生展讲：

（1）守明犹如一块未经雕琢的玉，晶莹剔透，洁白无瑕。她内心淳朴，有着热烈的情感。她单纯，又略带娇羞，对爱情抱有严肃甚至神圣的态度。

（2）守明内心更多的是渴望被爱，她的娇羞实际上更包含着对被爱的渴望。

第四环节：总结归纳，提升意义。（3分钟）

师：这一节单元复习回归课，我们主要总结了小说人物的塑造手法，希望大家下去系统总结一下人物的塑造手法。继续阅读2015年和2016年的高考语文全国新课标卷小说部分，以加深理解，灵活运用。

（6）能力测试评价课的行动策略

在传统教学模式下，对于试卷的点评，许多教师采取的措施一般是，认真评阅试卷,了解学情,积极备课,上课时一厢情愿地从头到尾详细讲解。这样的处理方式,导致学生被动听讲,缺乏主动思考,更没有合作探究的积极性,于是,很多问题当时看似明白,过后仍然不会解决。有效教学背景下的能力测试评价课要引导学生围绕共性问题进行合作探究,从而使学生通过自主解决问题,提升能力。

第一环节:创设情境,呈现结果。(用时1~3分钟)

教师进行情境引导,利用多媒体课件呈现各项考试数据统计结果,对学生进行激励性评价,同时呈现试卷共性问题。

第二环节:生成重点,讨论解决。(用时10~13分钟)

教师指导学生以小组为单位进行深度讨论,对失分率较高的问题进行二次生成提炼,并呈现在黑板上,继而组织小组成员进行讨论解决。

第三环节:展示交流,规范评价。(用时10~20分钟)

小组派代表逐一展讲,由教师规范指导,这一环节要特别注重培养学生的审题能力和方法规律总结能力,而不是唯答案而答案。

第四环节:针对训练,小组展评。(用时10~12分钟)

教师课前编制好《问题拓展评价单》,指导学生迅速自主完成并组织学生展评。

第五环节:总结归纳,提升意义。(用时3~5分钟)

展评结束后,教师指导学生总结收获,归纳需要注意的问题。

以下是高三某次模拟考试后能力测试评价课的课堂实录。

第一环节:创设情境,呈现结果。(3分钟)

师:(1)试卷整体评价

这次模拟考试语文试卷整体难度系数为0.64,区分度为0.45。其中,论述类文本阅读、文言文翻译题、情境类默写题、实用类文本阅读探究题、语句补写题(第16题)、图文转换题(第17题)以及写作题(第18题)的命题质量较高,难度适中,区分度明显。

同时,试题命制有违近三年新课标卷的命题结构,文言文阅读第1题及语言文字运用成语题(第13题)、衔接题(第15题)存在"复辟"倾向,试题陈旧。诗歌鉴赏模仿2015年新课标卷,问题设置得不太理想。

(2)考试数据反馈

本次应参加考试人数64人,实际参加考试人数60人,最高分为130

分，最低分为 100 分，平均分为 116.47 分，取得 130 分以上的有 1 人，120 分以上的有 26 人，110 分以上的有 50 人。

其中，选择题得满分（32 分）的有 18 人，写作题得 50 分以上的有 36 人，默写题得满分（6 分）的有 48 人。

（3）暴露出的问题

① 文言文阅读基本功不扎实，翻译存在知识漏洞，采分点落实不到位，其中第 4 题正确率为 50%，第 7（1）题平均得 3.4 分，第 7（2）题平均得 2.2 分。

② 诗歌鉴赏题，对作者情感的理解与把握出现偏差，在描写景物的角度和分析诗句的作用方面存在知识漏洞，其中第 8 题平均得 1.7 分，第 9 题平均得 2.4 分。

③ 实用类文本阅读探究题重点把握不准，探究切入点选取不当，存在"眉毛胡子一把抓"的现象。

④ 语句补写题理解的切入点不当，利用上下句语境和关键词推断信息的能力有待提高，平均得 2.3 分。

⑤ 仍需要加强对作文审题立意的训练。

第二环节：生成重点，讨论解决。（12 分钟）

师：这一节课，我们围绕本次考试中暴露的主要问题展开合作探究。

问题 1：文言文翻译采分点如何落实？怎样利用语境合理推断？（链接试卷第 7 题）

问题 2：诗歌鉴赏描写景物的角度有哪些？（链接试卷第 8 题）

问题 3：实用类文本阅读探究题怎样选准探究的切入点？［链接第 12（4）题］

问题 4：语句补写题如何利用语境和关键词推断未知信息？（链接试卷第 16 题）

问题 5：新材料作文如何选好写作角度？（链接试卷第 18 题）

题号	展写小组	展讲小组	质疑补充
文言梳理		10	全体同学
问题1	8	1	全体同学
问题2	6	3	全体同学
问题3	4	5	全体同学
问题4	2	7	全体同学
问题5	10	9	全体同学

第三环节：展示交流，规范评价。（17分钟）

第10小组代表展讲：

《明史·张瑄传》整体阅读有一定难度，我们小组认为以下文言现象需要同学们加强理解和总结。

敕：皇帝的诏令，特指皇帝的命令，古代有"敕命""敕令"之说，明清时五品以上官员授"诰命"，六品以下官员授"敕命"。

遘：逢，遭遇，如"遘难"；造成，结成，如"遘祸"。

报：答复，给回信，特指皇帝对臣下奏章的批复。"不报"即没有答复。

振贷："振"通"赈"，救济；"贷"，借出。"振贷"即救济之意。

按行：也作"案行"，巡行，巡视。

落职：罢官，撤职。

师：第10小组代表总结的文言现象很详细，说明他们课下查阅了大量资料，这种做法值得我们学习。

第1小组代表展讲：

原句（1）：民德瑄，惟恐其去。既转左布政使，会满九载，当赴京，军民相率乞留。

译文：百姓感激张瑄，只担心他（卸任）离开这里。不久，（张瑄）改任左布政使，刚好他九年任期已满，应当回京（述职），军民相继请求他留下。

强调：这个句子的采分点有"德""去""既转""会""相率"，大家要特别注意此处"德"的意思是感激，"相率"意为相随、相继。

第三章 语文教学"多""少"结合的艺术实施策略

原句（2）：帝降敕劳之，改抚河南。议事入都，陈抚流民、振滞才十八事，所司多议行。

译文：皇帝颁发敕书（诏书）慰劳他，他改任河南巡抚。因为议事入京，上奏（书）提出安抚流离的百姓、起用遗漏未选的人才等十八项建议，有关部门大多讨论实行。

强调：这个句子的采分点有"降敕""改抚""振""滞才"。要特别注意"滞才"，意为遗漏未选的人才。

师：第1小组同学展讲得很详细，我们不妨再回顾一下文言文翻译的"12345"。（课件出示）

一个标准：信达雅

两个原则：直译原则、语境原则

三个关键：实词、虚词、句式

四个步骤：审、切、连、誊

五字口诀：留、增、换、调、补（删）

第3小组代表展讲：

根据老师在前面反馈的数据，这一道题暴露出我们的一个知识盲点，那就是把景物描写手法与景物描写角度混为一谈。我们先请老师为我们谈一谈这二者的区别。

师：原题为"请与杜牧的《清明》比较，简要说说两首诗描写清明景物的角度有何异同"。先来看一种很有代表性的回答。（课件出示）

都是借景抒情。但本诗写的是雨后清明，路无尘土，河桥春浓，芳草萋萋，游人如织，一派欢闹景象，用的是以乐景写乐情的手法；而杜牧的《清明》写的是"清明时节雨纷纷，路上行人欲断魂"，用的是以哀景写哀情的手法。

师：很明显，这是一种错误的回答，可以看出考生完全不清楚景物描写的角度是什么，这里为大家补充一下相关知识。（课件出示）

景物描写手法：

(1) 正侧结合；(2) 动静结合；(3) 视听结合（绘声绘色）；(4) 虚实结合；(5) 点面结合；(6) 远近结合；(7) 白描渲染；(8) 全局特写；(9) 多种修辞结合。

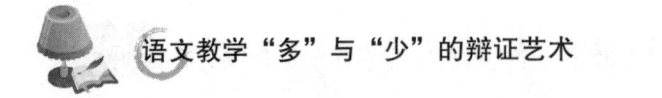

描写景物的角度：

(1) 空间角度。凡写景总有一个顺序，远近、高低、上下、内外，无论怎样，总是层次分明的。如苏轼的《鹧鸪天》，上片写景，由远到近，由高到低，层次分明。"林断山明竹隐墙，乱蝉衰草小池塘"，先写远处林子尽头，高山清晰可见，再写近处翠竹遮隐墙头，小池塘旁长满枯草，蝉声四起；接下来"翻空白鸟时时见，照水红蕖细细香"，由高到低，井然有序。

(2) 色彩角度。诗歌中所写景物色彩不同，把不同色彩的景物组合到一个画面中，就会收到"诗中有画"的效果。如王维《田园乐》"桃红复含宿雨，柳绿更带朝烟"，红绿相映，色彩分明，让人联想到一夜春雨过后鲜艳的桃花盛开，碧绿的柳丝在若有若无的水烟之中飘动的迷人景象。赏析诗歌时抓住表示颜色的词语分析画面美，写景的特色就突出了。

(3) 感觉器官角度。诗歌中，作者写景往往从自身的听觉、视觉、嗅觉等角度去写，这就要求我们在赏析时，把诗人所见、所闻、所感的内容品析到位。如白居易《夜雪》"已讶衾枕冷，复见窗户明。夜深知雪重，时闻折竹声"，描写对象是雪，诗中句句写雪，且作者依次从自己的感觉、视觉和听觉来写，突出了雪之大。

生：感谢老师的补充，帮助我们大家区别了这两大类概念，对于即将到来的高考有很大帮助。明白了这两大概念，我想，答案自然就清楚明了了吧。

第5小组代表展讲：

这是一道开放型的探究题，从理论上讲，同学们有自主切入的探究角度，其实，认真分析一下，自然境界是动物的生存本能之需，天地境界是一种超道德境界，是一种理想化的境界，是圣人追求的境界。所以，结合文本，联系现实，我们应该重点围绕功利境界和道德境界的区别及现世追求进行探究。

这四种人生境界之中，自然境界、功利境界的人，是人现在就是的人；道德境界、天地境界的人，是人应该成为的人。前两者是自然的产物，后两者是精神的创造。自然境界最低，往上是功利境界，再往上是道德境界，最后是天地境界。它们之所以如此，是由于自然境界几乎不需要

第三章 语文教学"多""少"结合的艺术实施策略

觉解，功利境界、道德境界需要较多的觉解，天地境界则需要最多的觉解。

师：说得好，有很多开放型的探究题其实并不开放，我们分析问题时要注意文本的价值取向和导向，不能一味标新立异。

第7小组代表展讲：

语句补写题是近几年高考考查的重点，我们要注意掌握一定的逻辑推理方法。具体而言，我们需要做到：（1）整体感知语段；（2）准确切分层次；（3）利用语境推断；（4）抓住关键词句；（5）规范组织答案；（6）通读检查完善。

运用这些方法，我们不难得出这道题的合理答案：（1）观察社会（了解他人）的一个窗口；（2）但也会飘来一些"雾霾"；（3）网上"朋友圈"同样也需要精心维护。

第9小组代表展讲：

我们先来看看这道作文题。（课件出示）

生物学家将一只跳蚤放进没有盖子的杯子里，结果，跳蚤轻而易举地跳出了杯子。

紧接着，心理学家用一块玻璃盖住杯子，跳蚤每次往上跳时，都因撞到玻璃而跳不出去。

不久，心理学家把这块玻璃拿掉，结果，跳蚤再也不愿跳了。

这次写作包括我在内的很多同学的作文立意是"坚持不懈，不要轻言放弃"，但得分不高，不知道是不是立意偏离了方向，请老师帮我们分析一下。

师：对，这次作文训练有两种观点值得商榷，一是"打破思维定式，突破自我设限"，二是"坚持不懈，不要轻言放弃"，围绕这两个观点，大家讨论一下，哪种观点切合题意？

学生讨论。

生：我明白了。材料的落脚点是"跳蚤再也不愿跳了"，它以为自己永远跳不出去了，思维受到了局限。因此，材料侧重引导我们思考"打破思维定式，突破自我设限"这一观点。

师：聪明，大家明白了吗？

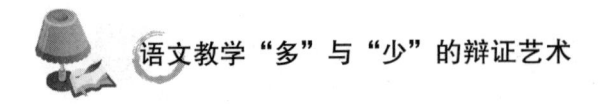

生：明白了。

第四环节：针对训练，小组展评。（10分钟）

下发《问题拓展评价表》，学生自主完成，并展示评价。

第五环节：总结归纳，提升意义。（3分钟）

师：这一节课我们重点探讨了两个问题，一个是诗歌鉴赏中景物描写角度和景物描写手法的区别，另外一个是针对材料作文如何抓关键词来审题立意，希望大家能学以致用。

以上就是我们开发的六种课型。教师在语文教学中，若能灵活运用这些课型，将对提升教学效率有极大的益处。

5. 给个激励：赏识多，畏难少

很多教师问我，进入高中以后，学生都长大了，还需要像对待小学生那样公开表扬吗？其实，每个人心里都希望得到他人的肯定、赏识和激励，只不过，高中生的表现更内敛一些罢了。因此，在有效教学背景下，我尤其重视对学生课堂表现的激励评价、赏识教育，因为激励评价、赏识教育是提高学生课堂参与度的催化剂，充分发挥其作用，会使我们的课堂教学事半功倍，真正达到少教多学的目的。

在这里，激励评价要落地生根，赏识教育要长效常态，就必须建立健全多元评价机制，落实各层级的学习责任，体现学生是主体、学生是代表、学生有责任的教育理念，使学生学习责任化、学生评价多元化，确保新型小组合作学习的效能。

（1）健全五级评价机制，全面落实学习责任

我打破了原来常规小组的分工形式，建立起同伴学习的评价机制，在保留原有小组长的基础上，增设了学科长角色。对每位小组成员的学习实行五级学习评价，包括自我评价、同伴评价、学科长评价、小组长评价和学术助理评价，以监督和保障每个学生的学习效果。以对《林黛玉进贾府》阅读情况的评价为例，评价张亦涵同学时，就有她自己、她的同伴宋昊林、学科长阎如琛、小组长潘思含和语文学术助理李名蕊五个评价主体对她的阅读情况实施了效果评价。这种做法，让学生明确了自己在小组中的学习责任、角色与职责，建立起一种由学习责任牵制的有效评价系统。

（2）建立小组合作学习公约，引进激励机制，培养学生的合作交往意

识和小组合作学习技能

小组合作学习公约是我和学生都必须遵循的条约和要求，是在充分发扬民主的基础上，我与全体学生共同商议后制定的，主要内容是针对学生如何积极参与课堂活动、如何生生互动、如何师生交往等方面做出的基本规范和要求。

为保证课堂学习效果，我认真研究多样化评价方法，想办法激活学生的学习内驱力，满足不同层次学生的发展需要。在我的语文课堂上，即时评价、同伴评价、小组评价已经常态化，并且做到了课堂学习的随机评价与定期评价有机结合，小组自我评价与小组互评、教师评价有机结合，小组成员自评与互评有机结合。

在小组合作学习过程中，我逐步引导学生加深对合作学习的理解，培养学生的合作意识与合作技能。每节课我都精心创设情境，使学习任务或活动任务真正具有合作性，使学生由"要我合作"变为"我要合作"，让学生学会互助、学会合作、学会倾听、学会展示。

（3）引进契约学习机制，照顾待优生，缩小学生差异

每个学生都是独立的、具有鲜明个性的完整个体，在生理、心理、习惯等方面都存在很大差异。在每个班级中，都存在一定数量的语文成绩较差的待优生，长期以来，这些学生容易被教师忽视，导致他们产生自卑心理。

我们学校实施有效教学的课堂改革初衷之一就是争取让每一个学生都找到自己的位置，实现自己的价值。因此，对于待优生，我会倍加呵护和格外关注。在认真了解他们的性格、家庭和学习能力的基础上，我制订出个性化指导方案，与他们建立朋友式关系，在帮助他们走出自卑的阴影后，选择适当的时机与他们签订学习契约，鼓励他们充满信心，并让他们在规定的时间内补上所缺知识，跟上全班队伍，逐步缩小与其他同学的学习差距。成功的案例告诉我们，当待优生得到尊重时，他们同样会爆发出巨大的能量。

小结：

庄子在《庄子·骈拇》中说："长者不为有余，短者不为不足。是故凫胫虽短，续之则忧；鹤胫虽长，断之则悲。"意思是说，长的不算多余，短的不算不足。所以野鸭的腿虽然很短，但给它续接一截就会带来痛苦；

语文教学"多"与"少"的辩证艺术

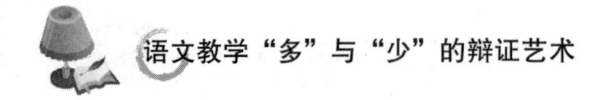

仙鹤的腿虽然很长,给它截断一截就会带来悲伤。

庄子的话包含着一个辩证的道理:尺有所短,寸有所长,多有所弱,少有所强。所以,只要适合,多不为多,多也是少,少更为少;如不适合,少不为少,少也是多,多更为多。成事需多,多不为多;成事需少,少不为少;多还是少,都是相对而言的,多、少都是为成就一事而定。

两点论的辩证统一,是矛盾分析法的一个主要内容;任何事物都有对立统一的两点,而不可能只有孤立而绝对的一点;两点不是孤立的、僵化的或固定不变的,而是会随着内部矛盾的变化和外部条件的变化而不断变化发展的。

语文教学"多"与"少"的艺术,是相对而言的,既是矛盾的,又是统一的。有"多"就有"少",有"少"就有"多",该"多"时需多,该"少"时需少,一味求"多",便没有"少"的存在,全然论"少",必要的"多"也就失去了可能。语文教学"多"与"少"必须实事求是。

语文教学"多"与"少"的艺术应该是"多""少"结合因事制宜,相辅相成、相得益彰,各得其宜、各尽其妙。有打油诗为证:

舟行千寻逆水撑,事期一篙不可少。
为山九仞凌华岳,尚待一篑未能了。
万事俨然已俱备,东风不来前功销。
渡尽劫波八十难,天河一难补天条。

事与愿违半点多,秋水望穿多亦少。
点睛虬龙破壁去,添足游蛇输酒酪。
珍馐佳肴满锅汤,半粒鼠屎一团糟。
狂沙千里出胜景,入眼一粒泪魂飘。

尺短寸长非玄道,乾坤机理有多少。
韩信将兵多益善,蘸笔墨池书奥妙。
树落一叶可知秋,管中窥斑晓全豹。
事需少时忌言多,成于多处岂论少。

第四章

语文教学"多""少"结合之案例分析与点评

一堂经典的问题解决展示课

——中原名师王海东《老人与海》(节选)教学案例

课堂实录

一、问题引领,合作学习

1. 情境导入

(课前播放电影《老人与海》老人桑地亚哥捕获大马林鱼的经典视频片段,导入新课)

师:倒霉透顶的桑地亚哥连续84天一无所获,但他并不气馁,最后经过三天两夜的搏斗,终于捕获了一头一千五百多磅的大马林鱼,当他带着战利品返航时,命运与他开了什么玩笑呢?今天,让我们共同赏析《老人与海》的节选。

【评析】语文教学的"少"讲,要坚持启发性教学原则,在应用时,要求教师创设问题情境,启发学生思考。教学时,教师设置了一个激发学生兴趣的问题情境:84天一无所获→三天两夜的搏斗→捕获一头大马林鱼→带着战利品返航→命运又会与他开什么玩笑呢?通过启发性教学赋予课堂灵活性和创造性,学生思维的火花也就随之迸发了。

2. 明确学习目标

师:我们先看一下今天的学习目标。

课件出示:

(1) 知识与技能

速读并复述故事情节,理清小说脉络。

(2) 过程与方法

① 通过梳理情节来把握人物——桑地亚哥的硬汉形象。

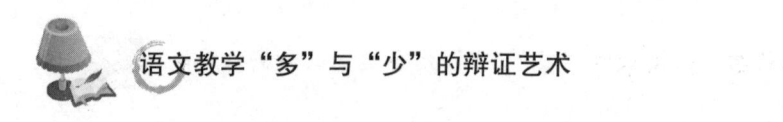

② 揣摩人物的内心独白，进一步理解人物丰富的内心世界和永不屈服的硬汉精神。

（3）情感、态度与价值观

感悟、学习桑地亚哥不屈服于命运的硬汉精神，树立积极向上的人生观。

师：下面有请学术助理蔡含笑同学上台主持。

【评析】学术助理的职责不仅仅是帮助教师收发作业而已，更重要的是能在有效教学的课堂上扮演主持人的角色，在教师的指导下组织学生开展有效学习。

3. 复述故事情节，理清小说脉络

学术助理：同学们，大家好！我是语文学术助理蔡含笑。这节课由我和大家共同合作，完成《老人与海》（节选）的学习任务。首先，我们赏析小说的三要素之一——情节。课前大家已经完成了《老人与海》的结构化预习，请用一个字概括节选部分的情节。

生：斗。

学术助理：如果用一个词概括节选部分的情节呢？

生：搏斗。

学术助理：如果用一句话呢？

生：老人桑地亚哥与鲨鱼上演五个回合的搏斗。

学术助理：对，这就是节选部分的情节线索。对于大多数小说，我们都可以用这种方式理清脉络。这一部分是整部小说的高潮部分，也是结尾部分，约占整部小说的六分之一。请大家速读文本，将表格补充完整。

（学生填写表格）

回合	第一次	第二次	第三次	第四次	第五次
攻击者	鲭鲨	铲鼻鲨	犁头鲨	铲鼻鲨	鲨鱼
数量	一条	两条	一条	两条	成群结队
作战工具	鱼叉	绑着刀子的桨	绑着刀子的桨	短棍	短棍、舵把
搏斗结果	杀死鲭鲨，鱼被吃掉大约40磅	老人手伤严重（淌血），大鱼被吃掉四分之一	杀死犁头鲨，刀子被折断	两条鲨鱼受了重伤，大鱼被咬烂一半	老人被"打败"了，大鱼只剩残骸

4. 小组合作探究问题

学术助理：理清小说的情节发展脉络后，下面我们进一步走进文本。工具单上围绕人物形象、心理描写、作品主旨给大家设计了四个问题。

课件出示：

问题1：《老人与海》成功地塑造了老人桑地亚哥这一硬汉形象，节选部分描写了桑地亚哥与鲨鱼五个回合的搏斗场面以及他丰富的内心独白，那么，这一形象有哪些鲜明特点给你留下了深刻印象呢？

问题2：老渔夫桑地亚哥是世界文学人物长廊中的一个不朽形象，课文节选部分除正面描写桑地亚哥与鲨鱼五个回合的搏斗场景外，用了几乎二分之一的篇幅来描写老人的内心独白，这样的描写有什么作用？请举例分析。

问题3：经过五个回合的搏斗，桑地亚哥最后拖回家的只是一副鱼骨架，骨架上唯一完整的是鱼头和漂亮的鱼尾巴。有人在为老人感到惋惜的同时认为老人的行为没有价值。对此，你有什么看法？

问题4：海明威在谈到《老人与海》的创作时说："没有什么象征意义的东西，大海就是大海，老人就是老人……马林鱼就是马林鱼，鲨鱼就是鲨鱼，不比别的鲨鱼好，也不比别的鲨鱼坏。"对此，你有何理解？

学术助理：下面给大家8分钟的合作交流时间，各小组根据展示分工表完成展示任务，讨论过程中有疑问的地方做好标记，准备发言。

题号	展写小组	展讲小组	质疑补充
问题1	2	8	全体同学
问题2	3	6	全体同学
问题3	5	4	全体同学
问题4	7	1	全体同学

二、小组展示，生生质疑

学术助理：有请第8小组代表展示他们对问题1的交流成果。

小组代表：不为困难所折服、坚忍、勇敢，这是老人桑地亚哥这一硬汉形象给我们小组留下的深刻印象。

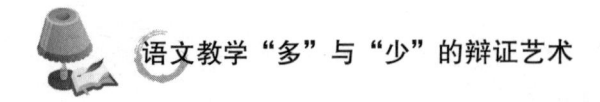

"可是一个人并不是生来要给打败的,你尽可把他消灭掉,可就是打不败他。"这是桑地亚哥的座右铭和精神支柱。他坚信,人在精神上是永远不会被打败的,人在生活中避免不了要面对种种磨难和挫折,但只要有永不言败的信念,总有一天会获得成功。

连续84天一无所获。后来,他独自一人出门远航,经过三天两夜的搏斗,终于捕到一条足有一千五百多磅的大马林鱼。然而,在归航途中,一条条鲨鱼陆续围了上来,一口一口地咬去大鱼身上的肉。死寂的大海,五个回合的搏斗,他忍受着疼痛、疲倦、饥饿和种种不适,但从来没有想过放弃。在筋疲力尽的情况下,他仍与鲨鱼搏斗,他一次又一次地用他那双伤痕累累的手将粗陋的武器刺进鲨鱼的头颅。即使最终的结果是只剩下那18英尺的鱼骨架,但他仍然是胜利者。从他的身上,我们看到了灵魂的尊严和硬汉的本色。

生(补充):自信乐观,拥有阔远宁静的心理素质,这是老人桑地亚哥这一硬汉形象给我们小组留下的深刻印象。

即使连续84天一无所获,老人在第85天出海的时候依旧充满希望地认为自己能够捕到大鱼。面对一次次的失败,一次次的空手而归,他始终没有灰心丧气,反而平静地接受了自己的命运,内心的信念从未因挫折而丧失。

老人的一生极为不幸,在加勒比海上打了一辈子鱼,老伴早已去世,无儿无女,生活困顿,只落得孤独而贫苦的晚景,但他是个乐天派,在极度困苦的环境中,依然表现出顽强的生命力和乐观精神。返航途中面对鲨鱼的一次次进攻,他用粗陋的武器与鲨鱼搏斗,一次次积极地自我暗示,"想点儿开心的事儿吧""也许结果会很好的""也许你的运气还不小呢"。他那昂扬、达观的精神令我们肃然起敬。

师(补充):惊人的内在力量和尊严,支撑他向困难宣战。

桑地亚哥历经风霜,饱受艰难,岁月在他身上留下了深刻的痕迹。苍老的容貌与充满活力的强大内心形成了鲜明的对比,桑地亚哥连续84天的背运及那条像"永久失败的旗子"的破船帆与他那"未被打败的"眼神相对峙,他那伤痕累累、血迹斑斑的肉体与他那双清澈愉快的眼睛相对比。

其背后是他蔑视一切困难与厄运的精神力量，这种力量源自人类灵魂的尊严。

桑地亚哥贫困而不寒酸，谦卑而不低贱，动作之中自有一股尊严，令人敬仰。无论环境多么艰难险恶，无论地位多么卑微，保持人的尊严是非常重要的。这种尊严不会由于财富的多寡、运气的大小而增减。

【评析】教师点评要一针见血，一语中的，要具有引导性、启发性、深刻性。这段点评性补充的语句，能够很好地引导学生对小说主旨深入思考，启发学生去思考"蔑视一切困难与厄运的精神力量……是源自人类灵魂的尊严"，从而深刻地分析了桑地亚哥的伟岸形象的精神内涵。

学术助理：好，经过大家的多维度分析，老人桑地亚哥的伟岸形象立体地屹立在我们面前，给我们留下了不可磨灭的印象。

学术助理：有请第6小组代表分享他们对问题2的交流成果。

小组代表：本文除了通过对老渔夫桑地亚哥与鲨鱼五个回合的搏斗场面的描写，还有大量的内心独白，它们真实地记录了桑地亚哥丰富的内心活动，写出了他在海上漂泊的心态，通过自由联想的方式，真实地再现了他的思想与感受。

譬如，"可是一个人并不是生来要给打败的""你尽可把他消灭掉，可就是打不败他"。

这是桑地亚哥的内心独白，也是整部小说的核心精神。它生动地揭示了桑地亚哥的内心世界和人生追求，也是作者人生观与价值观的反映。这句话意味深远：人生的使命是奋斗，是与命运进行不懈的抗争。人生下来虽然面临着种种自然与社会的挑战，也许这些挑战强大到足以把人的肉体消灭，但只要保持旺盛的斗志和在任何艰难险阻面前都不屈服的精神，就永远是胜利者。

再如，"想点儿开心的事儿吧，老家伙""丢掉了40磅鱼肉，船走起来更轻快些""只要我有桨，有短棍，有舵把，我一定要想法去揍死它们"。

这些内心独白充分展示了老渔夫桑地亚哥在面对鲨鱼一次又一次的袭击时虽然处境极端不利，但始终保持自信的态度和乐观、豁达的精神。

生（补充）：关于老人内心独白的作用，我们小组认为还有这两个方面：（1）体现老人无人援助的孤独。如他第一次与鲨鱼搏斗后，"剩下的

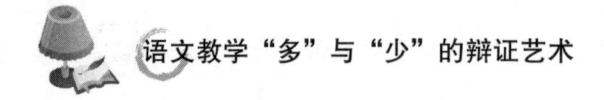

只有想想了"。（2）体现老人心地善良。如他觉得"把一条鱼弄死也许是一桩罪过"，认为鲨鱼和他一样靠吃活鱼过日子，鲨鱼是美丽的、崇高的。

教师补充，课件出示：

心理描写是指对人物在一定的环境中的心理状态、精神面貌和内心活动进行的描写，是小说塑造人物形象、刻画人物性格的重要方法。心理描写可以用第一人称，即描写人物的内心独白，直接写出人物的所思所想，让人物一无遮掩地吐露自己的心声；也可以用第三人称，即从旁观者的角度剖析人物的心理活动，揣摩人物的心理变化，揭示人物内心的矛盾冲突。

【评析】要想让我们的语文课堂高效生动，避免在课堂上左支右绌难以应对学生的问题，教师就必须在课前做足功课，正所谓"教师课前功夫：前'多'后'少'的高效"。在这里，提出老人的内心独白还有体现老人的孤独和心地善良，这无疑是合理的，而教师在这里对心理描写的多媒体展示，说明教师的备课是非常充分的，教师备课就要做到备而有用，备而能用。

学术助理：茫茫大海，一条小船，粗陋的武器，未知的危险时刻危及老人的生命，小说借助大量的内心独白展示了桑地亚哥丰富的内心世界，丰富了小说的情节，更丰富了桑地亚哥这一形象。

学术助理：有请第4小组代表谈谈他们对问题3的看法。

小组代表：我们认为，桑地亚哥是一个胜利者。大马林鱼虽然没有保住，但他捍卫了人的尊严，展示了人的力量。在搏斗中，老人一直都很自信，并遵循着一条生命法则："一个人并不是生来要给打败的，你尽可把他消灭掉，可就是打不败他。"为什么"打不败他"？桑地亚哥是一个真正的人，在逆境中是一个顽强的硬汉，他始终没有向大海、向大马林鱼和鲨鱼妥协。他不屈服于命运，表现出无与伦比的勇气，是一个胜利的失败者、一个失败的英雄。

生（质疑）：我们小组认为桑地亚哥最后遭遇了无可挽救的失败。在这场人与自然的惊心动魄的搏斗中，桑地亚哥付出了惨痛的代价，五个回合的搏斗后，他一无所有，"他知道他终于给打败了，而且一点儿补救的办法也没有"。

第四章 语文教学"多""少"结合之案例分析与点评

生（质疑）：我们小组认为桑地亚哥的行为不可取。前两次搏斗还有一些意义，但到了后来，大马林鱼几乎被吃光了，他又受了伤，在几乎没有武器的情况下还不懂得放弃，这实际上是对自己生命的轻视。虽然儒家强调"知其不可为而为之"的进取精神，但人生在世并不是凡事都要一争高下，有时候，"知其不可为而不为"不失为一种智慧的选择。

（学生鼓掌）

学术助理：看来，一石激起千层浪，仁者见仁，智者见智。关于这个问题，我们请老师谈谈。

师（总结提升）：人生的成功与失败不单单由结果来判断，也要看它的过程。人生虽然面临着种种自然与社会的挑战，但是只要保持不懈的努力与顽强拼搏的精神，就是胜利者。譬如在我们漫长的求学生涯中，不轻言失败，不轻言放弃，要有一种"知其不可为而为之"的进取精神。但我们又不能凡事都钻牛角尖，有时候不妨让思维转个弯。

【评析】教师既要少总结，也要会总结。教师少总结，就是要给学生留足思维空间，让学生去思考、去发现、得结果，让学生生成总结的思维过程。教师会总结，一是教师的总结要具有概括性，能够将学生的观点容纳其中，让学生感受到自己的发言也能够体现到教师的总结之中，从而让学生感受到教师对自己意见的重视，也能借此判断自己的回答是否正确，从而更好地调整自己的答题思路；二是教师的总结要有指导性，能为学生答疑解惑，尤其是对有争议性的问题，能让学生通过教师的总结，去疑驱难，拨云去雾见天日；三是教师的总结还要具有启发性、深刻性、发展性的特点。

教师补充，课件出示：

资料一：冰山理论（原则）最初是由西方心理学家弗洛伊德等人提出的人格理论，后来被海明威等人引入文艺创作领域，认为人的语言对人的思想的表达就好像冰山一样，只有八分之一在水上，还有八分之七在水下，也就是说，语言是不足以表达思想的。冰山原则在海明威小说中的表现就是用最简洁的语言来刻画最丰富的形象，而作者的情感和思想隐含在形象的背后。

资料二：作为"迷惘的一代"的代表，海明威参加过两次世界大战，目

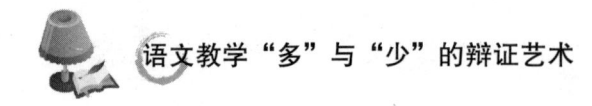

睹了太多的死亡,厌恶战争。人类在战争面前不堪一击,就像人类在自然界面前显得如此渺小和脆弱一样。战争深深地影响了海明威的创作基调,因此,他笔下的许多硬汉都遵循着一个生存法则:在生活中,就算不能取胜,也万万不可以认输。于是,我们看到桑地亚哥与鲨鱼的斗争是那么真实。

学术助理:感谢老师的总结和补充。

学术助理:有请第1小组代表谈谈他们对问题4的看法。

小组代表:根据海明威的冰山原则,虽然《老人与海》的创作有现实素材,但作品中出现的一系列意象还是有鲜明的象征意义的。

大海是生存环境的象征,也是老人与命运、自然抗争的角斗场。

大马林鱼是海明威心中的那个宏大的目标。

鲨鱼是挫折和磨难的象征,是追求目标过程中遇见的厄运与磨难。

狮子是力量和勇气的象征。

桑地亚哥的形象具有象征性的哲理意义,他不再代表他个人,他的行为也不再是个人的英雄主义,他的背后是人类永恒存在的价值:自信、自强和自尊,象征了永不屈服的人类精神。他激励人们向困难和死亡挑战,他的行为准则就是拼搏,就是决不屈服。

三、拓展延伸,评价指导

学术助理:同学们,通过大家的共同努力,老人桑地亚哥的伟岸形象立体地呈现在我们面前。老人桑地亚哥是海明威塑造的一系列硬汉形象的最后一个,海明威也凭借《老人与海》于1954年获得了诺贝尔文学奖。下面我们进行课堂小练笔,请大家代表诺贝尔颁奖委员会为老人桑地亚哥写一段颁奖词。

(学生小组讨论,写颁奖词,然后在全班分享本小组的颁奖词)

学术助理:最后让我们齐声朗读我们全班为老人桑地亚哥写的颁奖词,以表达我们对他的崇高敬意。

课件出示颁奖词:

84个日夜的孤独坚守,直到昨日的恍然收获,纵然只剩一副硕大的马林鱼骨架,那也是英雄与伟岸的象征。一位沧桑老者,在走投无路之时,唯有与鲨鱼殊死搏斗,没有扼腕叹息,没有逡巡惶惑,只有奋力地一搏再搏，向我们证明了——人，只能被消灭，不能被打败。海水般的蓝色眼睛，是您的精神闪烁；布满伤疤皱痕的双手，是您的意志镌刻。在拂晓时分的海岸，您屹然化作人类不屈的精神丰碑！

向您致敬，桑地亚哥！

四、归纳总结，知识升华

学术助理：这一节课，同学们准备充分，讨论激烈，展写小组的展写内容丰富、规范，李笑菡、赵佳艺同学的展讲深刻，条理清晰，宋云昊、吕雪原同学的质疑补充非常有价值。对以上同学的积极表现特提出表扬，每人量化赋分5分。下面有请老师总结点评。

师：同学们，这一节课我们在学术助理的带领下，出色地完成了对《老人与海》节选部分的赏析，同学们的课堂表现令人刮目相看。一位老人，一个世界，一种精神，砥砺我们奋然前行，永不言弃。我想，这就是老人桑地亚哥给我们留下的宝贵的精神财富。

【评析】一段点评，言简意赅；一句总结，砥砺人生。

学术助理：课后请以"桑地亚哥，我想对您说"为题，写一篇不少于800字的文章。

教学反思

新课标提倡"自主、合作、探究"的学习方式，要求把课堂的主动权还给学生，发挥学生的主体性。合作学习有利于学生在互动中提高学习效率，培养合作意识和团队精神。我鼓励学生在个人钻研的基础上，积极参与讨论及其他学习活动，善于倾听、采纳他人的意见，学会宽容和沟通，学会协作和分享。

在这篇课文的讲授中，我尽量避免"满堂灌"，尽量少讲授，做到以学生为主体，教师为主导。在课堂教学中，教师要设法让学生动起来，参与学习，积极思考，解答问题，要引导学生学会如何去感悟作者的情感，

语文教学"多"与"少"的辩证艺术

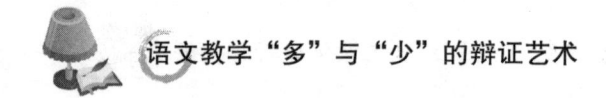

如何去发现问题、解决问题,引导学生学会抽取、概括信息。同时还要给学生表现的空间,提高他们在语文课上的听、说、读、写能力。为此,教学中我多采用逐层提问式、讨论式的方法,让学生逐步深入思考,体会到自己是课堂的主人,而不只是听课、记笔记而已。

在教学过程中,我尽量避免"给结论",尽量多启发,引导学生去探索发现、归纳总结。能交给学术助理的事情就交给学术助理去做,自己不过多地干预。学术助理请同学们用一个字概括节选部分的情节,这一个字不可谓不少,但一个字又包含着极大的信息量,需要学生认真把握课文情节,并能够深入分析、凝练归纳。学术助理还注意引导学生静心快速阅读、复述故事情节,并补充表格内容,理清小说脉络。

本节课的教学,学生参与教学过程较多,我尽量避免课堂出现"散、乱、松"现象,注意教学方向、课堂节奏等的掌控。小说类文学作品教学的首要目标,应是教会学生学习方法。我引导学生研读课文、分析人物形象、欣赏文中精彩的人物描写,使他们透过人物描写来体会小说主人公的性格特点。

语文教学要多关注文本,注重对文本的探索解读。分析小说中的人物形象时不能脱离文本,切忌抛开文本架空分析。本课教学,通过梳理情节来把握人物——桑地亚哥的硬汉形象;通过揣摩人物的内心独白,进一步理解人物丰富的内心世界和永不屈服的硬汉精神;通过感悟、学习桑地亚哥不屈服于命运的硬汉精神,学习他"面对困难时勇往直前,永不服输"的高贵品质,使学生养成遭遇挫折时永不服输的精神,树立积极向上的、乐观的人生观。

分析点评

学本课堂,课改方向

王海东老师可以说是我们河南语文教学界的风云人物,是首届中原名师,也是省教育教学专家。我早就听说王老师在漯河高中进行了一场声势浩大、效果卓著的学本课程改革。以前也听过王老师的课,但这一次听课，应该说是观课，还是极大地震撼了我，使我感觉到学本课堂应该就是新课程改革的一个方向。

《老人与海》这节课真实地体现了素质教育思想和新课程理念，符合新课程改革的要求和特征，实现了教学方式的转型，达成了教学目标，体现了自主性、合作性、问题性、生成性、体验性等特点，值得我们学习和交流。我觉得这节课有这样几个亮点。

一、教师语言少而精，学生发言多而妙

一节课下来，王老师总共发言五六次，而且每次时间都不长，但注重学法指导，体现出较强的服务意识，常常是一语中的，探骊得珠，解读精准，指点到位。整节课都是学生在热烈地讨论、积极地发言、有效地互动，精彩迭出，亮点频现，我感觉这才是真正的学本课堂。

二、课堂结构少而简，学生思维多而深

这节课的课堂结构很简洁、很紧凑，不蔓不枝，没有旁逸斜出。学生能围绕主题，深入思考，深层探索，质疑有深度，回答有内涵，课堂上既有思想的碰撞，也有触及灵魂的反思。

三、教师像教师少，学生像教师多

在课堂上，教师像学生，学生像教师。教师角色完美转型，教师能够走向小组，走进学生，为学生的学习提供智慧性指导，不仅是课堂教学的引导者，更是课堂教学的参与者，甚至成了学习者，而学生成了教授者，成了主持者，学生的主体地位真正得以体现。

这节课也体现了王老师的大胸怀、大境界。为什么这么说呢？因为他在公开课上不是尽力展示自己，而是隐退到学生之中，甘愿做一片绿叶，让学生尽情抒发自我、展示自己。

（点评人：河南省基础教育教学研究室教研员　申雪燕）

语文教学"多"与"少"的辩证艺术

语文教学联欢会，多少真味欢笑中

——全国百佳语文教师张荣谦《金铜仙人辞汉歌》教学案例

课堂实录

师：教学改革冲在前，语文课堂扬风帆。同学们，我们的学习口号是——

生：六班六班，勇往无前；学议结合，探展点练；学本课堂，卓越发展！

师：很好。下面掌声有请我们今天的学术助理。

【评析】有效教学背景下，讲台是学生展示的舞台，把课堂交给学生，体现了学生的主体地位。

一、课后与课前衔接活动

学术助理甲：同学们，这里活色生香，瑰宝珍奇应有尽有；这里峰回路转，各色旖旎的风光美不胜收。在这里，想象和现实交相辉映，诗情和画意共长天一色，古典和现代竞相媲美，哲理和浪漫并肩前行。

学术助理乙：欢迎走进高二（6）班的语文课堂。首先公布已学课课后活动招标结果。（大屏幕公布中标小组和亲友小组）

课件出示：

活动名称	主讲小组	亲友小组
课后拾萃	8	5
课后拾趣	3	6

【评析】课后活动招标，这是一个亮点，虽然它不是本课的主要学习内容，但课后招标活动能够极大地增加学生的竞争意识，提升学生学习语

第四章 语文教学"多""少"结合之案例分析与点评

文的兴趣，从而让学生更好地学习语文。语文课堂的这种"旁逸斜出"，并不多余。

学术助理甲：下面请主讲小组小组长主持，进行3分钟展讲讨论。

【评析】学生主持课堂，不是简单地将教师讲换成学生讲，也不能出现某一学生或某些学生"一言堂"的状况，要学会分"权"——既要分教师教学之"权"，也要分学术助理讲授之"权"。

学术助理乙：首先请第8小组和第5小组为我们展讲——

1. 课后拾萃

小组主持甲：大家好，请仿照例句，选择一位古人写一段优美文句。

课件出示例句：

当一个人怀疑自己的时候，他忘记了建立自信是一种习惯；

当一个人浑噩度日的时候，他忘记了阅读好书是一种习惯；

当一个人悲观失望的时候，他忘记了满怀希望是一种习惯；

当一个人志得意满的时候，他忘记了谦逊为怀是一种习惯。

小组主持乙：下面为大家精彩呈现。

（学生展讲）

学术助理甲：感谢第8小组和第5小组的展讲。爱国诗人陆游曰：汝果欲学诗，工夫在诗外。接下来请第3小组和第6小组带来诗外功夫——

2. 课后拾趣

小组主持：我给大家讲一个诗词趣事——

相传，北宋大文豪苏东坡脸长，其妹子出句嘲笑他："昨日一滴相思泪，今日方流到腮边。"

苏东坡反唇相讥："莲步未离香阁下，额头已到画堂前。"

苏小妹不甘示弱，又笑哥哥的满脸胡须："欲叩齿牙无觅处，忽闻毛里有声传。"

据说，苏小妹为了找到如意郎君，曾以文选婿。当时消息一传出，呈文求婚者不计其数。其中有一豪门公子叫方若虚，他对苏小妹倾慕已久，闻讯后连忙应选。他呈上得意诗文若干篇，谁知苏小妹一看，淡如白水，便提笔在上面批了一联：笔底才华少，胸中韬略无。

苏东坡看到苏小妹的对联，可急坏了。方府豪门是得罪不起的，为了避免是非，便悄悄在苏小妹的联语后面各添一个字，把对联改成：笔底才华少有，胸中韬略无穷。

方若虚读后真是欣喜若狂，他急于要见苏小妹以表衷肠。苏东坡知道苏小妹根本看不上他，生怕玩笑开大了不好收场，急忙托故阻止，说："我妹妹文才是有些，但其貌不扬，脸长，额突，不信我给你念首诗便知：去年一滴相思泪，至今未流到腮边。未出房门三五步，额头先到画堂前。"

方若虚不知是苏东坡在骗自己，还真以为苏小妹很丑，于是怏怏地走了。

【评析】这种风趣幽默，是学本课堂独具的，是教师难以做到，甚至不能做到的。教师"还教于生"，学生常常还教师以惊喜。

学术助理甲：已学课活动如此精彩，新学课活动必然妙趣横生。

学术助理乙：接下来，请继续步入诗歌殿堂，感受别样的美丽。

学术助理甲：如果说苏轼兄妹唱了一曲谐趣的歌，那边塞军旅诗就是一曲铿锵的歌，而咏史怀古诗则是一曲幽愤的歌。

学术助理乙：苏家多谐趣，才情横溢；长吉有鬼才，诗境瑰奇。这一课，我们将为您开启一段历史之旅。

学术助理甲：这一课，我们将共同学习——

合：《金铜仙人辞汉歌》。

二、课前拾疑

学术助理乙：通过这一课的学习，我们将解决哪些问题呢？请看大屏幕。

（课件出示本课教学目标、教学重难点）

教学目标：

1. 了解李贺的生平及其思想意识；

2. 体会诗歌奇崛幽峭、秾丽凄清的浪漫主义风格；

3. 把握诗歌奇特的比喻和拟人的表现手法。

教学重难点：

1. 教学重点：体会诗歌奇特的表现手法。

2. 教学难点：把握诗歌及作者的思想内容。

三、课中拾慧与课中拾美

学术助理乙：接下来请主讲小组学科长主持，进行5～7分钟探究。

【评析】语文教学"少"的艺术的思想体现了教的出发点和归宿都落在学生的学上，教师在课堂教学中要突出学生的主体地位，尊重学生的独立人格，使学生成为学习的主人。在这里，学术助理又请主讲小组学科长主持，多名组员参与，突出了学生的主体地位，真正让学生成为学习的主人。

学术助理甲：首先请欣赏第4小组的朗诵。

（第4小组配乐朗诵）

小组主持人：知人生略知心境。请第2小组为我们带来作者简况和创作背景。

生：李贺，字长吉，以乐府诗著称，极具浪漫主义风格。其诗作修辞手法极其多样，其中《李凭箜篌引》与白居易的《琵琶行》、韩愈的《听颖师弹琴》并称"摹乐三至文"。后人称其诗体为"长吉体"，多写神仙鬼魅，好用"死""老""冷"等字，又被称为"诗鬼"。

生：并序常为记叙，背景多有联系。请看本诗小序——

魏明帝青龙元年八月，诏宫官牵车西取汉孝武捧露盘仙人，欲立置前殿。宫官既折盘，仙人临载，乃潸然泪下。唐诸王孙李长吉遂作《金铜仙人辞汉歌》。

由序可见——帝欲求仙。

生：再看史实——安史之乱后，唐王朝一蹶不振。宪宗虽号称"中兴之主"，但实际上他在位期间，藩镇叛乱此伏彼起，西北边陲烽火屡惊，国土沦丧，疮痍满目，民不聊生。诗人那"唐诸王孙"的贵族之家也早已没落衰微。

生：由此可见，诗人的心情很难平静。他急盼着建立功业、重振国威、光耀门楣、恢复宗室地位，却不料，皇帝一心求仙，国事荒废。诗人到处碰壁，仕进无望，报国无门，最后不得不含愤离去。这首诗咏叹的虽

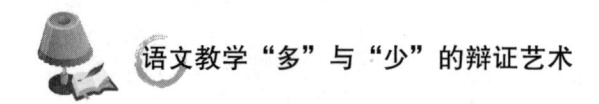

是历史，抒发的却是交织着家国之痛和身世之悲的凝重感情。

学术助理甲：境何其似，情何以堪？下面开始诗歌详解。

学术助理乙：接下来请第 5 小组为我们赏析诗歌内容——

1. 课中拾慧

【评析】好！有此环节，课堂内容安排自可详略得当、多少随心。多可加专题，少可一两语，灵活机动。

生：先看前四句。请看这几组词语——

刘郎——秋风客（汉武帝像秋风落叶般倏然离去，留下的不过是茂陵荒冢。用了比喻的方法）

夜闻马嘶——晓无迹（显示时代更迭的倏忽，用了夸张、对照的手法）

画栏、桂树、秋香——三十六宫、土花碧（繁华与荒凉，用了对比的手法）

通过丰富的表现手法叹息韶华易逝、人生难久、生命短暂、世事无常，寄寓了对历史兴衰的感慨。

生：再看中间四句。中间四句写金铜仙人初离汉宫时的凄婉情态。

先写史实。诗人故意去掉史书上"铜人重不可致，留于霸城"的情节，将"金狄或泣"的传说加以发挥，在金铜仙人身上注入自己的思想感情。"酸""射"二字，通过金铜仙人的主观感受，把彼时彼地风的尖利、寒冷、惨烈等情形及悲伤之情生动地显现出来，主观的情和客观的物已完全糅合在一起。接下来塑造形象。事情明明发生在三国时期而称月为"汉月"，抒发的显然是一种怀旧的感情。这种感怀旧事、恨别伤离的神情是"人性"的表现，而"铅水"又与铜人的身份相适应，显示了其"物性"，成功地塑造出金铜仙人这样一个奇特而又生动的艺术形象。

生：再看后四句。金铜仙人此番离去，正值月冷风凄，"咸阳道"一派萧瑟悲凉的景象，送客的唯有路边的"衰兰"，同行的旧相识也只有手中的承露盘而已。

这里用"衰兰"的愁映衬金铜仙人的愁，亦即作者本人的愁。"天若有情天亦老"这句话有力地烘托了金铜仙人以及作者艰难的处境和凄苦的情怀，意境辽阔、高远，感情执着、深沉，不愧是千古名句。

这首诗以神奇的想象写金铜仙人辞别汉宫时的悲凉心情和对故主的留

恋，抒发了历史兴亡之感，寄寓了沉痛的家国和身世之痛。欣赏此类诗，把握景情关系是关键，并要学会分析诗中形象的艺术特征。

学术助理甲：请老师点评。

2. 课中拾最

师：第5组的讲解步步深入，重点突出，很好。但我觉得还有最重要的一点没有讲到。

【评析】画龙点睛。教师要少讲，一旦开讲，就要抓住关键，重点上要凸显，难点上要突破，广度上要开阔，层次上要深入，境界上要提升。

师：姑且称之为课中拾最吧。欣赏此诗，最妙的是情景置换的艺术。作者一句一景，句句含情，虚实转换间回环往复，给人柔肠百转、肝肠寸断之感，金铜仙人的形象跃然纸上，呼之欲出。再加上作者巧妙对写，情景在变，人也在变，转眼间犹如执手相看，无语凝咽，更添三分离合悲欢。所以读此诗，虽感情悲重，怨情洋溢，却没有怒目圆睁、气息雷鸣的感觉；而是刚柔相济、恨爱互生，将爱国之挚切与国乱之悲切完美交融。这就是情景置换的妙处。

学术助理甲：咏史有真意，抒怀寄心曲。感谢第5小组的展讲和老师的点评。

学术助理乙：接下来请第6小组为我们总结咏史怀古诗的特点和鉴赏之要。

生：咏史怀古诗的特点：对历史人物、事件进行叙述、评价，或对国家沧桑、兴旺抒发慨叹、感想，都是为了寄托个人怀抱。所以，在鉴赏此类诗歌时，一要弄清作品所涉及的历史事实、有关人物和典故；二要揣摩历史，了解古人意图所在；三要联系作者身世和时代背景，推敲作者的态度。另外还要熟悉咏史怀古诗的主要情感和手法。

1. 主要感情

（1）沉思沧桑，国运衰微，昔胜今衰，怀古伤今。

（2）讽喻当政，以资政道。

（3）怀才不遇，壮志难酬，忧国伤时。

（4）追慕古贤，表达敬仰，渴望建功或功业无成。

（5）理性思考，发表见解，归纳规律。

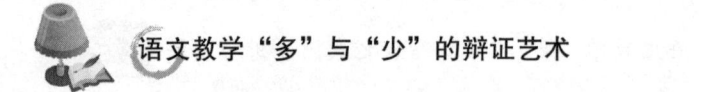

2. 主要手法

用典、对比、借古讽今、吊古伤今、联想想象、虚实、比喻、比拟。

学术助理甲：感谢第6小组的总结。感谢大家，这节课我们就为大家主持到这里。

学术助理乙：下面请张老师为我们这节课做总结。

师：非常感谢两位学术助理的精彩主持和诸位同学的个性展讲。同学们，教育家韩愈说：弟子不必不如师，师不必贤于弟子。而我要说：学习不一定需要老师，但老师一定需要学习。同学们今天的表现很好，超出我的设计，超出我的想象。我为你们点赞！本课的学习到此结束。下面，我布置一下作业。

四、课后拾零

1. 课后拾读

让学生扩展阅读。

2. 课后拾训

让学生完成拓展提升单。

3. 课后三拾

分为课后拾萃、课后拾遗、课后拾趣，让学生继续深入拓展学习。

师：下课。

【评析】这一课可谓亮点频现，妙处俯拾皆是，课后拾萃，拾取精华；课后拾趣，拾取理趣；课前拾疑，拾取疑难解答；课中拾慧，拾取课中智慧；课中拾最，拾取课中最美；课后拾零，又包含课后拾读、课后拾训和课后三拾，可谓：一课精华多，俯拾即收获；学本有风景，多少任由说。

教学反思

这节课中，我坚守的原则就是"多放权，少干涉"。一节课下来，收获很多。

第四章 语文教学"多""少"结合之案例分析与点评

情感激发是课堂保持鲜活生命力不可缺少的重要环节。如果没有情感激发，就很难引导学生领悟到古代诗歌的真正内涵。所以在本课开始之前，我和学术助理在研讨本课教学时确定的课后招标的教学环节，既是对上一节课知识的总结回顾，也是为了激发学生主动学习、参与学习、积极学习的兴趣。从实施效果来看，这一举措还是相当有效的，学生的激情被很好地激发了。

信息技术手段使学生对古代诗歌的感知和理解更加容易。多元素的调动，多层次的感受，很容易让课堂变成体验课，积极的情感体验能助力学生更准确快捷地把握重难点。

微课的精细化、精尖化使教与学巧妙地融为一体，减轻了学生的负担，使学生的自主性得到更好的发挥。在微课研讨时，学术助理请主讲小组学科长主持，组内成员进行5~7分钟探究，就是采用了将学习研讨的重心下移，将学习过程精细化、研讨问题精尖化的实施策略。

课下，我和学生对课堂的组织结构进行了研讨，对课堂的组织结构进行了如下安排：

课前有"一拾"：课前拾遗。

课中有"二拾"：课中拾慧与课中拾冀。

课后有"拾零"：课后拾读（扩展阅读）、课后拾训（拓展提升单）和"课后三拾"。"课后三拾"又包括课后拾萃、课后拾遗、课后拾趣。

这些教学环节的安排，新颖别致，可操作性强，可掌控性强，对学生的学习成长有极大的促进作用。

分析点评

教学多少事，都付笑谈中

高高举起的手，争先恐后的发言，神采飞扬的眼神，才华横溢又幽默风趣的学术助理，与其说这是一节语文课，不如说这是一场文艺联欢会。

课堂的形式是令人震撼而惊喜的。作为旁观者的我，禁不住也想要投

语文教学"多"与"少"的辩证艺术

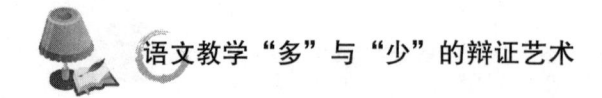

身其中。我知道，课堂要注重内容，注重知识的传承，注重思维的开发，不能徒有其表、徒有其形。但如果内容的甲壳坚硬死板，令人望而生畏，引人厌烦不已，那又有多少人愿意或能够获得这些内容？如果知识的传承过于枯燥，让人厌烦，那知识又如何能够传承？思维的开发，就是希望思维不拘一格，但如果思维的开发有太多拘泥，那要如何开发呢？

这节课以学生喜闻乐见的形式，发挥主持人的智慧，带动全体学生的情绪，以一种联欢的态度，满载一船星辉，在星辉斑斓里放歌，向语文学习更深处漫溯。

本课教学用联欢的形式，带动学生学习语文的情绪，增添语文学习的情趣，搅动语文教学的一池春水，让它波澜起伏，让它激流涌动，让它激情澎湃，让它乱石穿空，让它催生出一场天翻地覆的语文教学革命。这是语文课堂吗？这不是语文课堂吗？没有人能给出一个确切的答案。但我想，语文课堂绝不是沉闷无聊、中规中矩的代名词，语文课堂就不应该拒绝狂欢。我们应该让学生在快乐幸福中，把语文学习进行到底。这节课不就是如此吗？

在这场知识的狂欢中，让我印象最深、感受最深的，是对课堂内容讲授多少的把握。这节课对教学重难点、拓展点，可以说讲解得很到位。如对前四句的解读中第5小组的讲解，"先写史实"—"再发挥想象"—"接下来塑造形象"—结语—点评，深刻而到位。同学们在快乐的形式中领悟到深刻的内涵——形式是美的，讲解是深的，知识是实的，掌握是牢的。

一节"台词"少到让教师成配角的优质课

——河南省骨干教师张旭《项链》教学案例

课堂实录

一、概括

师：请同学们读这篇课文，弄清故事情节，写出200字左右的故事梗概。写完后组内交流，每组选一篇最完整、简洁、流畅的故事梗概，由其作者面向全班诵读交流。

【评析】语文教学"少"的艺术中的发展性原则，就是教师要根据学生学习的个性特点，在学生现有学习水平的基础上，为学生预设发展目标，对学生实施突破性引导或提升式培训，为学生构建学习台阶和攀登的梯子，从而把学生的智力、情感提高到新的发展水平。每组选一篇故事梗概，由其作者面向全班诵读交流，这无疑是一个能引起学生极大兴趣，调动学生积极性的有效方式，符合发展性原则。

（全班学生立即"动"起来，或认真阅读，或凝神思索，或奋笔疾书，接着，学习小组内互相交流、讨论，确定本组的"代表作"）

师：下面我们从中选取三个"最"有特色的"代表作"。

【评析】三个"最"，足以让作者自豪。

1. 最简洁的故事梗概

第二组学生甲：《项链》写的是一个小公务员的妻子玛蒂尔德以十年的含辛茹苦去赔偿一条借来的假项链的悲剧故事。

2. 最流畅的故事概梗

第五。组学生乙：小公务员之妻玛蒂尔德为参加晚会借了一条项链，

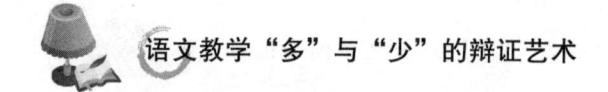

戴着项链在晚会上出尽风头，回来时却发现项链丢失，四处举债买项链归还，用十年青春偿还所借款项后，却得知那条项链原来是赝品。

3. 最有才气的故事梗概

第三组学生丙：

一夜风头出尽，项链成锁链。

十年辛酸熬完，饰品是赝品。

二、讨论

1. 我眼中的玛蒂尔德

师：同学们概括得很好。读小说，弄清故事情节是第一步。情节就是人物的命运遭遇。作者不是为编故事而编故事，情节是为人物形象的塑造服务的。设计情节，就是为人物活动创造空间，搭设舞台，让人物在不同的条件之下去思考，去选择，去行动，从而把人物的性格、精神呈现出来。小说以项链为线索，女主人公在项链得失中尽显风采，成为外国文学史上不可多得、独具特色的女性形象。请同学们立足作品，用自己的眼光来看待人物，以自己的头脑来分析人物，真诚地谈一谈你眼中的玛蒂尔德。给大家8分钟的思考、讨论时间，之后请大家各抒己见。发言时请注意不要重复同学已讲过的观点。

【评析】语文教学"少"的艺术，是为了增加学生学习的时间。教师在教学中只是创设一种鼓励学生自我构建知识的学习环境，提供多元化的信息和学习经验，为学生构建积极主动探究的开放的学习方式。凡是学生自己能学会的，就引导学生自己学，凡是学生能动手操作的，尽量让学生自己动手，从而让他们积极参与、独立思考、合作交流、自主探究、分享应用，形成乐学、多学、会学的良好局面。张老师在这里，用"自己的眼光""自己的头脑""你眼中""8分钟的思考、讨论时间""各抒己见"等语句，很好地体现了这些思想。

生：玛蒂尔德是一个生长在小职员家庭里的平民女子，但她认为她的美丽、丰韵、娇媚可作为她的出身和门第，因此她生活在理想和现实分裂的状态。她不满现实，心高气盛，生活在奢华的幻想之中，想入非非，不

第四章 语文教学"多""少"结合之案例分析与点评

安于现状。丢项链是偶然的,是导致她人生悲剧的直接原因,她对生活不切实际的追求才是她人生悲剧的深层原因,从这点来看,她的人生悲剧是必然的。

生:玛蒂尔德性格中有爱慕虚荣、贪图享受和想入非非的一面。但是,我觉得这个人还是善良、诚实的。这主要体现在项链丢失后她的反应上。项链丢失后,她想的是如何赔偿,她虽然又急又怕,但并没有不良的念头,如赖着不还,买个假的还上,逃之夭夭或靠堕落还债,等等。

生:我认为玛蒂尔德性格中还有坚韧、能吃苦的一面。丢项链导致她背上巨额的债务。面对生活的风云突变,玛蒂尔德选择了勇敢面对。下面我读几段文章中的原话证明我的观点。

路瓦栽夫人懂得穷人的艰难生活了。她一下子显出了英雄气概,毅然决然打定了主意。她要偿还这笔可怕的债务。她就设法偿还。她辞退了女仆,迁移了住所,租赁了一个小阁楼住下。

她懂得家里的一切粗笨活儿和厨房里的讨厌的杂事了。她刷洗杯盘碗碟,在那油腻的盆沿上和锅底上磨粗了她那粉嫩的手指。她用肥皂洗衬衣,洗抹布,晾在绳子上。每天早晨,她把垃圾从楼上提到街上,再把水从楼下提到楼上,走上一层楼,就站住喘气。她穿得像一个穷苦的女人,胳膊上挎着篮子,到水果店里,杂货店里,肉铺里,争价钱,受嘲骂,一个铜子一个铜子地节省她那艰难的钱。

师:刚才同学们的发言很精彩。玛蒂尔德这个人物的性格是多层面的,她既有爱慕虚荣、想入非非的一面,又有善良、诚实、坚韧的一面,在生活的激流里,她终于历练成为一个心态平和、脚踏实地的女性。作者没有静止地、平面化地刻画人物,这篇小说人物形象的刻画是非常成功的。

【评析】教师在此"静待花开",给了学生思考的时间和思维的空间,让学生拥有一个独立的、完整的思维过程,等学生做完总结,再来点拨总结,体现了语文教学艺术"少"的思想:教师做结论少,变"说结论"为"得结论"。

2.《项链》的主题

师:我们鉴赏一部小说,不能仅仅停留在故事情节的枝枝叶叶上,还

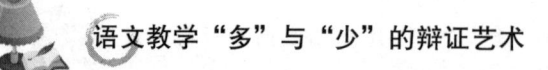

要透过这些枝叶，去仔细寻味人物是怎样生活、思考、爱憎和追求的，仔细寻味生活这棵常青树的根，仔细寻味人生的真谛。这就是作家通过故事、人物要传达给我们的东西，这也是一篇小说的灵魂。小说不是论文，它的主题思想不能直说。好的小说总是把思想隐藏在形象深处。请大家结合玛蒂尔德这一内涵丰富、复杂的形象，结合玛蒂尔德的人生悲喜剧，谈一谈自己读完这篇小说后对人生的认识。

【评析】深入学习，需要学生积极地探究、反思和创造，能够批判性地学习，能够将已有的知识迁移到新的情境中，做出决策，解决问题。教师的话为学生提供了一把深入学习、深入探究的智慧之镐。

（学生陷入紧张的深思之中，有的在小声地讨论，有的在书写提纲。5分钟后开始有学生发言）

生：我认为这篇小说是批判虚荣心的，玛蒂尔德就是因受虚荣心的侵蚀而丧失青春的悲剧典型。做人应当脚踏实地。

生：我不同意他的观点。作者在作品中并没有流露出对玛蒂尔德的批判。作者在文中有这样一段话："人生是多么奇怪，多么变幻无常啊，极细小的一件事可以败坏你，也可以成全你！"我认为这一段话正是作者想告诉我们的人生哲理：人生无常，人应该谨慎行事，遇事三思而后行。

生：高尔基说，小说是"时代的生活和情绪的历史"。我们评价小说的人物形象，思考小说的思想意义，不应该就人论人、就事论事，而应该把人和事放到特定的社会时代背景之中。玛蒂尔德是资本主义社会的产物。我认为莫泊桑写《项链》是为了批判当时社会上追求享乐、追求虚荣、骄奢淫逸的恶劣的社会风气。玛蒂尔德的悲剧，正是这种社会风气影响的结果。

师：《项链》的主题是丰富的。同学们从不同的角度谈了对这部作品的思想意义的认识，都很有道理，很好。还有一点值得肯定，那就是同学们的立论都是从课文出发的，这很好。阅读文本是我们立论的基础。这一忠实于作品的原则，我们应一直坚持。

【评析】教师要善于发现学生发言中闪现的思维灵光，多鼓励学生，激发学生进一步思维、深入发言的欲望。

三、表演

师：本文的结尾设计非常巧妙："唉！我可怜的玛蒂尔德！可是我那一挂是假的，至多值五百法郎！……"小说到此戛然而止，这个出人意料却又在情理之中的结尾给我们留下了丰富的想象空间。下面，我们来表演一个小话剧。时间关系，不能让每个小组都上来表演，我们请第1、2、3小组表演，其余四个小组就他们的表演做出点评。表演题目：玛蒂尔德得知项链是赝品之后。表演时间控制在4分钟左右。现在请大家准备，哪个小组准备好了，就请登台表演。

【评析】学生是学习主体，教师是学习主导。这里，"表演"是对课本的自主解读，"点评"是对课本的深入分析，做好课堂导向，让课堂变学堂。

（教室里一下子炸开了锅。学生你一言我一语地展开讨论，想象玛蒂尔德的反应，她的语言、表情、心理……教师也参与到一些小组的讨论之中。5分钟后，第2小组的学生率先走上讲台，开始表演）

1. 第2小组学生表演

定定地站着，眼睛一动也不动，神情木然。好一会儿，突然爆发："假的……项链？假的！假的！"看着自己的手，仿佛手上长满了老茧，"十年啊！十年！假的？怎么会是假的？……"一边念叨，一边神情恍惚地走下讲台。

2. 第1小组学生表演

男（走上讲台，手里拿着一张报纸）：债终于还完了。我路瓦栽终于可以清闲地看看报纸了。咦，玛蒂尔德怎么还不回来呢？

女（一脸灿烂的笑容，风风火火地冲到讲台上，做开门的动作，冲着饰演路瓦栽的男同学）：假的，亲爱的，原来是假的！

男（一脸迷茫）：什么假的？你在说什么呀？

女：项链。佛来思节夫人十年前借给我们的项链是假的，至多值五百法郎。

男：真的？

女：千真万确，是她亲口告诉我的。

男：假的，玛蒂尔德，怎么可能？可是……可是玛蒂尔德，我们赔给她三万六千法郎，三万六千法郎呀！

女：是的。怎么办呢？她会还给我们吗？……一定要讨回来！

男：是的，一定要讨回来。不行就打官司。

（两位学生走下讲台）

3. 第 3 小组学生表演

（一名男生和一名女生一起走上讲台，男生手里拿了一张十元的人民币）

女：佛来思节夫人真好。真不愧是我的老同学呀，居然主动退回了三万五千五百法郎！亲爱的，我们有钱了，我们有钱了！

男：是啊，我们有钱了。今后怎么办呢？

女：我们要买一栋新房子，买崭新的家具，雇一个仆人。噢，对了，还要给你买一把猎枪。

男：亲爱的，我们是要把这房子换一换。可是，我们要计划好，我们要让我们的孩子享受上等的教育。

女：是的，是的，我们要计划好，十年啊！我们不能再有差错，我们要过好日子。

4. 其他小组评论

生：我觉得第 2 小组同学的表演很逼真，但是玛蒂尔德发疯似乎有点不合情理。因为根据小说情节的发展，十年的艰苦生活已经让玛蒂尔德变成了一个脚踏实地、坚韧顽强的妇女，她发疯的可能性不大。

生：第 2 小组同学的想象很合理，但是表演不到位。

生：第 3 小组的想象比较符合现实，符合原作人物性格发展的轨迹。

师：想象是快乐的，我相信大家刚才随着这些同学精彩的表演，都张开想象的翅膀，做了一次快乐的旅行。一千个读者，就有一千个哈姆雷特。作者将故事叙述到高潮后戛然而止，这正是作者的高明之处。假如再写下去，就剥夺了我们想象的权利，让我们接受唯一的结局，一千个读者，就只能有一个哈姆雷特了。法国文学评论家圣·勃夫说："最伟大的诗人并不是创作得最好的诗人，而是启发得最多的诗人……他留下许多东西让你自己去追索，去解释，去研究。"相信大家会从这句话中得到启发。

【评析】 不做结论，也许就是最好的结论——少到无言意最深！

四、小结，布置作业

师：同学们，小说是生活容量最大的一种叙事文学形式。优秀的小说入情入理而又生动逼真，给人提供了一个个精彩的生活画面，成为引导读者认识社会和体验人生的导师。小说是靠形象说话的，玛蒂尔德这个艺术形象的塑造是很成功的，她是一个性格内涵丰富的人物，这也就决定了《项链》这篇小说主题的多层次性。今天这节课，同学们通过阅读、思考、讨论和表演初步认识了《项链》这部伟大的作品，好的作品是常读常新的，只要我们深入阅读，用心琢磨，我相信，我们一定能进一步走进一个充满思想智慧的理性世界，获得哲理，获得愉悦，获得美。下课之后，请大家进一步阅读作品，思考这篇小说情节结构特点及情节设计和人物形象塑造之间的关系，写一篇短文，谈谈自己的认识。

教学反思

教师在课堂教学中要突出学生的主体地位，尊重学生的独立人格，使学生做学习的主人。小话剧表演和点评，是体现学生主体地位、绽放学生独立人格的一个重要教学环节。同学们热情高涨，积极参与，表演惟妙惟肖，精彩迭出。而师生在这知识的狂欢中，能够更加深切地感受到人物的命运，更加真切地感受到作品情节安排的精妙。

培养学生的阅读能力是语文教学的一项重要任务。我在教学中设计了写故事梗概的环节，把学生阅读能力的提升渗透到通过阅读去发现、分析、归纳的要求中，让学生读小说，弄清故事情节，写出 200 字左右的故事梗概，并选取三个"最"：最简洁的故事梗概、最流畅的故事梗概、最有才气的故事梗概。学生带着要求阅读，有了方向性、目的性，必然认真阅读，必然有所发现、有所收获。

教师在教学中只是营造一种鼓励学生自我构建知识的学习环境，为学

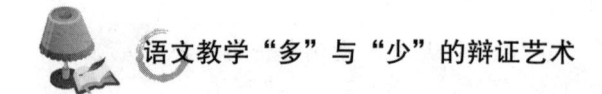

生提供多元化的信息和学习经验，为学生形成积极主动探究的学习方式创造条件。这就像小说家设计情节一样，就是为人物活动创造空间，搭设舞台，让人物在不同的条件之下去思考，去选择，去行动，从而把人物的性格特征、精神面貌呈现出来。语文教师设计教学环节也是如此。所以本节课中，我让学生立足作品，以自己的眼光来看待人物，用自己的头脑来分析人物，谈一谈自己眼中的玛蒂尔德。而正是通过这一教学环节，同学们认真思考了玛蒂尔德的遭遇和形象，对于人物形象有了更深的认识，对文本的主旨有了进一步的了解。

分析点评

教师要多搭台少唱戏

《项链》写了一个平凡妇女生活中具有戏剧性的一幕，人物形象饱满，主题丰富，构思精巧，情节曲折，心理描写细腻。小说文本为我们提供了丰富的课程资源。

优秀的小说，每篇都是一个精美的世界，就是在这个世界中，读者和作家进行着心灵交流。优秀的语文课，每节都是一次精妙的文化文学鉴赏，我们可以从中获得阅历，获得智慧，获得情趣，使自己的眼界更加开阔、内在更加充实。

河南省骨干教师张旭执教的《项链》就是这样的一节优秀的语文课。张老师引导学生自主探索、自主学习，促使学生认真阅读、独立思考、合作探究、积极讨论，达到了回归学习主体、培养学生语文思维、提升学生语文素养的目的。

优秀的语文课总能引人深思。

一、教师要多搭台少唱戏

只有在水中才能学会游泳。学生的阅读能力，不是教师讲出来的，教师必须把阅读的权利和时间还给学生，引导学生去读课文，坚决避免以讲代读的现象，真正体现学生的主体地位。

二、学习要多体验少说教

体验为主线，思维为主攻。通过精心设计，引导学生五官并用，全身心地主动探究，亲身体验，要让学生在手脑并用的实践体验中完成对大脑的改造，完成对知识的构建，完成语文教学任务。

三、教学要多导向少推拉

要坚持问题导向，对学生多做引导。教学的目的是"学"，"学"的关键在于学习过程的设计，设计的关键在于问题的设计；而问题质量的关键在于对课程资源的理解和把握。从这一节课的学习过程来看，学生读、思、写、议、演，真正动了起来，课堂气氛活跃，基本上实现了"少教多学"，调动学生五官并用，全身心投入的目的。问题的设计环环相扣，抓住了小说鉴赏的核心问题，从而使学生得法于课内。

四、教育要多放手少约束

回味整节课，虽然说学生对具体问题的思考是活跃的，讨论是热烈的，但从整体上看，学生的学习、思维过程是被动的，是教师在牵着学生走。语文学习，完全可以进一步解放思想。一部作品就像一片树林，里面奇花异草俯拾皆是，可以先把学生放进树林，让他们自由地探索、欣赏，然后再召回来，大家一起分享探索所得，教师再在此基础上设疑引导，这样，是不是更能培养学生主动质疑、主动探索的精神呢？学生是不是更加自由呢？课程资源的开发是不是更充分呢？我想，答案是肯定的，是值得尝试的。

让思想成为课堂的统领

——河南省骨干教师程克勇《兰亭集序》教学案例

课堂实录

一、诱思导入

师：同学们，中国有句俗话：三百六十行，行行出状元。这话可不假，比如，"诗圣"杜甫，"画圣"吴道子，"医圣"张仲景，还有"书圣"——（学生齐答：王羲之）

【评析】课堂导入语做到了少中求多，寥寥数语，已经将中国传统文化的诸多内容融入其中。

师：王羲之，很令人敬佩。为什么呢？因为他把标志着中华民族五千年灿烂文明的方块字，用行书的形式挥洒到了极致，他的行书超凡脱俗，精妙绝伦，空前绝后，让人叹服！请看——

（课件出示王羲之《兰亭集序》书法）

师：看吧，整幅字笔画俊朗，气势雄浑，依稀有神仙骨气。这真是——

课件出示：

　　　　飘若浮云常随意，
　　　　矫若惊龙任东西。

师：这被称为"天下第一行书"的字幅内容，便是我们今天要学习的《兰亭集序》，它的作者，正是那"前不见古人，后不见来者"的王羲之。

二、分析探究

师：看文章标题，名为序言，其实更是一篇抒情言志的散文佳作，作者集会兴感，小酒微醉，率性而作，笔下何止是汪洋恣肆；加上作者书法得意，行云流水，联翩一气，与文章内容连珠合璧，读来自然是快意之极、淋漓之极、洒脱之极！

【评析】语文教学中离不开氛围的营造。程老师的这段话，可谓妙语连珠，文采飞扬，语言流畅，感情充沛。

师：怎么样，咱就先来它个"潇洒读一回"，好不好？

生：好！

师：那么读的时候，一要注意课下注音，二要有意感受作者行文的妙处，三要放开嗓门让青春呼之而出。

师：下面我找个同学考查一下初读的效果。

课件出示：

①修禊事也　　②清流激湍
③趣舍万殊　　④游目骋怀

（学生读）

师：好，扫除了读音障碍，下面请同学有感情地诵读一下这篇文章。（配乐）

（学生出色地完成了诵读，赢得了满堂喝彩）

师：悠扬的音乐，铿锵的韵律，听来颇觉身心俱爽，快哉！快哉！使人不由得想起李白的"人生得意须尽欢，莫使金樽空对月"，想起曹操的"对酒当歌，人生几何"，想起"葡萄美酒夜光杯"，想起"暂凭杯酒长精神"。这位同学，你能说说听罢配乐朗诵的感受吗？

生：我觉得他完全读出了文章字句的韵律，而且这种韵律和音乐的旋律配合得恰到好处，浑然天成！

师：文章字句的韵律？嗯，一个很好的提法，让我们对这位同学创意的回答给予掌声表扬。

【评析】学会欣赏学生，善于发现学生的亮点，鼓励学生创新——多乎哉？不多也。

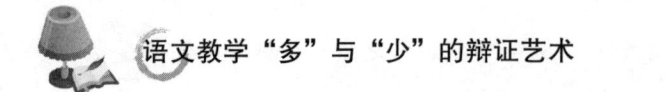

师：这样吧，我们就按照这位同学的提法，讨论一下本文字句都有哪些韵律。

【评析】抓住学生回答的亮点延伸开来，用小接口开启大世界，是在学生只言片语的"少"中发掘出无限精彩。

（把学生分为两组，左边为一组，右边为一组）

生（左）：老师，我觉得本文的朗诵根本用不着配乐。

师：哦？

生：因为本文的四字词语特别多，读起来利落简洁，自然富有韵律！

师：左边的同学有谁举例说明？

生：茂林修竹，映带左右，一觞一咏，天朗气清，惠风和畅，快然自足……

师：右边的同学有什么意见？

生（右）：我不完全同意他们的意见，全文四字句不少，但五、六、七、八、九字句合起来也不少。我觉得，这才是本文真正的"字句韵律"所在。

师：好，谁能说出原因呢？

生：因为长短不一，读来自然错落有致、缓急相续、自由淋漓，如听悠扬的旋律。

师：哎呀，听罢同学们的一番分析，我不禁有了一读为快的冲动。就让我为大家读一遍第一部分！

（教师读）

师：其实，同学们刚才的分析完全把握了本文语言上的高超艺术所在，那就是，本文虽作于东晋时期，却突破了这一时期四字句骈体文的限制，句式虽参差，但错落有魅力。我们不妨把这列为本文的第一个艺术特色。

课件出示：

（一）本文艺术特色

句式参差有魅力

师：正是这种参差的句式，更添了作者对情感的表达。那么如果用一个字概括第一部分的情感特点,同学们认为用哪个字最合适呢?

生:乐。

师:对,具体说来都表现在何处呢?

(学生纷纷发言)

师:根据同学们的回答,我们可以这样来概括:

暮春修禊,可乐!

毕至咸集,可乐!

畅叙幽情,可乐!

视听之娱,可乐!

师:且此乐之深,作者也是溢于言表,那么他是用哪个字来表达的?

生:极。

师:我们不妨把这列为本文的第一个感情特色。

课件出示:

(二)本文感情特色

1. 乐(极)

师:作者在极乐的前提下肯定是"酒酣胸胆尚开张"了,接下来自然该写种种欢乐事了!事实是否这样呢?请同学们齐读一下第二段,然后回答。

(学生齐读第二段)

师:可以说,第二部分表述的中心用一句话足可概括,就是——

生:岂不痛哉!

师:因此,第二部分的感情特点用一字总结便是——(生齐答:痛)且作者用一个感叹句式来抒发这种情感,足见心之痛绝非浅矣!"痛"便是本文的第二个感情特色。

课件出示:

2. 痛(甚)

师:那么问题便出来了,这种由乐到痛的过渡,虽不伤大雅,但明显有点儿太突然了,赞同的同学请举手?(学生举手)

师:好,这部分同学请坐左边,其他同学请坐右边!

师:无论赞同与否,都请你从文中找到支持自己观点的证据。然后我

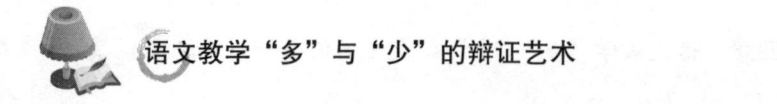

们来一个小小的辩论赛。辩题就是：第一、二部分的过渡是否突然？准备时间2分钟。

【评析】才须学也，理须辩也。小小的辩论赛，却给学生提供了一个大大的舞台。让我想起了英国诗人布莱克的诗：一粒沙中有一个世界，一朵花里有一个天堂，把无限放在你的手掌，永恒便在刹那间收藏。

师：哪一方同学先回答？

生（反）：我认为第一部分写聚会交往之乐，第二部分开头句中"相与"二字正说明下文为交往所得，从内容看，上下文可谓一脉相承，所以过渡并不突然。

生（反）：而且第一部分写"仰观宇宙之大，俯察品类之盛"，一仰一俯，与第二部分开头句中的"俯仰"二字前后呼应，联系紧密，所以我认为过渡不突然。

生（正）：我想纠正刚才对方辩友的一个错误，第一部分的"俯"和"仰"分别为"低头""抬头"之意，和第二部分开头的"俯仰"意指一俯一仰之间，表示时间短暂并不相同，所以，对方辩友的解释不成立，我坚持认为第一、二部分之间的过渡突然了些。

生（反）：那么我问对方辩友，"向之所欣，俯仰之间，已为陈迹"中的"俯仰"和"所欣"都作何解释？

生（正）："所欣"指得到好事物的高兴，"俯仰"为低头、抬头。

生（反）：对呀，所以第一部分和第二部分仍是前后照应，一脉相承的，我不同意对方辩友的观点。

生（反）：且从全段看，作者并不是一开始便提出痛的，而是由人对生活的不同态度说明人不可能对眼前所得的美好景物保持永久的乐趣，如果已经厌倦，那么痛苦自会产生，所以由乐到痛的情感过渡并不突然。

生（反）：补充一点，即便你有保持长久乐趣的准备，现实中这种游玩所得之乐也会稍纵即逝，不以你的意志为转移，所以由乐入痛并不突然。

生（反）：其实，这一段还为了说明一个道理：有得就有失，有乐就有悲。正如唐代罗隐诗云：得即高歌失即休，多愁多恨亦悠悠。作者由乐到痛，合乎情理，君不闻"乐极生悲"乎？

第四章 语文教学"多""少"结合之案例分析与点评

生（反）：他们曲水流觞，饮酒赋诗，各抒怀抱，既是各抒，便允许"俱怀逸兴壮思飞，欲上青天揽明月"，便允许"人生在世不称意，明朝散发弄扁舟"，李白的这首《宣州谢朓楼饯别校书叔云》不正是对由乐到痛感情转变的最佳解释吗？

师：哎呀，舌绽春雷字字有力，口吐莲花句句生辉。首先让我们以热烈的掌声感谢正方同学的积极参与，也向使天平倾斜的反方同学表示诚挚的祝贺。

师：根据双方同学的分析，我们不难理解：作者置身于第一部分所描绘的欢乐交游氛围中，特别是"群贤毕至，少长咸集"，就不可避免地想到人际交往的问题，那他就会很自然地想到：穷极一生，总免不了周旋应付。而此过程中，总会有事过境迁的时候，那再想一想，人在充满活力的伟大的自然面前，真的是弱小无为、无能为力啊！这就让作者理所当然地产生了"修短随化，死生无常"的痛慨。

【评析】经过辩论中的思想碰撞，结论自然喷薄而出，"草木有本心，何求美人折"，学生有能力、有水平，有些知识、有些问题无须教师点拨，也能分析得非常透彻。有时候我们给予学生的，不能只是结论，还有信任。

师：同时这也说明，在老庄虚无哲学弥漫整个魏晋时期，作者的感情不可避免地打上了消极的烙印。那么，作者是不是就这样消沉下去了呢？下面请大家齐读第三部分。

（学生齐读第三部分）

课件出示：

(1)"固知一死生为虚诞，齐彭殇为妄作"如何理解？
(2)"一死生""齐彭殇"又如何呢？

师：那请大家想一想：无所谓生，无所谓死，这样的人生能不能轰轰烈烈呢？

生：不能。

师：所以"一死生""齐彭殇"所体现的正是老庄的虚无思想，在这里，作者大胆提出它是虚诞和_____的？（生：妄作）也就是说，它是错误的，作者的叛逆正是要告诉我们：生就是生，死就是死，二者不可等量齐观，因此，如果一味追求虚无，碌碌无为，无所事事，便只有"痛"

哉！同时也说明了作为书法家的他，还是希望创造人生、取得成就、做出实事的。这就是王羲之的伟大：他从山水游赏之中收获到的既有对大自然生生不息力量的宾服，也有对人生积极进取意义的探索，极具开拓性，充分表现了王羲之高标傲世、不与俗合、超然物外的大家风范。所以，我们在理解课文第三部分的时候要明白，其情感是不能简单地等同于第二部分的"痛"的，而应该是悲而不伤的叹惋，应该是为他人也为自己摆脱不了痛苦着别人的痛苦的从众心理而感到可悲，这才符合作者从书法和文学中表现出来的一颗超脱的心，充满劝勉，充满理解，也充满安慰。

课件出示本文的第三个感情特色：

3. 悲（不伤）

师：而这种一波三折、悲喜交织的情感特点，给人以多种感受。这也是本文的第二个艺术特色。

课件出示：

波澜起伏情多滋

三、延伸拓展

师：本文在语言上突破骈体文限制，思想上也摆脱了魏晋玄谈和虚无思想的束缚，反映出作者浪漫自由的审美情趣，给予了我们丰富多彩的艺术享受。通过学习，我们明白了一个道理：现实中有比生命更重要的东西，我们必须去《执着》《追求》，哪怕有《一千个伤心的理由》，也要高饮一杯《忘情水》，背负起行囊《走四方》。

【评析】这个结语可能不适合学生，但听了之后，满满的都是回忆。

师：很高兴和同学们共度这一段美好时光，享受王羲之文学、书法合璧带给我们的心灵自由和扩张。最后让我们再一次走进《兰亭集序》的艺术胜境，齐声高诵此文吧！

（师生齐诵）

四、课后作业

翻译全篇。

师：好，下课！

教学反思

《兰亭集序》叙写兰亭美景，抒发人生感慨。根据教学内容和学生情况，我诱思导入，引入本课的学习，通过课件展示王羲之的书法作品，激发学生的学习兴趣。

在接下来的学习中，通过诵读，让学生的情感涌动起来，使学生对作品所蕴含的思想感情有了初步的感知。之后，通过深入探究分析，总结出本文的艺术特色和感情特色，在这一过程中，学生深刻理解了作者的思想情感。

本课的教学活动，有一个亮点，那就是小小辩论赛的召开。通过辩论赛，全班同学都兴致勃勃地参与了这次教学研讨活动，并在活动中不断产生思想的对抗，通过语言的交锋，更加深刻地认识了文章的主旨。

分析点评

一篇有深度的文，一节有深度的课

河南省骨干教师程克勇的这节课，充分调动了学生的积极性，取得了良好的教学效果，特别是对学生审美情趣的培养和辩证思想的培养大有裨益。

一、学情分析：授时多诱思，收时贵精少

语文课堂，贵在"为有源头活水来"。借助课文，让学生的思维、学识等都随之纲举目张、活力无穷，自可达到素质育人的极佳效果。教师的成功，往往不在于"授"，而在于"收"。收放自如，运筹帷幄，恰似一位成功的导演，这才是为师者真正的艺术妙境。在组织本节课的教与学中，

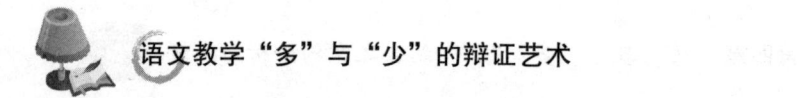

学生不可避免地会对作者矛盾的思想做反复涵泳，所以，如何循序渐进，相机诱思，以疑破疑，思而终达，达而不尽思，是必须面对的实际问题。在这一点上，程老师做得很好。

二、教学理念：深辩细赏巧激活，不拘多少教有法

1. 活

即激发学生的学习兴趣，在活跃的课堂气氛中收到潜移默化、物我共融、创造求知之功。如当学生提到"文章字句的韵律"时，程老师立即加以肯定，并采取分组抢答的方法激趣，组织学生展开讨论，活跃了课堂气氛。

2. 赏

即把简单的阅读理解课文变为鉴赏、评析课文，提升学生感性、理性双重的认知能力。如对"本文字句都有哪些韵律"的赏析，让学生更加明确了本文虽作于东晋时期，但作者突破了这一时期四字句骈体文的限制，句式虽参差，但错落有魅力。

3. 辩

一是"思""辩"精神在课堂上的体现，二是辩论赛在课堂中的运用。通过"第一、二部分的过渡是否突然"的小小辩论赛，分析出了让作者产生"修短随化，死生无常"的痛慨的人生哲理。

时代背景下的女性悲剧

——河南省名师邵秀玲《祝福》教学案例

课堂实录

一、导入

师：上一节课，我们共同走进了元宵佳节，欣赏了古往今来广为传诵的名句，有辛弃疾的、欧阳修的、周邦彦的、苏轼的、苏味道的、唐伯虎的……其实，走进二月，我们遇到的不仅仅是这个节日，还有什么节日呢？

生：春节、情人节。

师：二月的节日如此丰富，谁能说说三月都有哪些节日？

生：妇女节、植树节。

师：说起三月，特别是说起"三"这个数字，我们的眼前不觉一亮，因为"三"在我们中国代表着吉祥，如三阳开泰、连升三级、连中三元、三生有幸……而有关"三"的名言名句就更多了。

【评析】道生一，一生二，二生三，三生万物。从"少"中引出"多"来，这也要看教师的修为。

课件出示：

三人行，必有我师焉。（《论语》）

一叫一回肠一断，三春三月忆三巴。（李白）

烽火连三月，家书抵万金。（杜甫）

雨横风狂三月暮，门掩黄昏，无计留春住。（欧阳修）

三山半落青天外，二水中分白鹭洲。（李白）

三年笛里关山月，万国兵前草木风。（杜甫）

三军可夺帅也，匹夫不可夺志也。（《论语》）

五更鼓角声悲壮，三峡星河影动摇。（杜甫）

三杯吐然诺，五岳倒为轻。（李白）

举杯邀明月，对影成三人。（李白）

一日不见，如三秋兮。（《诗经》）

二句三年得，一吟双泪流。（贾岛）

士别三日，即更刮目相待。（《三国志》）

兰溪三日桃花雨，半夜鲤鱼来上滩。（戴叔伦）

池上碧苔三四点，叶底黄鹂一两声。（晏殊）

师：不仅如此，文学上有关"三"的说法也有很多，如巴金的"爱情三部曲""激流三部曲"，茅盾的"农村三部曲"，金庸的"射雕三部曲"。那我要问，中国现代文学史上，"被侮辱、被损害的妇女在新文学中的三座丰碑"，又是什么？

（学生议论纷纷）

课件出示：

艾青《大堰河——我的保姆》

柔石《为奴隶的母亲》

鲁迅《祝福》

师：好，今天我们就来学习这"三座丰碑"中的《祝福》。

【评析】有此一语，前面绕得虽远，却让人并不嫌多。

二、新授课

1. 作品简介

《祝福》写于1924年2月7日，最初发表在1924年3月25日出版的《东方杂志》第二十一卷第6号上，后作为第一篇收入鲁迅的第二部小说集《彷徨》。

2. 故事梗概

这是一个凄惨、悲楚和让人揪心、痛心的近现代故事。故事的主人公祥林嫂勤劳、质朴，对生活极易满足（要求少，给予多），然而她年轻丧夫，从此便拉开了不幸的序幕。不甘受婆婆欺凌，她逃跑；鲁镇做工卖力,她满足;被婆婆绑卖,她抗婚;遭受屈辱再嫁,她妥协;两年噩梦复始,她丧夫;祸不单行狼来,她丧子;重回鲁镇做工,她失尊;冷漠环境重压,她惶疑;祝福声声年近,她死亡……一个鲜活的生命,就这样坎坎坷坷、曲曲折折、离离合合、跌跌撞撞地在我们的心弦上拨动出最沉重的咏叹调,殒失在"热闹是别人的,她什么也没有"的新春佳节,留给我们永久的思索和无尽的怜悯!

3. 课文学习初探:我的眼里只有"你"(课文重点)

师:请同学们细读课文,然后说说令你印象最深的是什么。

(同桌间讨论后作答)

生:祥林嫂的遭遇。

生:卫老婆子、祥林嫂的婆婆、鲁四老爷、柳妈等人的可恶。

生:祝福场景的有意安排。

师:小说情节发展可分六小步——序幕、开端、发展、高潮、结局、尾声。请指出本文这六小步的内容。

生:序幕——祝福。开端——初到鲁镇。发展——被迫改嫁。高潮、结局——在祝福中死去。尾声——祝福。

师:本文的高潮和结局在哪里?

生:第一部分。

师:这就是鲁迅写作上的高明之处,从写作顺序上讲,这是采用了倒序的写法。那么,这样写的好处是什么?

(学生分小组讨论,要求用四字词语概括)

课件出示:

(1) 设置悬念,引人入胜。

(2) 渲染气氛,铺垫蓄势。

(3) 前后照应,首尾呼应,浑然一体。

(4) 对比衬托,深化主题。

(5) 时间标志,线索作用。

师:以上就是倒叙写法的好处。

4. 课文学习再探:为什么受伤的总是"我"(命运探究)

师:请同学们泛读课文,然后回答以下问题。

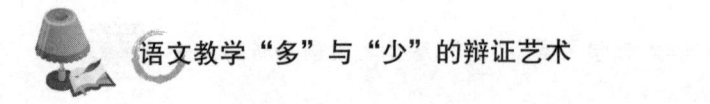

（1）祥林嫂有没有反抗精神？

生：对于婆婆等人，她的反抗意识朴素而淡然。对于封建秩序和思想，她一点反抗意识也没有。

（2）是谁造成了祥林嫂的死亡？

（学生讨论）

【评析】教师要开展丰富多彩的趣味性强的语文活动，满足学生的好奇心和求知欲，迎合学生展示自我的情感需求，鼓励学生求新求异的创新思维，从而充分调动学生的主动性，让他们成为学习的主人。

课件出示：

许寿裳："人世的惨事，不惨在狼吃阿毛，而惨在礼教吃祥林嫂。"

鲁迅：

"意图生存，而太卑怯，结果就得死亡。"

"世上如果还有真要活下去的人们，就先该敢说，敢笑，敢哭，敢怒，敢骂，敢打，在这可诅咒的地方击退了可诅咒的时代！"

"社会上多数古人模模糊糊传下来的道理，实在无理可讲……节烈的女子，也就死在这里。"

"不幸上了历史和数目的无意识的圈套，做了无主名的牺牲。"

"我们自己是早已布置妥帖了（吃人的筵宴）……自己被人吃，但也可以吃别人。一级一级的制驭着，不能动弹，也不想动弹了。"

师：其实，封建思想在祥林嫂的意识中根深蒂固，这才是造成祥林嫂死亡的根本原因。

【评析】铺垫后提炼，水到渠成。

5. 课文学习三探：你看你看"月亮"的脸（人物分析）

师：请同学们精读课文，先回答一个小问题。祥林嫂很善良，像一只温驯的小绵羊，而且是洁白的小绵羊，请问这样说的依据是什么？

生：头上扎白头绳，身上穿月白背心。

师：很好，请先从祥林嫂开始，分析本文中的人物形象。

（学生分组讨论，要求用一句话简单概括）

课件出示：

（1）祥林嫂：勤劳、质朴的农村劳动妇女的代表，封建思想毒害至死的牺牲品。

（2）鲁四：封建思想的坚决捍卫者，思想保守，反对变化。

（3）柳妈：封建思想的受害者，朴素、善良，但缺乏同情心。

（4）四婶：既是封建思想的受害者，又是封建思想的维护者。

（5）婆婆：封建家长的代表。

（6）卫老婆子：既是封建思想的受害者，又是封建思想的维护者。

师：在分析人物时，一定要从文本出发，寻找最能代表人物性格的语句，再据此用自己的语言来概括总结。

6. 课文学习四探：明明白白"我"的心（主题研究）

师：请同学们略读课文，结合手中资料，从时代背景和主题思想两个方面做出回答。

（学生讨论、交流）

课件出示：

本文的时代背景：中国当时正在进行新文化运动，口号是"民主、科学"，而最大障碍就是腐朽、愚昧的封建思想，妇女则是封建思想最大的受害者。

本文的主题思想：深刻揭露和强烈控诉了腐朽、愚昧、落后的思想文化对中国普通民众的奴化、精神虐杀和高压愚弄。

师：那么，请问祥林嫂的悲剧命运在当时是不是个别现象？

生：不是。

师：因此，鲁迅写本文可谓用心良苦，"意在复兴，在改善""摆脱冷气，只是向上走""除去人生毫无意义的苦痛"，其本质是"哀其不幸，怒其不争"。这可以理解为鲁迅式"深刻的孤愤，高尚的关怀"。

7. 课文学习五探："真情"像梅花开过（艺术赏析）

师：请同学们跳读课文，结合原文语句认真总结本文的艺术特色。

（学生分组讨论总结，要求用七言押韵句概括）

【评析】跳读课文，认真总结，要求学生少读多思，可培养学生分析、总结的能力。

课件出示：

（1）"典型"塑造有奇功：

① 表现灵魂"画眼睛"。"要极俭省地画出一个人的特点,最好是画他的眼睛。"(对祥林嫂的眼睛的三次描写)

② 渲染气氛"写环境"。(三写祝福的情境)

③ 情节曲折"遭遇多"。(丧夫、离家、抗婚、再嫁、丧夫、丧子、失尊、迷信、死亡)

(2) 语言表达有水平:

① 同样话语"换语境"。(语序)

例一:祥林嫂,你放着罢!我来摆。

例二:祥林嫂,你放着罢!我来拿。

例三:你放着罢,祥林嫂!

② 斟字酌词"移词"精。

例一:接着一声钝响。

例二:一见她的眼钉着我的。

例三:谁知道年纪青青。

教学反思

有效备课要立足文本,超越教参。现在教辅资料多如牛毛,学生拥有与教师同样甚至更多的学习资源,听教师讲课,是希望从教师那里听到不一样的文本解读,收获与教辅资料上不一样的知识。因此,教师要真正立足文本,找准文本的新颖独到之处,解读出不一样的味道。学生步入高中阶段的小说学习由《祝福》开始,对于小说这种具有丰富表现力的文学样式,是很有必要认真做好由"新"到"欣"的教学过程的设计和引导的。而作为新文学中的一座丰碑,如何避重就轻、渐入佳境,也是教师必须考虑的。鲁迅先生的思想和语言,也是出彩之处。另外,对于主题思想的理解,如何剥离时代差异,稳、准、深、切地把握中心,也是本课教学要重点关注的。

教学过程中,我尽量做到"以学定教、顺学而教"。这样的教学过程改变了教学起点,即将教学起点从教师、教材转向了学生,具体转向了学生的认知、学情，关注学生的学习需要。对于不同层次的学生，我在设计问题的过程中尽量做到统筹兼顾。因此，循序渐进、适度引导、发散聚合当是从实际出发求得实效的一条成功经验。

教师在了解学情的基础上，要对教学内容、教学方法进行适时的调整与选择。这样，教的工作与学的活动有机联系，也使教师的教更具有针对性。在本课教学中，我针对教学目标中如何根据读后印象理解把握小说三要素、如何结合语境分析故事情节及人物、如何对小说的主题及艺术性进行深入研究、如何理解鲁迅式"深刻的孤愤、高尚的关怀"这四个问题，指导学生做了充分的课前准备，对如何设身处地分析、合理推导等，我也做了比较充分的思考。

在教学设计理念上，我尽量少抓多放，注重培养学生自主研习、深入探讨的习惯，引导学生开展"循序渐进"式主题阅读，掌握忠实原文、结合语境的方法，提升以"点"带"面"的能力。

本课教学的不足之处在于，由于主题深刻凝重，虽然引领学生进行了充分挖掘、深入理解，其中也不乏精妙赏读，但总感觉课堂气氛压抑了一些。若能够严肃而又不失活泼，沉思而又不失张扬，批判而又不失温和，学习效果也许会更好一些。另外，总想把鲁迅的方方面面都讲到一些，这也在一定程度上限制了对本篇文章的拓展讲解。

分析点评

诗意语文美几多

这节语文课，能让人诗意地栖居于课堂，也能让人诗意地心碎于课堂。

悲戚的文本在诗意中解构，悲惨的女主人公在诗意中离世，悲凉的社会在诗意中"祝福"，而祥林嫂的悲剧，在诗意之美中显得更加悲哀、更加刺眼。

诗意地灭亡，如死神唇边的笑——美不是在淡化社会的悲凉，而是在

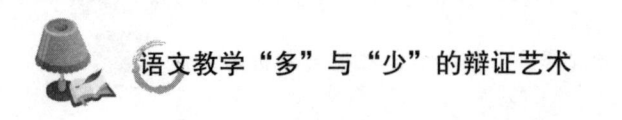

对比、在凸显、在深化社会的悲凉。

让人在诗意里感受悲凉，在美丽中体味悲凉，河南省名师邵秀玲老师做到了。邵老师短短一节课传递出的诗意语文美，让我感受颇"多"：

一是教师知识储备多。一个"三"字，引得成语迭出、名句迭现，汩汩滔滔，奔涌而出，如大珠小珠落玉盘，听了十分爽快。

二是教师语言特色多。"故事梗概"，就是一篇优美的散文。用歌词拟的标题，存留着旋律美。邵老师的很多话语，就是诗意的直接体现，奇思别开生面，妙想曲径通幽。

三是教师设问趣味多。邵老师的问题总是很精彩，每一发问，便能"吹皱一池春水"。"祥林嫂很善良，像一只温驯的小绵羊，而且是洁白的小绵羊，请问这样说的依据是什么？""请问祥林嫂的悲剧命运在当时是不是个别现象？"这样的问题怎能不调动学生的思维？

（点评人：河南省基础教育教学研究室　丁亚宏）

问题拓展提升课，促学生能力增强
——河南省骨干教师胡卫党《阿房宫赋》教学案例

> 课堂实录

一、创设情境，提出问题

师：通过批阅"问题拓展评价单"，我发现积累运用板块的完成质量较高，说明大家对文本中出现的重点文言现象的理解和识记很到位。暴露出的突出问题是课外文言文阅读翻译信息缺失严重，存在文白夹杂现象；诗歌鉴赏板块，对关键诗句不理解，导致对诗歌主旨解读出现偏差。这一节课我们将通过合作、探究、拓展，着力解决文言文翻译和诗歌主旨鉴赏这两大问题。

【评析】教师在了解学情的基础上，对教学内容、教学方法进行适时的调整与选择，使教的工作与学的活动有机联系，也使教师的教更具有针对性。

二、小组拓展，总结归纳

师：积累运用板块的四道基础题，个别有疑问的同学可以通过小组讨论内部解决。关于文言文翻译以及诗歌主旨鉴赏这两大问题，给同学们10分钟的合作交流时间，重新斟酌翻译文言文《杜牧传》，重新鉴赏诗歌《过骊山作》，看看应该从哪些角度来理解作品主旨，然后全班分享。

题号	展写小组	展讲小组	质疑补充
文言梳理		10	全体同学
翻译1	8	2	全体同学

（续表）

题号	展写小组	展讲小组	质疑补充
翻译2	6	3	全体同学
翻译3	4	5	全体同学
诗歌大意		9	全体同学
诗歌主旨	1	7	全体同学

三、问题训练，巩固提升

第10小组代表展讲：

"问题拓展评价单"上提供的《杜牧传》帮助我们进一步了解了《阿房宫赋》的作者杜牧。这篇文言文整体阅读难度不是很大，我们小组认为以下文言现象需要同学们加强理解和总结。

属文：写文章，创作文章。

第：也作"及第"，指科举考试考中，这里指考中进士，"未第""下第""落第"都是没有考中的意思。

主司：主管官员。

峻德伟望：并列结构短语，"峻""伟"都是"崇高"之意。

仆：第一人称代词"我"。

见还："见"放在动词前，表示对方对自己怎么样，如《孔雀东南飞》中"君既若见录""府吏见丁宁"等。

表：上奏章推荐。

拜：授予、任命官职。

迁：升职。

累迁：多次升职。

从：堂房亲属，一律翻译为"堂……"，如"从父""从叔""从兄""从弟""从姊""从妹"等。

师：第10小组代表总结的文言现象非常详细，说明课下他们查阅了大量资料，这种做法值得我们学习。

（学生鼓掌）

第四章 语文教学"多""少"结合之案例分析与点评

第 2 小组代表展讲：

原句：向偶见文士十数辈，扬眉抵掌，共读一卷文书，览之，乃进士杜牧《阿房宫赋》。

翻译：往日我偶然看见有十几位文士，眉飞色舞，击掌赞叹，在共同读一卷文书，我一看原来是进士杜牧的《阿房宫赋》。

强调：翻译这个句子的难度不是太大，但有四个得分点需要注意。"向"，先前，往日；"十数辈"充当"文士"的后置定语，翻译时需要调整语序；"扬眉抵掌"第 8 组同学翻译得不太准确；"乃"表示判断，翻译成"原来是"。

生（补充）：翻译时还需要注意"览"应该翻译成"看"，注意区别"阅"和"览"，"阅"是"读"的意思。

第 3 小组代表展讲：

原句：诸生多言牧疏旷，不拘细行，然敬依所教，不敢易也。

翻译：众考生里有很多人说杜牧性格懒散、放纵、不拘小节，不过我照您的意见办，不敢再变了。

强调：翻译这个句子有一定难度，有几个得分点第 6 组同学翻译得不到位。"疏旷"可以翻译成"疏放旷达""豪放旷达"；"细行"，"小节"之意，可联系《鸿门宴》"大行不顾细谨"；"敬"没有翻译出来，应译成"恭敬地"；"易"，"改变"之意。

第 5 小组代表展讲：

原句：牧刚直有奇节，不为龊龊小谨，敢论列大事，指陈利病尤切。

翻译：杜牧生性刚直，有出众的节操，他从不显现谨小慎微的样子，敢于评论军国大事，指出时政利弊尤为切至。

强调：翻译这个句子难度较大，"奇节""龊龊""论列"大家普遍不会翻译，我们可以根据上下文的语言环境进行合理推断。"奇节"，"节"是节操、品节，"奇"可以译成"出众的""与众不同的"，所以，"奇节"翻译成"出众的节操""与众不同的节操"。"龊龊"很容易让人想到"龌龊"，但二者的意思大相径庭，"龌龊"是品质恶劣、思想不纯正之意，而"龊龊"是谨小慎微、拘谨的样子。"论列"有三个意思：论述；言官上书检举弹劾；议论的范围。根据语境，这里应理解为"论述议论"。

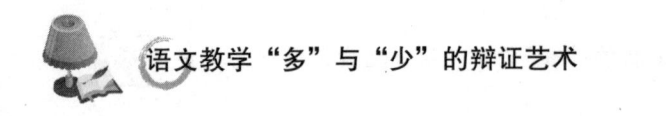

师：三个小组代表准备得非常充分，展讲得很到位，这里强调一下文言文翻译的"12345"，希望对大家有所帮助。

【评析】"多"是一种丰富，可以体现出一种深度，所以语文教师拥有"多"，就更容易入乎语文教学之内。

课件出示：

文言文翻译"12345"

一个原则：信达雅

两个标准：直译原则、语境原则

三个关键：实词、虚词、句式

四个步骤：审、切、连、誊

五字口诀：留、增、换、调、补（删）

四、关键问题，师生共探

第9小组代表展讲：

《过骊山作》这首七律可以作为理解《阿房宫赋》的最好注脚，诗人运用叙事、议论和抒情等表达方式，咏史抒情。

首联运用对比手法叙事，"周鼎"代表天下王权，秦始皇一统天下，东游出巡时，引来刘邦、项羽等人引颈围观，其中项羽就发出了"彼可取而代之"的豪言壮语。颔联议论抒情，秦始皇削平天下实在是辛苦，但他统一天下后，为了巩固自己的统治，让天下百姓变得更贫穷了。颈联直抒胸臆，刚愎自用的秦始皇统一天下后，采取了一系列措施："于是废先王之道，焚百家之言，以愚黔首；隳名城，杀豪杰；收天下之兵，聚之咸阳，销锋镝，铸以为金人十二，以弱天下之民。"结果，百姓没有变得愚昧无知，秦始皇反倒更加愚昧、刚愎自用了，自以为万世之业的固若金汤的崤山、函谷关，最终却成了囚禁他的牢笼、埋葬他的坟墓。尾联借用民间传说——为寻找失踪的羊，牧童误入被盗墓者打开的墓道，不小心引燃了地宫木材，导致整个秦始皇陵毁灭，而当时秦始皇尸骨尚未干枯。

第7小组代表展讲：

听了第9小组同学的大意串讲，这首诗的主旨就很容易理解了。诗中用通俗的语言对秦始皇进行了辛辣的讽刺,肯定他削平六国、统一天下的艰辛,更批评他不知体恤百姓,一味残暴,以至断送天下的愚蠢。末两句写秦始皇的坟墓失火被毁,他自己只落得个尸骨不全的可悲下场,这是对秦始皇梦想独霸天下、万世为君的深刻讽刺。这首诗的主题思想和《阿房宫赋》相似,也是借古讽今,劝谕当政者不要胡作非为,以免引起人民的反抗。

师:通过合作探究,想必大家都理解了这首诗歌,但问题是考场上我们面对一首陌生的诗歌时,该如何理解大意,进而把握诗歌主旨呢?请大家一定注意解读诗歌的四个角度——题目、作者、注释和意象,通过关键词把握诗人的情感态度,譬如这首诗颔联中的"实辛勤""却为",颈联中的"尔益愚""囚独夫",尾联中的"犹未枯"等,都饱含了诗人丰富的情感态度。抓住了这些,诗歌的基本情感就相对好理解了。

五、归纳总结,体验成功

师:这一节课,我们通过合作探究共同解决了文言文翻译和诗歌主旨鉴赏两大问题,同学们参与积极、讨论热烈,特别是负责展讲的同学给大家提供了许多独到的方法,希望同学们能学以致用,提高自己的文言文阅读能力和诗歌鉴赏能力。

教学反思

一、拓展要多而有序

我坚信问题拓展提升课是问题解决展示课的有机延伸,通过拓展提升,学生解决问题的能力会得到锻炼。拓展要多,但不能乱。所以本节课中,在问题解决展示课的基础上,我根据学生展示过程中出现的问题编制"问题拓展评价单",分发给学生让他们自主完成。并设计了"创设情境,提出问题;小组拓展,总结归纳;问题训练,巩固提升;关键问题,师生

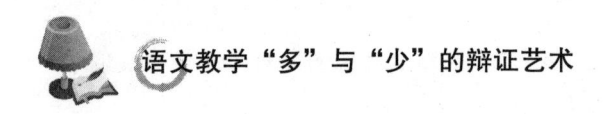

共探；归纳总结，体验成功"五个环节来完成本课的教学。

二、多练生能，少现师能

教学关系，不是静态、固定的关系，而是动态、变化的关系。从学生角度来说，整个教学过程就是一个从"教"到"学"的转化过程，在这个过程中，教师的作用要不断转化为学生的学习能力；随着学生学习能力的不断提高，教师传统意义上的作用也在逐渐弱化，最后达到学生可以完全独立学习。这节课中，我尽量"隐退"，充分相信学生，尽力锻炼提升学生的能力。

三、当总结处自总结

教师做结论应该要少，要变"说结论"为"得结论"，该提示要提示，不能一味视而不见；该总结要总结，不能放任自流。本节课我向学生强调的文言文翻译"12345"，就是对文言文翻译知识的总结。这一个原则、两个标准、三个关键、四个步骤、五字口诀，对学生是很有帮助的。

【分析点评】

课上花开知多少

胡卫党老师是河南省骨干教师，多次到外校讲学，深受好评。胡老师的《阿房宫赋》问题拓展提升课给我最深的感受就是"课上花开知多少"。

一、引导多，教导少

胡老师在课堂上注重引导、启发，而不是强制教导、强势灌输，能够做到教师角色积极转型，由导学型教师走向智慧型教师，用智慧来激活课堂。

二、发散多，总结少

通过这节课我们可以看到，胡老师在课堂当中实现了智慧教学，以自己的智慧启迪学生的智慧，以自己的只言片语点燃学生思维的火花。一节课胡老师共计有两次点评，而且点评时间并不太长，却在引发学生思考上起到了一石激起千层浪的作用。如胡老师总结的文言文翻译"12345"，即一个原则、两个标准、三个关键、四个步骤、五字口诀，易学易记，我看很多学生都是一边点头一边做笔记，这说明学生也是非常认可的。

三、互动多，旁观少

现在的很多课堂出现了两个极端：要么教师"一言堂"，学生旁观；要么学生成"麦霸"，教师旁观。这都是不可取的。而在这节课上，胡老师以互动参与为主线，给学生提供了自主学习的平台和必要的指导，创建了师生和谐共研的智慧课堂。

（点评人：漯河市教研室　杨东华）

在问题综合解决课上体现生本

——河南省骨干教师赵孝伟《登柳州城楼寄漳汀封连四州》教学案例

课堂实录

一、创设情境，呈现目标

师：中唐有这样一位诗人，少有才名，早有大志，曾经与韩愈共同发起一场"古文运动"。他曾经满怀热忱，积极参与政治革新运动，结果遭到失败，参与的成员全部被一贬再贬，这就是唐朝历史上著名的"二王八司马"事件，其中的核心人物就是他——柳宗元。柳宗元和他的朋友们到底遭遇了什么呢？我们通过鉴赏柳宗元的一首诗歌来知晓一二，这就是他的代表作品《登柳州城楼寄漳汀封连四州》。

二、预习评价，生成问题

1. 解题

师：同学们已预习过这首诗，请一位同学介绍一下诗人，再联系时代背景给大家解释一下题目。

生1：我来介绍诗人。

柳宗元（773—819），字子厚。唐代文学家、哲学家，唐宋八大家之一。河东解（今山西运城市西南）人，世称"柳河东"。因官终柳州（今广西柳州）刺史，又称"柳柳州"。与韩愈共同倡导唐代古文运动，并称"韩柳"。

柳宗元出生于官宦家庭，少有才名，早有大志。贞元九年（793）中进士，贞元十四年（798）登博学鸿词科，授集贤殿书院正字。一度为蓝田尉，后入朝为官，积极参与王叔文集团政治革新，迁礼部员外郎。永贞元年（805），革新失败，九月贬邵州刺史，十一月加贬永州（今湖南零陵）司马。元和十年（815）春回京师，又出为柳州刺史，政绩卓著。元和十四年（819）卒于柳州任所。因被贬期间得以接触到下层人民，故他的很多作品都揭露了封建统治的黑暗，反映了穷苦人民的痛苦生活，具有较强的现实主义精神。

柳宗元重视文章的内容，主张文以明道，认为"道"应于国于民有利，切实可行。他注重文学的社会功能，强调文须有益于世。他提倡思想内容与艺术形式的完美结合，指出写作必须持认真严肃的态度，强调作家道德修养的重要性。他推崇先秦两汉时期的文章，提出要向儒家经典及《庄子》《老子》《离骚》《史记》等学习借鉴，博观约取，但又不能厚古薄今。在诗歌理论方面，他继承了刘勰标举"比兴"和陈子昂提倡"兴寄"的传统。与白居易《与元九书》中关于讽喻诗的主张一致。他的诗文理论，代表着当时文学运动的进步倾向。

柳宗元一生留下600多篇诗文作品，其文的成就大于诗。骈文有近百篇，散文论说性强，笔锋犀利，讽刺辛辣，富于战斗性，如《南霁云睢阳庙碑》等，游记写景状物，多有寄托，如《永州八记》等。哲学著作有《天说》《天时》《封建论》等。柳宗元的作品由唐代刘禹锡保存下来，并编成集。有《柳河东集》。

生2：我来给大家解释一下题目。

公元805年，唐德宗李适死，太子李诵（顺宗）即位，改元永贞，重用王叔文、柳宗元等革新派人物，共谋打击宦官势力。但由于保守势力的反扑，仅历时100余日，"永贞革新"就遭到残酷镇压。王叔文、王伾被贬斥而死，革新派的主要成员柳宗元、刘禹锡、韩泰、陈谏、韩晔、凌准、程异及韦执谊八人分别谪降为远州司马。这就是历史上所说的"二工八司马"事件。

直到唐宪宗元和十年（815）年初，柳宗元与韩泰、韩晔、陈谏、刘禹锡五人才奉诏进京。谁知宪宗怨恨未消，又由于宰相武元衡极力反对，不出一月，宪宗又改变主意，把他们分别贬到更荒远的柳州、漳州、汀州、封州和连州做刺史。

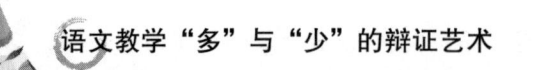

在暮春三月的落花时节，柳宗元与他的同道刘禹锡又带着失望的心情一同离京赴任。他们一路上相互赠答了不少诗篇，因有着共同的政治思想和生活遭遇，二人之间的友谊愈加深厚。他们一直同行到衡阳（今湖南衡阳）才依依不舍地分手惜别。这真是"十年憔悴到秦京，谁料翻为岭外行"（《衡阳与梦得分路赠别》）。

柳宗元到了柳州任所之后，心情郁闷，在夏季六月的一天，他登上柳州城楼，触景生情，想到朝廷的昏暗、友人的疏离，不觉愁情满怀，百感交集，对天地长歌一呼，写成一首七律，遥寄给共同遭逐的友人。

2. 吟咏诗韵

师：诗歌贵在诵读，吟咏诗韵，因声求气，请同学们结合创作背景和注释自行梳理诗意，初步体会情感，把握节奏，反复诵读，熟读成诵。

课件出示：

登柳州城楼寄漳汀封连四州
柳宗元

城上/高楼/接/大荒，海天/愁思/正/茫茫。
惊风/乱飐/芙蓉/水，密雨/斜侵/薜荔/墙。
岭树/重遮/千里/目，江流/曲似/九回/肠。
共来/百越/文身/地，犹自/音书/滞/一乡。

押韵：荒、茫、墙、肠、乡。

师：在诵读的基础上，请以小组为单位围绕诗歌情感和艺术特色生成共性问题，各小组派代表展写在黑板上，学科科研团队进行筛选整合。

【评析】教师要少把自己发现的问题强加给学生，而应多让学生自己去发现问题。

学生生成的问题如下：

问题1：这首诗歌的情与景有什么关系？

问题2：第二联中哪两个字用得最为传神？为什么？

教师补充的问题如下：

问题3：文有文眼，诗有诗眼。请大家找出本诗中最能体现诗人心境的词语，再想想诗人是如何抒写这种心境的，结合全诗加以赏析。

三、合作探究，展示交流

师：看来同学们对诗歌鉴赏已经入门，能够与高考结合生成这么有价值的问题，值得表扬。下面请大家以小组为单位合作探究这三个问题，然后派代表展示。

【评析】多肯定学生，多鼓励学生，让学生在课堂上更加自信。

题号	展写小组	展讲小组	质疑补充
问题1	4	2	全体同学
问题2	6	3	全体同学
问题3	8	5	全体同学

第2小组代表展讲：

这首诗歌以哀景写哀情，诗人将自己遭遇贬谪的哀伤之情和对友人望而不见的关切之情寓于眼前哀景的铺叙描写之中。"高楼大荒""海天茫茫""惊风乱飐""密雨斜侵""岭树重遮""江流曲回""百越文身地"等对于遭遇贬谪的诗人而言，都是哀苦无比、萧瑟凄凉、令人悲伤的景色。

教师补充情景关系型诗歌鉴赏技巧，课件出示：

情景关系题是诗歌鉴赏常考的题型，解答这类试题要注意分析和把握诗歌的意境。

意境是诗歌通过形象描写表现出来的境界和情调，是诗歌中呈现的情景交融、虚实相生的形象及其诱发和开拓的审美想象空间。分析诗歌意境，一要注意物象的特点，二要注意诗人在描写的事物中所寄托的情感，即"客观物象＋主观感受＋交融统一"。

鉴赏情景关系，首先，要抓住诗中的主要景物，展开联想和想象，用自己的语言描绘诗中展现的图景、画面；其次，解读景物所营造的氛围特点，诸如孤寂冷清、萧瑟凄凉、恬静优美、雄浑壮阔等；最后，分析作者的思想感情，并说出景与情的内在联系。

【评析】教师备课要做到厚积薄发，厚积在课前，薄发在课堂，"台上一分钟，台下十年功"，要做到备得多而丰富，讲得少而有效。

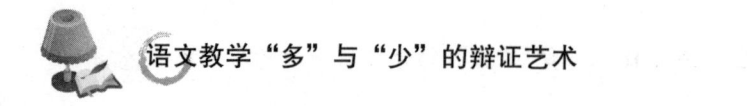

第 3 小组代表展讲：

我们小组认为"飐"和"侵"最为传神。"飐"是"吹动"之意，前面以"乱"字修饰，芙蓉出水，本无碍于风，而惊风偏要胡乱吹动、侵扰芙蓉；"侵"有"入侵"之意，薜荔覆墙，密密严严，雨本难侵，而密雨偏要见缝插针，强行入侵。一"乱飐"一"斜侵"生动地写出了诗人登楼所见的风疾雨骤的景象，以风雨喻小人嚣张，以芙蓉、薜荔象征诗人高洁的品格，而芙蓉、薜荔在暴风雨中的情状使诗人心灵颤悸，从而委婉、含蓄地表达了诗人及友人被一贬再贬的坎坷遭遇。

教师补充炼字型诗歌鉴赏技巧，课件出示：

炼字题是诗歌鉴赏的常见题型，所炼之字一般侧重于动词、形容词、副词、叠词等。这类试题首先要求准确找出相关词语；其次，说明该字在诗句中的具体含义，或指出这个字特殊的语法现象或修辞手法，如词类活用、比喻、拟人、通感、化静为动等；再次，结合诗歌的有关内容具体分析该字所描绘的景象；最后，适当展开联想和想象，说说该字营造了怎样的意境、氛围，有什么样的艺术效果，表达了诗人什么样的感情。

值得注意的是，古人常用芙蓉与薜荔象征人格的美好与芳洁，譬如"制芰荷以为衣兮，集芙蓉以为裳。不吾知其亦已兮，苟余情其信芳""揽木根以结茝兮，贯薜荔之落蕊。矫菌桂以纫蕙兮，索胡绳之纚纚"。（屈原《离骚》）

【评析】课前多准备，课上才能如鱼得水。看似简单的点评，却包含着实用性极强的答题技巧。

第 5 小组代表展讲：

我们认为"愁"字是这首诗的诗眼。整首诗一以贯之的就是愁思、愁绪，它包括两方面的内容：一是对朋友的深切思念，二是对自己和朋友在政治上遭受挫折的愤怨。诗歌开篇便"愁思茫茫"，笼罩全篇，一个"愁"字奠定了全诗的情感基调。诗人从城上高楼远眺空旷的荒野，茫茫海天般的愁思喷涌而出。急风胡乱地掀动水中的荷花，密雨斜打在长满薜荔的墙上。仰观则重岭密林，遮断千里之目；俯察则江流曲折，就像九转的回肠。诗人与朋友们一起来到百越这个边远偏僻的地方，虽然同处一地，却彼此隔离，连音书都无法送达。

第四章 语文教学"多""少"结合之案例分析与点评

教师补充情感型诗歌鉴赏技巧，课件出示：

评价诗歌的思想内容和作者的观点态度是诗歌鉴赏的必考题型。知人论世是评价思想内容的前提，抓住诗眼是领会作者观点态度的关键。

诗眼是一首诗或某联（句）中最能体现作者思想观点、情感态度的，具有概括性、生动性、情趣性的，能笼罩全篇、全联（句）的词语。鉴赏诗眼，首先要理解其本义、语境义和词性变化等，其次要在语境中领会和感受它的效果和精妙，再次要结合诗歌的主旨，来概括诗眼在表情达意等方面的效果。

师：同学们，我们学习诗歌或赏析诗歌，必须做到理解诗句的字面意思，在此基础上，联系写作背景，作者的生平、遭遇及思想琢磨弦外之音、言外之意，体会诗中的意境。请同学们朗诵本诗，初步理解诗歌大意，体会诗中情感，分组讨论，小组发言人综合小组成员意见，赏析本诗。

第1小组赏析首联：城上高楼接大荒，海天愁思正茫茫。

小组成员问：首联即景抒情，写了什么景？景物有什么特色？景和情是怎样交融在一起的？

小组发言人明确：诗人登上高高的城楼所见到的是荒漠，辽远的原野，海天相接，茫茫一片，感到愁思无尽，就好似这海一般广，如天一般高。

柳州地处偏远，城楼很高，四野杂树参天，野草丛生，人烟稀少，登上城楼遥望，看到的是一片辽阔的荒野。这句起势高远，意境阔大，情景俱包，悲凉之气笼罩全诗，很自然地开启了下句"海天愁思正茫茫"。

诗人面对着辽阔的荒野，不禁悲从中来，愁思万端。他想到自己怀着济世之志，参与政治革新，本是为了替朝廷兴利除弊，做一些对百姓有益之事，却不料"风波一跌逝万里，壮心瓦解空缧囚。"（《冉溪》）远谪永州，十年被弃，壮志未酬。好不容易得到召还，满怀希望地回到长安，以为政治理想又可实现了。谁知立足未定，又被贬逐到更僻远的柳州，离乡去京更远，使他感到孤独，对朋友的思念更深。

这里的"茫茫"既是说海天茫茫，又是说愁思茫茫，既是现实的自然空间，也是诗人愁思浩渺的心灵空间，主客观世界浑然一体。

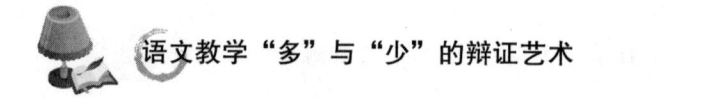

小组成员问："正"有三个义项，一是"正当"，二是"恰好"，三是"表示动作的进行、状态的持续"，本诗中的"正"应选哪一个义项？

小组发言人明确：这个"正"强调了"愁思"的无穷无尽，表现了诗人满腹忧愁，所以此处应选第三个义项。

教师补充：登高望远，眼前必然是广阔之景，历来有很多这样的诗句，如杜甫《望岳》"荡胸生层云""会当凌绝顶，一览众山小"，还有大家非常熟悉的"天高任鸟飞，海阔凭鱼跃"，这些都给我们怎样的感受呢？

小组发言人明确：豁然开朗、豪气万丈、心旷神怡。

小组成员问：然而，登上柳州城楼的柳宗元为什么会有"愁思茫茫"的感受呢？

小组发言人明确："一身去国六千里"，柳州距离京城六千里，荒远闭塞，只有苍茫的荒野，愈是在壮阔的、茫茫的天地之间，愈加会感到自己的渺小和孤独，满腔孤愤油然而生，溢满了整个心胸。

所以，触景生情，是人之常情，但生的情却因人的处境不同而异。

第2小组赏析颔联：惊风乱飐芙蓉水，密雨斜侵薜荔墙。

小组成员问：颔联写什么？

小组发言人明确：惊骇的狂风刮过荷塘水面，波浪起伏颤动，一波未平，一波又起，荷花乱摇，东倒西伏，密集暴雨，斜里吹打，侵袭着覆盖薜荔的围墙。

小组成员问：应扣住哪些字眼来理解诗句？

小组发言人明确：一是"惊"，形容狂风来得突然，使作者心灵惊悸；二是"乱"，不是微微风簇浪，而是狂风使得池水剧烈起伏、动荡；三是"密"，指暴雨密集，铺天盖地；四是"斜"，狂风之下暴雨落下的状态。

小组成员问："乱飐芙蓉水""斜侵薜荔墙"看似写景，实际上是写什么？

小组发言人明确：屈原《离骚》中有"揽木根以结茝兮，贯薜荔之落蕊""制芰荷以为衣兮，集芙蓉以为裳"，用"芙蓉""薜荔"来比拟自己品德的高洁，周敦颐《爱莲说》中有"莲，花之君子者也"。莲即芙蓉，所以，芙蓉与薜荔象征着人格的美好与芳洁，并且它们具有无比的韧性，无论风雨多大，都不会枝折花落，依旧藤蔓常青，芳香如故，素志不改。

第四章 语文教学"多""少"结合之案例分析与点评

如果是直下，倒不会对覆盖着薜荔的围墙产生多大影响，对薜荔也不会有多大的摧残，然而"斜侵"，则是对墙、对薜荔施展淫威。我们似乎看见狂风席卷而来，池水动荡，满池荷花东倒西伏，被狂风压弯了腰，还未直起腰杆，又被压下去，其实，何止是狂风，还有暴雨。

教师补充："芙蓉""薜荔"象征着诗人和诸友的高洁品质与不屈不挠的斗争精神。柳宗元在坎坷的仕途中度过了他的一生，一直到病死，也未曾向腐朽势力妥协过。惊风、密雨隐喻朝廷中那些猖狂肆虐地打击进步力量的腐朽势力。

沈德潜在《唐诗别裁集》中指出："惊风、密雨，言在此而意不在此。"

既是客观自然现象，又是主观政治感受，被贬十年后，才被召回京都，当时他是多么高兴啊！"诏书许逐阳和至，驿路开花处处新"（《诏追赴都二月至瀼亭上》），一心希望有重展宏图的机会，然而，不到一个月，立足未稳，又再次被贬为远州刺史，政治上的这种风云突变是始料不及的，怎能不使诗人心惊呢？腐朽势力屡次陷害中伤柳宗元，以致其一再受贬，这正是政治上的"密雨""斜侵"，柳宗元等人改革不成，反而备受打击。

这里看似是写景，实则却是表情，"移情入境"。正如王国维在《人间词话》中所说："一切景语皆情语也。"风雨飘摇，诗人因被贬而愁思漫溢。

第3小组赏析颈联：岭树重遮千里目，江流曲似九回肠。

小组成员问：颈联写什么？这一联是怎样将景和情交融在一起的？

小组发言人明确：把目光远投，只见山岭绵绵，林树重重，遮住了诗人远望的视线，那曲曲折折的柳江，恰似我曲结的愁肠。

①岭树重遮：A. 山岭绵绵，林树重重。B. 志同道合的朋友分别被贬到山岭、林树之外的漳州、汀州、封州、连州，"重"也是腐朽势力所设置的层层障碍。

②千里目：A. 相距遥远。B. 登高"欲穷千里目"，望国都，望朋友，但是岭树重遮，即使本来能望到很远的地方，现在因为阻隔（仕途上的阻隔，感情交流的阻隔），也是无可奈何，想见却又不能见到。

登高是为了远望，来解愁思，然而却没能做到，眼前山岭绵绵，林树重重，使他更愁，正所谓"抽刀断水水更流，举杯消愁愁更愁"。

③九回肠：九，次数多。回，反复。肠，愁肠，愁思。愁肠百结。

司马迁的《报任安书》中有"是以肠一日而九回"；南朝梁简文帝的《应令》中有"望邦畿兮千里旷，悲遥夜兮九回肠"。"江流曲似九回肠"把江流曲比作九回肠，其实是把自己的不绝愁思用九曲柳江来形容。《唐诗解》评此联："无限之情，以有限之景出之；无形之情，以有形之景状之，对此风景，情可堪乎？"

对政治的抱负不绝，对友人的思念无限，但被重重山岭阻断，满腹愁思无形，似山岭林树重重叠叠，如柳江江水滔滔不绝，又百转千回。

第4小组赏析尾联：共来百越文身地，犹自音书滞一乡。

小组成员问：共同的遭遇，同样的命运，诗人和诸友都被贬到了荒远的地区，各处一方，想互相问候，却又音信不通。这是一种怎样的愁思？从哪些地方可以看出？

小组发言人明确：①百越文身地：荒远闭塞的少数民族地区，远离京都。

②共来、滞一乡：

A. 五岭以南，其实福建、广东、广西相距并不远，但仍然不能互通音信，愈觉荒远闭塞，愈觉孤独、寂寞。

B. 大家一起被贬到这样的蛮荒地区，可见朝廷的罪贬之重、将来的遥不可知。

"滞一乡"的"滞"不仅是柳宗元当时的处境，也是诗人最终的命运，最后他客死于柳州任上，"滞"不仅是全诗的愁思的凝结点，也是他一生命运悲惨的终结点。

师总结：这首诗托景抒怀，通过登柳州城楼所见景物的描写，委婉地谴责了当时朝廷保守势力对革新人士的打击和迫害，表达了诗人由此而生的悲愤心情和对同被贬友人的深切怀念。写景赋中有比含兴，展现了一幅情景交融的动人图画，诗人的神态和情怀也依稀可见。这情怀，是特定的政治斗争环境所触发的。全诗构思精密，抒情委婉深沉，把一腔难于言说的思想感情婉转托出，含蓄蕴藉。情调虽较低沉，却极富感染力。

四、问题训练，组间展评

师：这一节课同学们生成问题和解决问题的能力与素养都得到了很好的体现。给大家留个拓展作业，同为贬谪诗，试比较柳宗元《登柳州城楼寄漳汀封连四州》和韩愈《左迁至蓝关示侄孙湘》在思想情感上的差异。

【评析】拓展阅读可以延伸学生学习的触角，使学生在进一步的主题阅读中拓展知识，陶冶情操。

课件出示：

左迁至蓝关示侄孙湘
韩愈
一封朝奏九重天，夕贬潮州路八千。
欲为圣明除弊事，肯将衰朽惜残年！
云横秦岭家何在？雪拥蓝关马不前。
知汝远来应有意，好收吾骨瘴江边。

注：元和十四年，韩愈因反对唐宪宗迷信佛法而上奏《论佛骨表》，触怒唐宪宗，被贬潮州。

五、归纳概括，提升意义

师：在这节问题综合解决课上，我们不仅解决了问题，而且训练了诗歌鉴赏能力。

教学反思

这是一节问题解决展示课。问题解决不是传统教学模式下的靠教师解决，而是学生在教师的指导下合作探究解决问题。教学中，我尽量闭口，关键时刻才出手，点拨、归纳、拓展、提升。我提出"柳宗元和他的朋友们到底遭遇了什么呢"的问题，由学生去思考探索，讨论辩驳，总结回答。

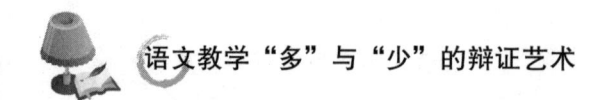

问题解决展示课具体环节是根据师生共同生成的问题，学习小组内讨论解决，然后由小组代表展示，其他学生认真倾听，积极思考，适时质疑、追问。教师适时点评，对难以解决的问题加以引导，对解答不到位的问题进行质疑、补充。这节课的教学目标是让学生在了解诗歌背景、理解诗歌内容的基础上领会融情于景的艺术手法，并通过反复练习夯实学生理解和运用的能力，所以我补充讲解了情景关系型诗歌鉴赏技巧和炼字型诗歌鉴赏技巧，意在让学生能灵活运用所学知识。

本节课通过学生自学、小组群学、师生共探、学生多元展示，在我适时的引导、修正、点拨下，学生的知识体系更加完善，学习内容更加完整，从而提升了能力和素养。从课堂效果来看，教学目标已经全部完成。

分析点评

学本体现，学习盛宴

赵孝伟老师是河南省语文骨干教师，也是我市教学标兵。观看赵老师执教的《登柳州城楼寄漳汀封连四州》一课，一个特别明显的感觉就是这节课是体现学本的学习盛宴。

一、学本课堂，师生参与多少需适度

学本学本，以学为本，以学生为本。学生是课堂的主人，是学习的主体，教师不可喧宾夺主。在这节课上，学生一直是课堂的主角，质疑、探究、展示、评价，学生真正做到了"我的地盘我做主"。而赵老师是若即若离却又不离不弃，主动参与却不肆意干预，该说的说全，能不说的就不说；该说时条分缕析，不该说时闭口不言。他深知"一花独放不是春，百花齐放春满园"，是一位智慧型教师。

二、学习盛宴，"取餐"多少需适度

学习要有广度，也要有深度，但这个广度和深度，也要适度。有些知识点要拓展，有些知识点要一带而过；有些问题要深挖，有些问题要点到为止。正如取餐，多少需适度。对这首诗的诗意，赵老师采取了蜻蜓点水法，只提及却不过多分析，将其当作快餐来处理；而对这首诗的诗眼"愁"字，赵老师则带着学生多种分析、多元解读，端来了"满汉全席"。能灵活取舍多少，能准确权衡深浅，这也是"语文教学'多'与'少'艺术卓越课堂"思想的体现。

最后用一首小诗来结束我的点评：

　　　　　　课改纷纷何为真？
　　　　　　激扬革鼎学为本。
　　　　　　课上花开知多少？
　　　　　　学子俱是养花人。

创意诵读，一杯让人沉醉的酒

——漯河市骨干教师冯文权《将进酒》教学案例

课堂实录

师：同学们，我手中有酒"白云边"，它得名于李白诗句"将船买酒白云边"。李白无意成就酒，酒却有意成就了李白。

酒，是李白的诗百篇，更是李白倒入愁肠、酿成月光、呼为剑气、绣口吐成的半个盛唐。李白，喝下那半个盛唐的愁；我们，品尝他醉倒千古的酒。

这节课，我们学习李白的《将进酒》，一起去欣赏"酒仙"的姿态、"诗仙"的风采！（板书：将进酒　李白）

【评析】苏霍姆林斯基说过："如果教师不去设法在学生身上形成这种情绪高涨、智力振奋的内部状态，那么知识只能引起一种冷漠的态度，而不动感情的脑力劳动只会带来疲劳。"通过创设良好的情境氛围，可以激发学生浓厚的学习兴趣，充分调动他们的主动性和积极性，让学生更好地投入学习中。

师：这节课有两个学习目标。

课件出示：

1. 反复诵读，品鉴特色，体悟作者的思想感情。
2. 拓展延伸，分析比较，领略诗歌的独特韵味。

师：独特的韵味需要我们慢慢品味，这节课就让我们一起先浅尝滋味，然后细细品味，最后通过拓展对比深入体味诗人的感情。

（课件出示学习过程：浅味→品味→深味）

师："浅味"有三个要求，即读准字音，读通文义，初步把握诗歌的感情基调。下面请同学们先大声地、自由地把全诗朗读一遍，在读的过程中看看有哪些字音和词义还把握不准，待会儿提出来，我们共同交流。

（"浅味"环节约10分钟）

课件出示要求：

1. 读准字音。

2. 读通文义。

3. 初步把握感情基调。

（学生自由朗读诗歌）

师：诗情、诗味是读出来的，而读诗不仅仅局限于诗歌朗读，还要注重诗歌的吟咏玩味。吟是指吟诵，咏是指咏唱。对于诗歌，我们要放声读，纵情读，反复读，要在不断的、反复的阅读和咏唱之中体味诗人在诗歌中蕴含的情感，吟咏玩味，体味诗情。

师：好，我们先看一下这首诗的第一节，我先给大家读一下。（示范读：君不见黄河之水天上来，奔流到海不复回。君不见高堂明镜悲白发，朝如青丝暮成雪。）

师：老师读得怎么样啊？

生：好！（笑）

师：承蒙夸奖，但有些谬赞。黄河之水奔涌而来，雄浑豪迈，如此有气势的诗歌，我一个人的声音有些单薄，所以我希望大家能够帮助我完成这第一节的诵读。大家应该都听过《黄河大合唱》，其中有三重唱，我们今天就来进行"三重读"。大家看屏幕上的要求。

课件出示要求：

教师读一遍，间隔三个字，女生读一遍，再间隔三个字，男生读一遍；教师举左手，女生读，举右手，男生读，举双手，全体学生和教师合读。

【评析】一个好的创意，足以使一节课摇曳生姿。

师：我们来试试？

生：好！（很兴奋）

（师生三重读）

师：读了这节诗，大家品味出诗人的情感是什么样的？

（学生沉默）

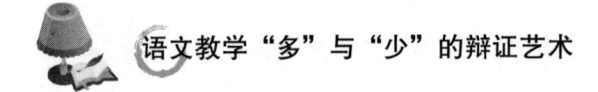

师：大家有点儿沉默，为什么呢？

生：开头"黄河之水天上来"特别有气势，而结尾处"朝如青丝暮成雪"又非常悲凉。我们难以在思维上将两者对接，所以就不知道该怎么回答。

师：不用急，我们请同学先品读下面的诗句，看会给你什么样的感觉。

课件出示：

（1）千山鸟飞绝，万径人踪灭。孤舟蓑笠翁，独钓寒江雪。（柳宗元《江雪》）

（2）飘飘何所似，天地一沙鸥。（杜甫《旅夜书怀》）

师：请这位同学读一下第一首诗。（指一名学生读）

（学生读）

师：这首诗也给我们一个阔大的背景，辽阔的千山，辽远的万径，其中却只有孤舟中的蓑笠翁在寒江雪钓。天地辽远，世界广大，小小的钓翁只是其中的一个小点。你觉得这个阔大的背景对这个孤独的人物有什么作用呢？

生：有反衬的作用。以宏大的背景来反衬人物的渺小，更让人体会出人物的孤寂悲凉。

师：对！反衬。

师：请这位同学读一下第二首诗。（指另一名学生读）

（学生读）

师：好，读得很有气势。但是作者是不是要表达一种气势恢宏的感情呢？

生：（有点难为情）不是。

师：那应该是什么样的呢？

生：友人离去的身影已经融入了辽阔的背景之中，已经见不到了。

师：所以诗人在这儿抒发了什么情感？

生：依依不舍、孤独落寞之情。

师：对，请你再试着读一次。

（学生读）

第四章 语文教学"多""少"结合之案例分析与点评

师：好！天之高，地之广，沙鸥之小，以大反衬小之渺小、孤独。这里也显出了阔大背景的反衬作用。

师：让我们看一下"黄河之水天上来"是否也有此作用。看这句话——

课件出示：

子在川上曰："逝者如斯夫。"

师：水在古代常指什么？

生：时间。

师：对，指时间。诗人为什么要写"黄河之水天上来，奔流到海不复回"呢？

生：大河之来势不可挡，大河之去势不可回。黄河之水一去不复返，时光流逝也一去不复返，不复存在。

师：对！所以第二句"高堂明镜悲白发"自然就有一种看到时光流逝而心生悲哀之情。

师：在这一节诗中，有一个字可以概括诗人的情感，大家从文本中找出来，是哪一个字呀？

生：悲！

师：对，"悲白发"的"悲"字。好，诗人在第一节中要表达的情感就是——

生：悲苦之情。

师：我们接着看第二节，这是几句整齐的七言诗。我们知道，七言诗的节奏是"二二一二式"或"二二二一式"。"二"是指两字成词需连读，"一"是一字单读。没有这个"一"，诗句在语意上还是通顺的。这位同学，请你给大家读一读下面的句子。（指一名学生读）

课件出示：

人生得意尽欢，莫使金樽对月。
天生我材有用，千金散尽复来。
烹羊宰牛为乐，会须一饮百杯。

（学生读）

师：读得很不错！

生：我怎么感到他读得有点平淡呢，老师？

师：首先我们应该肯定，这位同学的音质很好，朗读能力很强，但让我们感觉比较平。为什么呢？

生：难道是因为少读了诗歌中的那个"一"字？

师：就是因为少读了诗歌里调节音节、调控节奏的这个"一"。我们可以来感受一下这个"一"的重要性：大家伸出双手，像我一样，拍两下手，拍一下桌子。

（全体师生拍两下手，拍一下桌子）

【评析】又一个让人震撼的创意！唯有充分发挥教师的创造性，才能真正挖掘出我们语文教学新课程的潜力资源，才能最大限度地追求语文的艺术性，才能更充分地调动学生学习语文的积极性和创造性。

师：这就是"二"和"一"合成的节奏模式。这也是安踏广告主题音乐的背景音乐 We Will Rock You。大家能不能想到？我们共同回想着唱一下：We will we will rock you!

师：我们将要震撼你！怎样震撼？就是通过这个"二二一二"中的"一"来震撼你。可见，这个"二二二一"或"二二一二"的节奏形式不仅是中国古诗所有，而且在外国音乐中也存在。而且这个"一"同样起着调节音节和节奏的作用，可见这个"一"的重要性。读好了这个"一"，就能感受到"须""必""且"等表明意愿的词语的运用效果，这些词将诗人的情感由欢畅一步一步推进、提升，最后积聚成高亢、嘹亮的"会须一饮三百杯"的豪举高歌。

师：这六句的情感可以用文中的一个字概括，这个字是——

生：乐！

师：对，"烹羊宰牛且为乐"的"乐"——欢乐。朋友聚会，快意人生，于是豪情顿生，转悲为欢。

师：同学们都读完一遍了，哪位同学有不理解的问题？

生："主人何为言少钱"中的"为"读"wéi"还是"wèi"？

师：我们先看"何为"这个词是什么意思。

生：是"为什么"的意思。

师：那"为"是什么词性呢？

生：介词。

师：对，是介词，"为"作介词用时应怎样读呢？

生：除了表被动时，其余读"wèi"。

生："宴平乐"中的"乐"读"lè"还是"yuè"？

师：你可以看一下注释。

生：注释上说"平乐"是个观名，那应该读"lè"吧。

师：其他同学还有没有问题？如果没有了，老师可要考考大家了。请同学们看屏幕。

课件出示重点字音和词义：

将（qiāng）进酒　　　金樽（zūn）　　　岑（cén）夫子

钟鼓馔（zhuàn）玉　　恣（zì）欢谑（xuè）　　千金裘（qiú）

师：请几个同学来读一读并且解释一下这几个词的含义。

（学生读词、释词）

师：我们读准了字音，疏通了词义，下面哪位同学能站起来试着读一遍这首诗。其他同学在听的时候要做好点评的准备，点评时可以从读音是否准确、感情把握得如何等几方面来考虑。

（一名学生站起来读全诗）

师：哪位同学能点评一下？

生：我觉得她读得太快了。

师：噢，这是节奏的问题，字音读得怎么样？

生：挺准确。

师：感情表达呢？

生：还不错吧。

师：听着挺勉强的。（生笑）那你觉得这首诗应该用怎样的感情读？

生：我感觉应该用很豪放的语气读。

师：其他同学有什么意见呢？

生：我觉得应该用一种喝醉酒的感觉去读。

（学生大笑）

师：怎么才能读出喝醉酒的感觉？

生：就是该拖音的要拖音。

师：那你能示范一下吗？

（学生示范读几句诗）

师：看来这酒量挺大，一时半会儿还喝不醉。其他同学还有什么意见？

生：我觉得应该把心中的那种怨愤和怀才不遇的感情读出来。

（学生读最后几句）

师：其他同学还有不同意见吗？

生：我同意刚才那位同学的意见，我想试着读读全篇。

（学生读）

师：这位同学读得很投入。通过刚才同学们的分析，有人认为应该用豪放的语气读，也有人认为应该表达出内心的悲愤，那到底这首诗中表达了诗人怎样的感情呢？《百家讲坛》的康震教授在《品李白》中说，李白是古代诗人中性格最多样化的一位，尤其是酒后的李白内心更加丰富。下面就让我们一起深入文本，品味这首诗中到底表达了诗人怎样的思想感情。

师：从《将进酒》中你读到了一个怎样的李白？请找出具体诗句进行分析。（提示：内容＋手法＋情感）

【评析】教师在教学中创设了一种鼓励学生自我建构知识的学习环境，为学生积极主动、探究开放地学习创造了条件。

（"品味"环节约20分钟）

（课件展示：_____的李白）

（学生分组讨论）

师：好了，大多数小组已经讨论结束了，哪个小组的代表想第一个发言？

生：我们小组读到了一个"自信"的李白。这从"天生我材必有用"这句能体现出来，也就是说，即使诗人不做官了，也可以在其他方面发挥自己的优势。

师：也可以说，诗人即使被贬官了，也依然很自信。那么诗人是用了怎样的抒情方式来表达的呢？（板书：自信）

生：直抒胸臆。

师：同学们同意吗？

生：同意。

师："直抒胸臆"这种抒情方式有什么好处？

生：能更直接地表达出诗人的思想感情。

生：表达感情更加强烈。

师：沈德潜曾经评价李白，别人写诗是用笔一句一句地写，李白只需张口喷出胸中之气即可。这大概说的就是"直抒胸臆"的妙处。谁能把这句诗中表达的这种"自信"的感情读出来呢？

（学生读"天生我材必有用"）

师：这一句中的哪几个字应该重读？

生：必有用。

师：请全体同学挺直腰板再读一遍。

（全体学生大声读这一句）

师：其他组还有什么意见？

生：我们组从诗歌开头"君不见黄河之水天上来，奔流到海不复回。君不见高堂明镜悲白发，朝如青丝暮成雪"中读到了一个"悲伤与无奈"的李白。这四句运用比兴和夸张的手法，通过写"黄河之水"一去不复返和"秋思白发"朝暮之间的变化，表达了内心的悲伤和对时光一去不复返的无奈。

（板书：悲伤　无奈）

师：刚才这位同学说了一种诗歌的表现手法，叫什么？

生：比兴。

师：诗人以什么起兴？

生：以"黄河之水天上来"起兴。

师：以"黄河之水天上来"起兴，你还能说诗人悲伤吗？

生：虽然一开始写了壮阔之景，但接下来两句是"君不见高堂明镜悲白发，朝如青丝暮成雪"。

生：我认为诗人是用了反衬的手法。

生：我认为诗人是用了夸张的手法。他本来感情是很豪放的，但后来想到现实，就有些悲伤了。

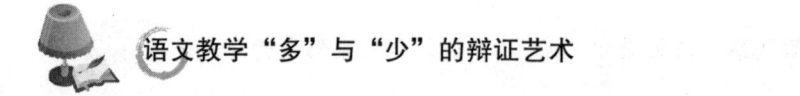

师：很好。通过同学们的分析，我们能够看得出"君不见黄河之水天上来"应该读得高亢一些，"奔流到海不复回。君不见高堂明镜悲白发，朝如青丝暮成雪"应该读得低沉一点。请一个同学试着读读这四句。

（学生读）

生：我们组读到了一个"洒脱"的李白。从"人生得意须尽欢，莫使金樽空对月"这两句诗能看出来，这两句诗的意思是，心情愉悦的时候要尽情地喝酒，不要拿着空杯子对着月亮。

（板书：洒脱）

师：你能不能把这种"得意"的感觉读出来？

（学生读"人生得意须尽欢，莫使金樽空对月"）

生：我读到了一个"矛盾"的李白。"钟鼓馔玉不足贵，但愿长醉不复醒"，这两句表达了诗人想一直醉下去，不愿醒来，以此来逃避怀才不遇的现实生活，运用对比的手法，把诗人的消极反抗和矛盾心情表现得淋漓尽致。

师：这位同学说诗人是"消极反抗"，其他同学有什么意见？

【评析】发现问题，因势利导，就能将学生思维由浅引向深，由少引向多。

生：我觉得能读出消极，前面诗人还说"人生得意须尽欢，莫使金樽空对月"，这里诗人痛饮狂欢是一种消极的反抗。

生：我不同意这两位同学的意见，我读到了一个"豁达"的李白，从"千金散尽还复来"可以看出他在金钱上很看得开。

师：只是在金钱上很看得开吗？

生：不是，在很多问题上都能看得开，如对待做官。

生：我觉得"天生我材必有用，千金散尽还复来"这两句表现了李白怅然的心情。

生：我觉得他能够自己寻找快乐，把所有的烦恼抛诸脑后。

生：我认为"人生得意须尽欢"体现了一种消极的情绪和玩世不恭的态度。

生：我认为诗人的情绪是消极的，甚至有轻生的念头，这从"钟鼓馔玉不足贵，但愿长醉不复醒"这两句可以看出来。李白写这首诗时已被皇帝"赐金放还"八年了，他渴望做官，渴望建功立业，但现实是残酷的，于是他就不愿意醒了。试想，一个连理想都被掏空的人，能不愤恨吗？能不愁苦吗？于是他发出了史上"轻生"的最强音——"将进酒，杯莫停"。（生笑）

生：我认为李白是一个"寂寞"的人，从"钟鼓馔玉不足贵，但愿长醉不复醒"能看出来。诗人虽满腔的报国热情，却得不到重用，"古来圣贤皆寂寞"其实是说他自己也很寂寞，正因为这样，所以他才说"但愿长醉不复醒"。

（板书：寂寞）

师：从"钟鼓馔玉不足贵，但愿长醉不复醒"不仅能看出诗人"寂寞"，还能看出什么？想想，这里的"钟鼓馔玉"代指什么？

生：功名利禄。由此能看出他是一个"淡泊名利"的人，也是一个"蔑视权贵"的人。

师：诗人既然说"古来圣贤皆寂寞"，为什么下面却只提到了一个人——曹植？

生：因为他们的经历相似，都怀才不遇。

师：曹植是遭到他的哥哥曹丕的猜忌，而李白也曾有"君王虽爱蛾眉好，无奈宫中妒杀人"这样的感叹。

师：我们根据同学们的争论来看一看这个问题，"人生得意须尽欢，莫使金樽空对月"到底是积极的，还是消极的？同学们想一想，李白最"得意"的事是什么？

生：喝酒、写诗、做官。

师：做官是为了什么？

生：报效国家。

师：我们说知人才能论世，下面我们一起看一下李白的人生经历。

课件出示李白的主要经历：

14 岁：立志"济苍生，安社稷"。

24 岁：离家"仗剑去国，辞亲远游"。

42 岁：入长安，供奉翰林，"凤凰初下紫泥诏，谒帝称觞登御筵"。

44 岁：被排挤"赐金放还"。

54岁:"安史之乱"爆发,入永王幕府。

56岁:兵败,被流放夜郎,途中遇赦。

61岁:因战事再次请缨,因病而半道还。

62岁:卒。

师:通过李白的主要经历和我们对这首诗的分析,我们知道,李白从一开始就怀有"济苍生,安社稷"的理想和抱负,立志要报效国家,那么大家想想,李白为什么说"与尔同销万古愁"呢?你认为他"愁"什么?这种"愁"为什么又会是"万古愁"呢?

生:我觉得他愁自己怀才不遇。

生:我认为他还愁人生短暂。

师:那为什么诗人说"怀才不遇""人生苦短"是"万古愁"呢?你还知道历史上有哪些人物有如此之"愁"?

【评析】引申学习,拓展阅读,是把课本"读厚"的有效举措。

生:屈原。

生:苏轼。

师:苏轼是李白之后的人物,应该说历史验证了他的这种说法。

生:孔子。他面对时光流逝发出了"逝者如斯夫,不舍昼夜"的感叹。

师:包括前面提到的屈原也是怀才不遇,自投汨罗江。刚才说的苏轼也发出过"哀吾生之须臾,羡长江之无穷"的呼喊,还有爱国词人辛弃疾也慨叹过"了却君王天下事,赢得生前身后名。可怜白发生"。可见,李白之愁不是一己之悲,而是所有怀才不遇的仁人志士共同的心结。怀才不遇,人生苦短,纠结在李白的血液里,深入骨髓,直抵心灵。他举杯痛饮,是珍惜,是热爱,是为挽留时光所作的一种自然且高贵的人生姿态,在貌似消沉的表面下,我们可以感受到那颗积极入世的火热的心,一句"天生我材必有用"道出了他的人生宣言。我们读《将进酒》,不仅读到了一个苦闷、愤激的李白,更读到了一个乐观、自信的李白,这便是李白式的悲哀:哀而不伤,悲而能壮。下面老师根据自己的理解为大家来读一遍这首诗,然后同学们也读。(板书:悲壮)

(教师朗读全诗)

(学生朗读全诗)

师：“呼儿将出换美酒，与尔同销万古愁。”其实，李白不仅借酒来消愁，而且赋予了酒更丰富的内涵。我们一起来看另外两首李白早期写到酒的作品，通过比较，看看他喝酒的态度及感情的发展变化。请同学们以小组为单位讨论这个问题，然后再交流。

【评析】引导学生从不同的角度来分析思考问题，不但能加深学生对问题的理解，同时又能使知识纵横联系，形成统一整体，还能加强学生思维的灵活性，提高学生的知识迁移能力。

("深味"环节约10分钟)

(课件出示问题：比较《南陵别儿童入京》、《行路难》(其一)、《将进酒》中诗人的饮酒态度及感情变化)

课件出示：

南陵别儿童入京

李　白

白酒新熟山中归，黄鸡啄黍秋正肥。
呼童烹鸡酌白酒，儿女嬉笑牵人衣。
高歌取醉欲自慰，起舞落日争光辉。
游说万乘苦不早，著鞭跨马涉远道。
会稽愚妇轻买臣，余亦辞家西入秦。
仰天大笑出门去，我辈岂是蓬蒿人。

行路难 (其一)

李　白

金樽清酒斗十千，玉盘珍羞直万钱。
停杯投箸不能食，拔剑四顾心茫然。
欲渡黄河冰塞川，将登太行雪满山。
闲来垂钓碧溪上，忽复乘舟梦日边。
行路难！行路难！多歧路，今安在？
长风破浪会有时，直挂云帆济沧海。

(学生阅读、分组讨论、交流)

生：我们小组认为，第一首《南陵别儿童入京》表达的是诗人激情洋溢和愉悦的心情，因为这首诗是他在被唐玄宗征召入京时写的，他觉得他的理想能够得以实现了,所以他很高兴。能直接体现他喝酒态度的诗句是"高歌取醉欲自慰,起舞落日争光辉",最能表现他的人生态度的诗句是"仰天大笑出门去,我辈岂是蓬蒿人"。

(学生齐读"仰天大笑出门去,我辈岂是蓬蒿人")

生:《行路难》(其一)是诗人在被唐玄宗"赐金放还"时所作的,我感到诗人有一点愤懑,"停杯投箸不能食,拔剑四顾心茫然"这两句能体现他饮酒的态度,但最后两句"长风破浪会有时,直挂云帆济沧海"还是表达了诗人的自信。

(学生齐读"长风破浪会有时,直挂云帆济沧海")

生:《将进酒》是诗人被"赐金放还"达八年之久后写的,这时喝酒就是"会须一饮三百杯"了,感情是"天生我材必有用""与尔同销万古愁"。

师:从这三首诗的比较中,我们可以清晰地看到一个嗜酒的李白、一个感情矛盾而又复杂的李白。(课件出示龚自珍对李白的评价)龚自珍评价李白兼具庄子逸世高蹈、天马行空的自由之魂与屈原孤傲忠介、上下求索的倔强个性,这两种"古来不可兼"的文化性格在李白身上"聚"在了一起。所以,我们读李白的诗,既可以读出庄子的潇洒飘逸,也可以读出屈原的倔强不屈。李白一生与酒如影相随,高兴时喝酒,彷徨中喝酒,失意后喝酒,但无论他如何高兴、怎样彷徨、多么失意,他始终没有放下"济苍生,安社稷"的抱负。即便是被"赐金放还"八年之后,他也没有沉溺于酒池,如同行尸走肉,也没有避世退隐,过着清闲自在的生活,更没有卑躬屈膝,充当权贵的走狗。他喝酒喝得痛快,做人做得坦荡,借酒挥洒才情,抒发愤懑,展现乐观自信,凭着一身傲骨化哀伤为洒脱,化忧愤为豪放!下面让我们全体起立,尝试背诵全诗,再次感受"诗仙"之才情、"酒仙"之豁达!

(学生全体起立背诵全诗)

师:下课。

第四章 语文教学"多""少"结合之案例分析与点评

💡 教学反思

《将进酒》写于天宝十一载（752），李白对现实的不满之情蓄积已久，却又无力排解，只能借酒以倾吐胸中的不平之气。全诗气势磅礴，感情奔放，思想深邃，音韵节奏极富特色，适合朗诵。朗读是语文教师的基本功，我也一直非常重视范读在教学中的作用。但这首诗大气磅礴，情感豪壮，我一个人的声音太单薄，因此我请学生一起诵读。于是便有了"三重读"：教师读一遍，间隔三个字，女生读一遍，再间隔三个字，男生读一遍；教师举左手，女生读，举右手，男生读，举双手，全体学生和教师合读。"三重读"产生的震撼人心的效果，更容易让学生感受到诗人心中那种绵绵不绝又荡气回肠的悲壮豪情。

在教学中，我让学生"去字留字创意读诗"，体味诗句的顿挫、变化之美，让学生明白这所去所留之字极为重要，它决定了整个诗句的节奏、音韵和情感。

此外，我还让学生尝试音乐与诗歌相结合的"体验式诵读"：师生拍两下手，拍一下桌子，体验诗歌"二"和"一"组合的节奏感，共唱 We Will Rock You，感受诗歌"二"和"一"的节奏美。这种体验式诵读方式，让学生感受到了音乐的节奏美与诗歌的音乐美。

👤 分析点评

创意诵读有多少，一读惊人方知妙

新课标对古诗文教学的要求有四个字：两重一轻。两重，指的是重诵读和重积累；一轻，指的是情节解析。但如果将目标只锁定在读，只落脚于读准字音、节奏、旋律，那并非我们语文课堂倡导的"因声求气，读诗识人"的读。语文课堂上，读的出发点是发声朗诵，读的落脚点是"求气""识人"，也就是要通过对诗歌的解读，进而把握诗人的情感性格、精神气质，通过读诗文之语，求诗人之神，也就是让学生通过声情并茂的诵

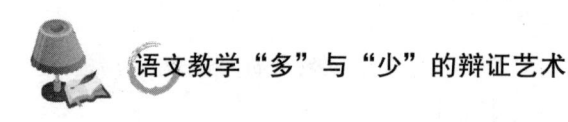

读,去寻找一个豪迈、浪漫又内心愁苦的李白,去认识一个有性格、有才情、有志向的李白,去发现一个有傲骨、有精神、有神韵的李白,从而达到读有所思、读有所知、读有所获的诵读目的。

正如冯老师所言,诗情、诗味是读出来的,而读诗不仅仅局限于诗歌朗读,还要注重诗歌的吟咏玩味。对于诗歌我们要放声读,纵情读,反复读,体味诗人在诗歌中蕴含的情感。

冯老师的诵读教学让我震惊。

第一个让我震惊的是他设计的"三重读",来源于《黄河大合唱》三重唱的创意,绵延不绝,余音绕梁,雄浑豪迈,气势非凡,犹如"天上来的"黄河水,奔涌不息,声势浩荡,浊浪排空,惊涛拍岸。

第二个让我震惊的是他设计的"去字留字创意读诗",这对品读诗歌语言的准确性、窥探诗人表达情感的秘诀是极具效力的。而运用体验式诵读方式,让我们更能明确诗歌朗读节奏的重要性。这种将音乐与诗歌相结合的体验式诵读方式是我以前见所未见、闻所未闻的,的确让人震惊。

浅尝辄止地读,收效很少;创意十足地读,收效就多。这样的读,让品味变成剖析,使人从肤浅走向深刻。

景事人情皆生美，荷花文化共芳菲

——漯河市骨干教师张晨华《荷花淀》教学案例

师：荷花淀是我国华北平原上一颗璀璨的明珠，那里烟波浩渺，莲叶接天。

（课件出示两幅荷花淀的图片）

【评析】教师用多媒体创设情境，既是对文本的可视化解读，也是对学生的视觉感染，通过图片激发学生的阅读兴趣，促使学生酝酿情感，从而尽快融入文本。

师：《荷花淀》是孙犁的一篇小说，小说描述了生长在这片水淀上的女人们成长为革命战士的历程。大家读过之后有没有感觉它跟我们以往接触过的战争作品有什么不同？这篇小说给你的第一印象是什么？能不能用一个字来概括？

课件出示：

初步感知：小说给你的第一印象是什么？

【评析】用一个字来概括，那就要高度凝练，追求一字得风流。

生：以往的战争小说都是极力表现战争的残酷，而这篇小说读完之后，让人感觉轻松，甚至有些淡淡的喜悦。总的来说，孙犁的这篇小说让我感觉很美。

师：大家感觉到小说的美了吗？

生：（齐答）感觉到了。

师：小说的美感是通过语言传达出来的，这节课就让我们通过品味小说的语言，来感受孙犁小说独特的风格。

课件出示：

学习目标：品味语言，感受风格。

师：首先请同学们打开书，看第1~3段写自然风光的部分，齐读一下。

（学生齐读第1~3段）

师：读得很好。老师用的教学参考资料已经印发给大家，上面说这篇小说有诗情画意，是诗化小说。学生甲，你来读一下第1段，把诗的味道读出来。

（学生甲充满深情地读第1段）

师：你的朗诵水平很高，但稍快了一点，如果节奏稍慢一点，那就更好了。你再读一遍。

【评析】诵读需多，教师多指导，学生多感受，"旧书不厌百回读，熟读深思子自知"。

（学生甲放慢节奏，充满深情地又读了一遍，师生鼓掌）

师：你朗诵得很好，可以当播音员或主持人了。（笑声）下面同学们再自由地朗读这三个段落，仔细体会一下其中的韵味。

（学生自由朗读）

师：好的，大部分同学读完了。我把第1段编排成诗的样子。学生甲，你带领大家读一下。

【评析】语文教学"少"的艺术中的创造性原则，就是集中时间和精力创造性地设计教学内容和教学过程，帮助、激发、强化、优化学生的自主学习。张老师把《荷花淀》第1段编排成了诗的样子，更有利于学生对这段内容深层次的理解。

课件出示：

月亮

升起来

院子里

凉爽得很

干净得很

白天

破好的

苇眉子，湿润润的

正好编席

女人

第四章 语文教学"多""少"结合之案例分析与点评

　　坐在
　　小院当中
　　手指上
　　缠绞着
　　柔滑修长的
　　苇眉子
　　苇眉子
　　又薄又细
　　在她怀里
　　跳跃着

　　（学生甲带领学生读诗）

　　师：孙犁的这篇小说的开头是非常有名的，它没有华丽的辞藻，纯粹是白描，像铅笔画的素描，但其内在的诗情和韵味，慢慢地品味，多读才能体会出来。这三段集中写了什么呢？我认为写了两个大问题。（板书：人与环境）一个是人——水生嫂，另一个是自然风光，也就是环境写得很美。严酷的抗日战争背景下，有这么恬静优美的环境吗？作者这么写是不是违反现实呢？如果没有违反现实，他的用意何在？哪位同学说一下？

　　生：作者把景色写得这么美好，让我想起艾青的一首诗，其中有一句是"为什么我的眼里常含泪水？"

　　师：（充满激情地接）"因为我对这土地爱得深沉。"很好！

　　生：（深受鼓舞）我觉得孙犁把这片土地写得这么美好，就会让人觉得，这么美好的土地有谁会不爱？生长在这片土地上的人们，理所当然会对它有很深的感情。（教师插话：地灵人杰）我觉得这应该是所有抗日战士战斗的动力之所在。

　　师：说得好，说得非常好！（充满激情地）我们的祖国、我们的山河如此多娇，岂能容日寇践踏蹂躏？就是这个用意！她说得太好了，所以作者一点都没有违反现实。

　　师：读完本文之后，你感觉小说中哪个画面最能给你美的感受？哪位同学能把你认为最美的语段读出来，与大家共同分享？

　　课件出示：

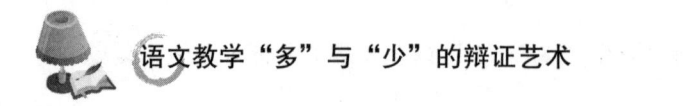

触摸语言：读出你觉得最美的段落。

生：我最喜欢第3段。

（学生读）

师：读得非常流畅，也很有感情，看来你是真的很喜欢这一段，课下一定反复体味过。那么，你感觉这一段描写美在什么地方呢？

生：我觉得这一段描绘了一个很安静、很朦胧的画面，月下的荷花淀是一片银白的世界，水面上笼起一层薄薄透明的雾，给人一种朦胧、缥缈的感觉。

师：大家的感觉是不是也是这样的？

生：（齐答）是。

师：的确，月下的荷花淀就像世外桃源、域外仙境，让我们想起杜牧的"烟笼寒水月笼沙"，也让我们想到朱自清笔下的荷塘"像笼着轻纱的梦"，这是一片纯洁、柔美的世界。那么，我们怎么才能把这种感觉读出来呢？

生：可以读得慢一点，声音轻柔一点。

师：自己读读体会一下。

（学生读）

师：大家还觉得哪一段写得美呢？再请一位同学给我们读一段吧！

【评析】教师就像一个无知的小学生，不断地发问，而学生却像一个个小老师，不断地给予解答。以教师的"无知"换学生的"有知"，是智也！

生：那几个青年妇女去探望丈夫，遭遇到敌人之前的一段描写。

（学生读）

师：这一段为什么吸引你呢？

生：我觉得这一段描写了一个非常轻松、非常惬意的画面。

师：你是从哪里体会出轻松和惬意的？

生：比如说她们顺手从水里捞上一棵菱角，顺手又丢到水里去，那棵菱角就又安安稳稳浮在水面上生长去了。两处"顺手"让人感觉很轻松。

师：体会得非常好。这一段中还写到了她们划水的声音："哗，哗，哗。"怎么读才能体现出那种轻松呢？

生：读得慢一点，声音拉长一些。

师：那你再把这一段读一下好吗？

（学生读）

师：这里写到这么美丽的环境，其中有水生嫂，请你用一个词概括一下人和环境之间的关系。

生：和谐。

生：融洽。

生：互相渗透，环境影响人，人也影响环境。

师：说得太好了！她说这几段写人和环境之间的渗透关系，渗透关系在中国古典哲学里叫什么呢？（板书：天人合一）天人合一，"天"指自然，"合一"就是她刚才说的渗透关系。人和环境之间有很复杂的关系，但大体上有两种：一种是融合、渗透的关系，另一种是对抗、对立的关系。高尔基的《海燕》，哪位同学还记得？

【评析】思路拓展，可多作古今联系，多增加中国传统文化的渗透，能让学生更深刻地感受中国传统文化的魅力和孙犁含蓄内敛却有无限张力的语言魅力。

生：我只记得最后一句："让暴风雨来得更猛烈些吧！"

师："让暴风雨来得更猛烈些吧！"——这在孙犁的小说中是喊不出来的。那只海燕和乌云是一种什么关系？对抗、对立的关系。

【评析】思路拓展，可多作中外对比。两种思想一碰撞，就很容易让学生感受到孙犁语言的特点，孙犁在《荷花淀》恬静柔美的语言中的融合意境。

师：在中国传统文学当中，在典型的中国意境当中，一般来说，不会出现这种对抗、对立的关系，而是强调一种融合、渗透的关系。"月亮升起来"，他写得月白风清。我这样改一改："乌云翻滚，电闪雷鸣，忽然一声炸雷，女人慌慌张张跑到屋子里。"（笑声）或者写女人很坚强："一声炸雷，几个雨点敲打在女人的脖子上，女人仍然在屋檐下编着她的席子，席子在闪电的照耀下就像刺向日本鬼子胸膛的刺刀。"（哄堂大笑）孙犁的小说民族色彩浓郁，他不喜欢写那种和大自然急剧对立的环境，他所有的作品基本上都是这种风格。我们用一个词来概括，人和环境之间是什么关

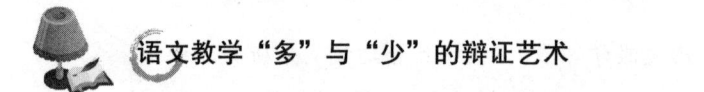

系呢？

生：和谐共处。

师：对，就是同学们讲的和谐。（板书：和谐）这是中国文化的一个基本特点。

师：这里我穿插一句，在中国，芦苇自古以来是个很典型的意象。大家知道杨柳代表什么吗？

生：送别。

师：杨柳依依，随风起舞，好像缠绕着你，不让你走。写水的时候，水的柔情，是一种意象；另外，水载舟，也覆舟，势不可当，也是一种意象。中国古典文学中，有许多基本定型的意象。芦苇在古代叫蒹葭，《诗经》中有一首《蒹葭》——

生：（主动站起）蒹葭苍苍，白露为霜。所谓伊人，在水一方。

（学生鼓掌）

师：哎呀，太好了！后来琼瑶写了一部小说叫什么？

生：（齐答）《在水一方》。

师：《在水一方》电视剧的主题歌，是琼瑶根据《蒹葭》这个意境来改编的，我唱几句给你们听听。（深情唱道："绿草苍苍，白雾茫茫……"学生鼓掌，欢呼）

师：（充满激情地）从《诗经》到琼瑶的《在水一方》，芦苇在中国文化当中象征着爱情。芦苇圣洁，芦苇凄幽，在芦苇荡里发生了多少动人心弦的爱情故事啊！在这篇小说中，孙犁写了芦苇荡、荷花淀，通过跳跃在女人怀中的洁白的苇眉子和飘落在发际的芦花，我们可以看见，它交织了多少中华民族的妇女们对丈夫的思念和对正义战争的支持，凝成了战火中一曲曲荡气回肠的爱情之歌。

师：自然与环境之间的关系是和谐的。我们再看，这篇小说写了很多人，写了很多人际关系。那么，写了哪些人际关系呢？

【评析】从自然与环境的关系到人际关系，探讨得越多，主旨挖掘得越深。

生：写了父子关系。水生回来说："爹哩？""睡了。"

生：写了女人之间的关系，也写了男人之间即战士之间的关系。

第四章 语文教学"多""少"结合之案例分析与点评

生：还写了那些战士和他们妻子之间的关系。

师：请同学们通过对语言的品味，来说一说这篇小说写人和人之间的关系时有什么特点，各种人和人之间的关系有什么共性。大家先看一看教材，看一看对话。

（学生翻阅教材）

师：首先我们看一下，水生和水生嫂之间的夫妻关系。水生和水生嫂之间的对话非常简洁，但又情意绵绵。我们看，"水生笑了一下。女人看出他笑得不像平常。'怎么了，你？'"我把它改一改，有两种改法。一种是把"你"字去掉，改成："怎么了？"另一种是把主语"你"提到前面去，改成："你怎么了？"这样改，表达的感情有什么不同？

【评析】教师的职责，已经越来越少地体现在向学生传递现成的、僵化的结论，更多地体现在激励学生思考，引导学生的思维，促使学生探究上。教师越来越像一位导游，只是给学生提供必要而简短的讲解，而更多地需要学生自己去体味。

生：少了夫妻之间的关怀和牵挂。

师：原文那样说比较焦急，是吧？她先把一种状态问出来，然后再问"你"怎么样。如果不要"你"字，感觉不是很亲切。你们自己体会一下。大家问老师问题的时候，有两种问法。"老师，这个问题我不大懂。"这是一种问法。还有一种问法："这个问题我不大懂，老师。"这样说也可以，强调的是问题。但要是直接说："这个问题我不大懂。"行不行？行，但是不大好。

师：再往下看，"女人低着头说：'你总是很积极的。'"这句话我有两种改法，一种是丈夫要上前线去了，女人说（撒娇地）："不嘛，你不要走嘛！"这样可不可以？（生：不可以）为什么不可以？那是什么形象？小女人，不关心国家大事，不明大义。我再改一改，女人这么说（耍泼地）："行啊！你走，我搬回我娘家！"可不可以？也不可以，耍泼也不行。

师：接下来，我们再改一句："女人鼻子里有些酸，但她并没有哭。"我把它这么改："女人的泪水直往下淌，她咬了咬牙。"可不可以？中国传统文化有一个特点，就是（生：忍）忍，也是对的。子曰："乐而不淫，哀而不——"（生：伤）对！这里的意思是快乐不过度，哀伤也不过度，

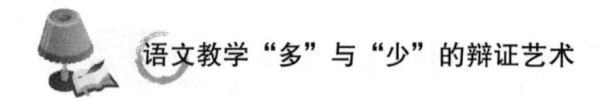

在这个地方也是一样的,主要表现觉悟了的中华民族的女性的精神状态。

师:再看这句:"'不要叫敌人汉奸捉活的。捉住了要和他们拼命。'这才是最重要的一句,女人流着眼泪答应了他。"这句话,我把它这样改一改,看行不行,看是不是中国传统文化所要求的。水生说:"我走了,很可能回不来,因为要打仗了。要是我回不来,你也不要太死心眼,你看着办吧。"(哄堂大笑)或者说:"要是被日本鬼子抓住了,不要跟他们拼命,好死不如赖活。"这行不行?不行。中华儿女,中华民族文化,不是这样的。而是宁为——

生:(齐)玉碎。

师:不为——

生:(齐)瓦全。

师:宁可站着死——

生:(齐)绝不跪着生!

师:对了,说得很好!我再改一句,"全庄的男女老少也送他出来",改成"大部分人送他出来",行不行?全庄人出来说明什么?中华民族同仇敌忾,一旦有外敌打进来,大家全力以赴,团结如一人!

【评析】教师越来越像一位与学生同行的取经人,一起经历坎坷和磨难,发现真理。教师绝不只是一个真理的给予者,也绝不只是一个真经的授予者。

师:你们再看这些女人之间的关系。有句话说:三个女人一台戏。有时候女人在一起容易闹矛盾,但是这篇小说中的女人有没有闹矛盾?(生:没有)她们之间的关系,夫妻之间的关系,人与人之间的关系,可以用一个什么词来概括?

生:和谐。

师:还是和谐。(板书:和谐)同学们回答得非常好!我们再接着往后看。人和环境的关系很和谐,人和人之间的关系也很和谐。但是,人有时会和自己闹别扭,自己跟自己过不去。我们看看这篇小说中,人和自我之间的关系是什么样的?(板书:人和自我之间的关系)

人生在世,不可避免地有痛苦、孤独、彷徨、空虚、寂寞。庄子说:"吾生也有涯,而知也无涯。"我们经常引用这句话,并且把它解释为:我

第四章 语文教学"多""少"结合之案例分析与点评

们的生命是有限的,而知识是无限的,所以要努力学习。其实庄子后面还有一句:"以有涯随无涯,殆已!"就是说,用我们有限的生命,去追求无限的知识,那太危险、太蠢了!(哄堂大笑)庄子在这里有点消极。中华传统文化有消极的一面,也有积极的一面。儒家是比较积极的,道家比较消极。人有时候需要一点阿Q精神,特别是在受挫折的时候。中国人对待自己内心痛苦的时候,往往用一种特殊的方式。这篇小说中妻子送丈夫上前线,丈夫不知是死是活,回来的时候可能缺条胳膊断条腿,是很痛苦的事情。但是我们看得出来她们内心十分痛苦吗?

生:(齐)看不出来。

师:怎么看不出?在课文中找个例子证明一下。

【评析】教师不要急于为学生提供结论,给学生一个确切的结果,而要给学生以激励、引导,给学生思考的时间和思维的空间,让学生拥有一个独立、完整的思维过程。

生:"几个女人有点失望,也有些伤心,各人在心里骂着自己的狠心贼。可是青年人,永远朝着愉快的事情想,女人们尤其容易忘记那些不痛快。"

师:还有很多例子,由于时间关系,不一一列举了。有痛苦,也有孤独,但是不是那种呼天抢地的苦?我看电影、电视剧时,比较喜欢那种大悲大苦时欲哭无泪的场面,而不喜欢一边在大风大雨之中奔跑,一边大喊以表现内心痛苦的场面。我觉得最大的痛苦是喊不出来的,正所谓"乐而不淫,哀而不伤"。

我再穿插说一下。课文中讲女人们去找她们的丈夫的对话,有的比较忸怩,有的比较坦率,有的找借口,说是婆婆叫的,实际是她自己想看丈夫。这很正常,是人之常情。要是丈夫走了,妻子不思念,那就不正常了。但这些女人说得很含蓄。请一位同学读一下五个青年妇女商量探夫时的对话。

(学生读)

师:读得很好!大家觉得这五个人的性格一样吗?

生:不一样。

师:那么请同学们分小组讨论这五句话分别体现出了什么性格的女性。

语文教学"多"与"少"的辩证艺术

（学生讨论）

师：请一位同学读出你最有感觉的一句，并分析其性格。

生：（读，读得很有特点，感觉很准确）我感觉这几个妇女对丈夫都非常体贴。第一个妇女听说丈夫还没走，就去给他送衣服；第二个妇女很民主，她说她有要紧的话要跟丈夫说说；水生嫂比较稳重，她想得比其他人要多，显然是受了水生的影响；第三个妇女心直口快，很急迫；最后一个说不好。

师：这位同学有了自己的体会，谁还有别的意见？

（学生思考，教师提示）

师：这几个妇女到水生嫂家主要是为了商量什么？

【评析】告知学生结论，不如让学生研讨，得出结论。

生：探望丈夫。

师：她们都想去看丈夫，但是都有点不好意思，于是就——

生：找理由。

师：他们找的理由并不相同，从中我们能体会出她们性格的差异。

生：我觉得第一个妇女很聪明，她先表明立场，说不拖后腿，然后又找了一个很合适的理由——忘了一件衣裳，而且她是第一个说话的，可见她聪明伶俐。

师：大家同意这种看法吗？

生：同意！

师：还有没有要发言的？

生：同样是找理由，我觉得第二个妇女说得很直接，她说有要紧话要跟丈夫说，她也挺直爽的。

师：说得很好！那最后一个妇女呢？她想不想去看丈夫？

生：她也很想去，可是她又不好意思说去，所以找了个借口说是婆婆非让她去，自己表现得还挺不愿意的样子。

师：她想去，却不好意思去，还欲盖弥彰说："有什么看头啊！"由此看出她是一个怎样的女性呢？

生：害羞。

师：是啊，有点忸怩羞涩。谁能把这一句读一下，把她那种羞涩读

第四章 语文教学"多""少"结合之案例分析与点评

出来?

(学生读,重音放在"有什么看头"上,读得很有情趣。其他学生笑了)

师:大家笑什么呢?

生:太像了!

师:是啊,读得太传神了。荷花淀的妇女们或娇羞,或直爽,或稳重,或开朗,孙犁用寥寥几句话就为我们勾勒出了如此不同的人物形象。不知大家注意到了没有,个性如此鲜明的女子,作者却没有给她们取名字,是疏忽吗?如果你是孙犁,有读者向你提出这个问题,你会如何回答?

【评析】培养学生分析、总结的能力,不仅可以帮助学生巩固所学知识,使他们记忆深刻,掌握知识更牢固,还可以激发他们的学习兴趣,更能提高学生发现问题、分析问题、解决问题的能力。

生:我想作者要写的不是一个个体,这些女人代表的是整个荷花淀的人民,是群像。

师:大家觉得是不是这样呢?

(学生点头)

师:是啊,这些女人正像荷花淀的荷花一样,虽形态各异,个性不同,但都那么可爱美好。她们在战争中逐渐成长起来,到冬天的时候,她们已经能配合子弟兵作战,出入在那芦苇的海里了。是什么使这些原本柔弱的女子也积极投身到这场战争中来了呢?

生:这篇小说的主人公是那些女人,作者写她们都参加战争是为了说明男人们能做的事女人们一样能做到。

师:谁说女子不如男!还有没有谁要发表意见?

生:如果她们不参加战争,自己的家园就要被敌人侵犯了,就会国破家亡,为了保家卫国,她们也要参加这场战争。

生:我想作者写女人们投身这场战争中是为了表现抗战的时候人民的一种顽强精神。

生:连女人都投身这场战争中去了,说明每一个中国人都为了保卫国家行动起来了。

师：这是一场人民的战争。大家分析得非常好！战争是残酷的，让我们一起来看三幅照片，直面战争的本来面目。（出示三幅有关战争的照片）第一幅照片：越南战争中，一颗汽油弹从天而降，图中的小姑娘不得不脱掉身上烧着的衣服，忍受着疼痛哭喊着朝前跑着。第二幅照片：阿富汗战争期间，一个小男孩光着脚走在大街上，神情是那样悲伤，这个满是战争创伤的国家明天将会怎样？第三幅照片：1967年的比夫拉战争导致了大规模的饥荒和死亡，一个骷髅般的孩子在被榨干的母亲的怀中使劲吸着什么，可是她的妈妈什么都无法给她。

战争留给人们的似乎只有无尽的眼泪和悲伤，可孙犁为什么要写得那么美呢？请大家思考一下，各抒己见。

【评析】教师多挖掘，学生多深思。

生：我们进行的是一场正义的、反侵略的战争，作者要表现人民顽强战斗的精神，所以写得很美。

生：作者极力写景物的美、人情的美，就是为了激起人们保家卫国的决心。

师：是啊，这么美的家乡，这么美的人，怎么能让敌人践踏呢？

生：我觉得，从作者本身来看，孙犁的写作风格就是这样的，这样写可以显得与众不同。

师：这位同学已经感受到了孙犁小说与众不同的风格。

生：我认为这是作者内心对美的一种追求。

师：说得太好了！孙犁本身就是一个善良的人，文章的美正是他内心深处对美的渴望、对和平的期盼。

摄影师用镜头记录下真实的画面，是为了揭露罪恶，让人们在震撼中惊醒良知，呼唤和平的降临。而孙犁则在对美的抒写中，启发人们对美好、对和平的渴求。他们虽然采用的方式不同，但目的都是一样的。现在，请大家合上课本，感受一下你内心深处最强烈的呼唤是什么。

【评析】学生获得结论的途径是多元化的，教师绝不是其获取结论的唯一途径。教师的职责已经越来越少地体现在向学生传递现成的、僵化的结论，更多地体现在激励学生思考，引导学生思维，促使学生探究上。

生：和平！

师：大家看，含蓄是一种美，含蓄中有蕴藉，有味道，含蓄中也能表现和平这样一个伟大的主题。

我们通过这篇小说的研读，讲了三种关系——人和环境之间的关系、人和人之间的关系、人和自我之间的关系。从人和环境之间的关系来看，中国文化强调的是和谐；从人和人之间的关系来看，强调的也是和谐；从人与自我的关系来看，也强调和谐，心理平和，没有大悲大喜。所以中国古典戏剧大团圆的结局比较多，悲剧比较少见，即使是像《窦娥冤》那种悲剧，最后也是六月天下大雪，使坏人受到惩罚。像《哈姆雷特》那样的西方悲剧是很少见的。这是中华民族文化的基本特点。

课件出示：

小结：中和（适中和谐）精神与中和之美，是中国文化的基本精神和基本审美观念，它的基本思想是教人处理好人和环境、人和人、人和自我的关系，使之处于协调状态，即教人学会诗意地生活、诗意地栖居。

教学反思

对文本的解读，最表层的就是对文意的解读，而最深层的就是对文化的解读。在本节课中，我力图通过文本和学生一起分析中国传统文化，感受中国传统文化的美，并在这种传统文化的观照下，带领学生体味文本的深层内涵。

作为语文教师，首先要做到对文本内容烂熟于心，透彻了解文本内容，但是不能止于文本的解读和结论性的传授，而要根据文本特点设计出让学生喜闻乐见的教学环节，提升学习效果。本节课中，我将《荷花淀》的第1段改写成了诗歌，提高了学生的学习兴趣，也让学生真正感受到了小说的诗意美。

其次，教师应该遵循探究性原则设计教学内容，帮助学生与文本展开深入的"对话"。所以我非常注重向学生发问的方式，如"这位同学有了自己的体会，谁还有别的意见？"肯定一个学生的回答，同时鼓励其他学生参与讨论，积极回答。

语文教学"多"与"少"的辩证艺术

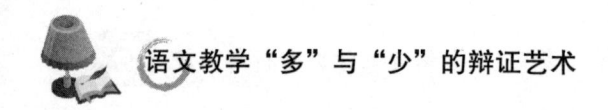

教师的教不在于多,而在于精,能引导学生思维,推动学生思考,是教师按照教学规律有计划、有目的、有步骤地精讲、精教的引导过程。如在教学中,我设计了这样一个提问环节:"她们都想去看丈夫,但是都有点不好意思,于是就——"我引而不发,等待学生的回答,让学生深入思考,从而达到深入探究的目的。

分析点评

和谐课堂有"多""少",教法灵活得高效

读《论语》,作为教师,我最喜欢的是《子路、曾皙、冉有、公西华侍坐》,其中四名弟子各自阐述自己的人生理想,畅所欲言,无所顾忌,老师微笑鼓励,适时点评,与学生平等交流,真是其乐融融,如沐春风。孔子对"浴乎沂,风乎舞雩,咏而归"的赞赏,不就是注重精神享受的诗意人生吗?

张晨华老师执教的《荷花淀》一课,就让我品味了文化之美,享受了诗意人生,我心有戚戚焉,赋打油诗一首:

> 诗意文章诗意课,
> 景事人情绽清荷。
> 胜意犹觉美中少,
> 人生得意此处多。

张老师是漯河市骨干教师,是一位极富才情的智慧型优秀教师。她执教的《荷花淀》,教学上"多"交流"少"讲授,设计上"多"创意"少"俗套,教法上"多"灵活"少"刻板。她在课堂上谦和、平易、风趣、幽默,她对学生的尊重、肯定、激励使学生充满自信;她的启发使学生思维活跃,大胆发言,营造了和谐的师生关系。

教学中,教师要想与学生情意相通、水乳交融,不仅要有丰富的人生智慧,更要有激情的投入。当学生诵出艾青的诗"为什么我的眼里常含泪水"时,张老师能够充满激情地应接:"因为我对这土地爱得深沉";当学

第四章　语文教学"多""少"结合之案例分析与点评

生朗诵出《诗经·蒹葭》时,她能深情地唱出《在水一方》的主题曲……教师放下了自己的架子,学生忘却了教师的威严,师生的情感双向交流,智慧的火花相互撞击,教师迸发激情,学生体验激情,课堂成为展示心灵的舞台,成为师生情感激荡、心灵交融的文学殿堂。这种交融性及情感性,正是语文教学所追求的境界。

张老师讲《荷花淀》,并没有从传统的社会学和广义的文章学(如小说的人物、情节、环境等)角度去讲,因为这是大家所熟悉的套路,这种讲法不具有个性特色。她是从中外文化比较的角度来讲的,而这个角度对大家来说是陌生的。这样的教材处理方式,开阔了学生的视野,激活了学生的思维。语文教师不但应当在课堂上讲出自己对文本的个性感悟——来自教师内心的、出自个体生命体验和个性品味的感悟,还要有点批判精神,这种感悟绝不是照抄教材和教参,而是在其基础上内化出的具有教师鲜明主体色彩的"我这一个",即人们所说的"一千个读者眼中有一千个哈姆雷特"。读出你的哈姆雷特,才是读出了你的个性。有了来自心灵的感悟,才能感染和打动学生;有了批判精神,才会有学生的独立思想和自由精神。

整节课中,张老师的教法是灵活多样的,是根据学生情况不断调整和变化的。为了让学生理解"文化"这样一个陌生的话题,张老师多处运用比较来调动学生已有的生活经验和人生积累,化繁为简,化难为易。例如,她把小说开头的环境描写改写成诗歌的形式;用现代理念来改编小说中的对话,让学生在幽默睿智的欢声笑语中理解小说简洁含蓄的话语背后所蕴含的中国文化的韵味。当学生感觉到环境与人是一种渗透关系时,她能马上给予肯定,引申为中国哲学中的"天人合一"……教学有法,但无定法,语文教学其实是最不受具体模式、固定步骤限制的,语文味也是更多地渗透在一种情感交融、品味欣赏的浓浓的文学氛围中。

最后,我用一首小诗来表达自己对张老师执教的《荷花淀》一课的感受:

和谐课堂有多少,

教法灵活得高效。

万绿点红开生面,

一阕莲曲彻云霄。

用知识丰富头脑，用憧憬激励意志

——漯河高中骨干教师柴研珂《行路难》教学案例

课堂实录

师：同学们，上课。

生：起立！

师：同学们好！

生：老师好！

师：请坐。我们今天学习李白的《行路难》。先让我们一起读一下背景材料。

课件出示：

唐玄宗天宝年间，李白受命入长安，但并没有得到施展政治抱负的机会。这首《行路难》可能作于天宝三载（公元744年）李白不得不离开长安的时候，表达了李白失意而又憧憬美好未来的心情。

（学生朗读）

师：皇帝把李白召到宫里去，只让他写写诗，过了一段时间，给了他一些钱，就让他离开了长安。于是李白写了三首《行路难》来表达自己内心的不快乐。再读一读下面的背景材料。

课件出示：

"行路难"是乐府古题，"乐府"指能够配乐的歌诗，乐府诗是一种古体诗。

李白的《行路难》共三首，主要抒发了怀才不遇的情怀。

（学生朗读）

师：把"抒发了怀才不遇的情怀"批在课题旁边。"怀才不遇"的意思是，有才能但是无法施展。

师：看我们的学习活动一：吟读——感受诗中的美句。

【评析】一句话明确一节课的目标，让学生心有所向，心有所想，不折损"学力"，不浪费"教力"。

课件出示：

学习活动一：吟读——感受诗中的美句

师：吟读之前，拿起笔画出这几个地方。先画两个字，"玉盘珍羞"的"羞"和"直万钱"的"直"。注释告诉我们，"羞"和"直"是通假字。再画两个字，"停杯投箸不能食"的"箸"和"直挂云帆济沧海"的"济"。这两个字的含义很重要。"箸"，筷子。"济"，渡。这两个字在现代汉语里常常用到。再画两个词。"长风破浪"，原来的表达是"乘长风破万里浪"，比喻实现自己的政治理想，是一种境界。"云帆"，是"高高的船帆"的意思，因为一个"云"字，"云帆"这个词显得特别高雅。

师：请大家齐读课文，我来听一听。

（学生齐读课文）

师：我觉得节奏有点问题。（模仿学生读，二二三节奏）"金樽/清酒/斗十千，玉盘/珍羞/直万钱"，这种节奏和作者的心情不太吻合。作者这时的心情是比较郁闷的、茫然的、急切的，所以读这首诗时用四三节奏来读。（示范四三节奏）"停杯投箸/不能食，拔剑四顾/心茫然……"好，一起来读。

（学生再次齐读课文）

师：这次读得不错！我刚才听出来一个你们读得不错的地方，就是你们比较注意这首诗情感的抑扬。有一句我们再体会一下。"停杯投箸不能食，拔剑四顾心茫然"是抑好还是扬好呢？一定是抑。最后一句呢？一定是扬。来，再试试。

（学生第三次齐读课文）

师：好。最后一句我们再来学读一下，跟我读。

【评析】齐读，范读，跟读，学习诗歌，阅读多多益善。

（教师范读，学生跟读）

师：太好了，有些同学读得很有感情。

师：下面感受诗中的美句。哪句美呢？哪句最美呢？开始思考，并用

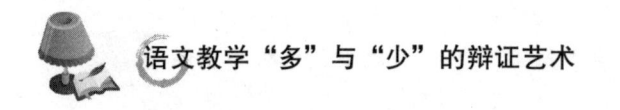

笔写下你感受里的关键词。

【评析】要以少御多，就要抓一点握其余，以一通求百通，巧妙运用发散思维，就是广开思路，多方推测，自由猜想，尽可能找到解决问题的各种方法和途径。"哪句美"——"哪句最美"——"关键词"，教师提出的问题从面到线再到点，要求越来越具体，也越来越精细——提问要由"多"到"少"，便于学生把握。

（学生思考，批注）

师：好，我们试着来交流一下。刚才我看见大家都很用心，现在来谈谈你所认为的诗中的美句。请举手发言。

（学生举手）

师：谢谢你。

生：我觉得诗中的美句是最后一句。

师：请你阐释一下。

生：前面已经说了"停杯投箸不能食，拔剑四顾心茫然"，最后仍然要说"长风破浪会有时，直挂云帆济沧海"。这表明作者虽然遭受排挤，怀才不遇，但仍不放弃自己的梦想，我觉得这是一种人格美。

师：这里表达了作者发愤图强的精神，以及对美好未来的期盼和向往。谢谢你。

（学生举手）

师：谢谢。

生：我觉得第四句"闲来垂钓碧溪上，忽复乘舟梦日边"很美。这里运用了吕尚和伊尹的典故，表明自己对从政仍有所期待，这是一种信念美。

师：用典故来说话，来表达自己的心意，既是一种手法，也给人以美感。好，继续。

生：我觉得美句是倒数第二句："行路难！行路难！多歧路，今安在？"它说出了作者当时怀才不遇的心情，感叹内心的凄苦。

师：反复、反问，表达了一种悲怆的情感，与"长风破浪会有时"这一句形成强烈的反差，在给人一种迷茫感觉的时候，突然又让人眼前一亮。真美。

第四章 语文教学"多""少"结合之案例分析与点评

生：我觉得美句是第三句"欲渡黄河冰塞川，将登太行雪满山"，这里不仅描写出了意境的美，而且表现出在作者有计划的时候，大自然却仿佛在和他作对，反映了他在官场上的不得志和内心的忧郁。

师：这里好像是实写，好像是写自然状况，实际是虚写，是用比喻来表现内心的迷惘。这里是写心情、写感觉的，它和"行路难！行路难"这个句子密切相关。

师：好，我们再把发言集中到课文里最美的句子"长风破浪会有时，直挂云帆济沧海"上来。

【评析】对学生思维的发散，不能一发即成，一散了之，而要发而能合，散而能收，这样学生的思想才不至于散漫，学生的学习才不至于散乱。

（学生齐读这个句子）

师：这个句子为什么美？我们来体会一下。

课件出示：

乘风破浪，沧海扬帆。

意境开阔，壮思飞扬。

千古雄句，激荡人心。

师：乘风破浪，沧海扬帆，给我们展示了一个动态的、勇往直前的画面。它表现出海阔天空的意境，是作者对壮思飞扬的理想境界的描述。因此，人们评价它是"千古雄句，激荡人心"。这个句子流传在我们的书面语中，流传在口语中，流传在广告中，流传在我们的文章中。这样的句子叫警句。请做记录。

课件出示：

课中微型讲座一：警句，让诗文生辉

警句，就是语言精练、寓意深刻的语句。

作品中的警句，往往用精练的语言表达出深刻的思想。

警句常常超越作品、超越时代而给人以深刻的启发和教益。

《行路难》因警句而格外让人喜爱，是一首情韵飞扬的诗歌。

师：下面我们再来感受另一首诗，请大家读出这首诗中你们熟悉的警句。

课件出示：

己亥杂诗（其五）

龚自珍

浩荡离愁白日斜，

吟鞭东指即天涯。

落红不是无情物，

化作春泥更护花。

生：落红不是无情物，化作春泥更护花。

师：这样的句子，可以超越作品、超越时代，给我们以教益。让我们再读这首诗。

（学生齐读）

师：这个学习环节就进行到这里。下面，我们进行第二个学习活动：理解诗中的难句。

课件出示：

学习活动二：说读——理解诗中的难句

师：其实我们刚才已经涉及了几个难句，这里我们再深入研究两句。这两个难句弄懂了，这首诗也就懂了。

【评析】抓住关键，纲举目张。

课件出示：

欲渡黄河冰塞川，将登太行雪满山。

闲来垂钓碧溪上，忽复乘舟梦日边。

师：请自选一句阐释它的含义和作用。第一个层面，要阐释它的含义；第二个层面，要阐释它的作用。好，开始思考。

（学生思考，教师巡视）

师：同学之间，两两交流。

（学生交流，教师指导）

师：好了，全班交流，自由发言。

【评析】思想有空间，交流有层次。

（学生举手）

师：请你来，谢谢。

第四章　语文教学"多""少"结合之案例分析与点评

生：我想说"欲渡黄河冰塞川，将登太行雪满山"，它有两层意思。作者想渡过黄河，但黄河结冰不能通过；他想登上太行山，但因为大雪满地而无法攀登。这一句给我的深层感受是，作者有自己的理想和抱负，但是因为社会上、官场上的阻挠，理想无法实现，抒发了作者的悲愤之情。

师：嗯，很好，谢谢你。你有一个特点，用手势辅助说话。

生：我选"闲来垂钓碧溪上，忽复乘舟梦日边"。作者引用吕尚和伊尹的故事表达自己怀才不遇，希望有人发掘他，让他有一番作为。

师：说得特别好，作者希望有人给他机会，使他得到重用，让他实现自己从政的理想。这两位同学的发言基本上把这两个句子解释清楚了。我再来阐释一下。前一句是用喻，就是用比喻来描绘自己现实的困境，来表达自己的心情；后一句是用典，就是用典故来表达自己的希望、憧憬、梦想。好，我们再来学一种知识。

课件出示：

课中微型讲座二：典故，以传情达意

典故：文献典籍中的词语或故事。

用典：用特指的古事或古语婉曲地表达"今"义。

用典的效果：语言精练，避直就曲，生动典雅。

《行路难》：一首因用典而情意深长的诗。

【评析】微言有大义，微型多内涵。

师：比如说"卧薪尝胆"就是典故，它既是成语又是故事，我们也常在口语中用到它。我们运用的成语，很多都是典故。用典是一种高层次、很雅致的表现方法。它避直就曲，生动典雅。作者不直接说"我要从政""我要当官"，而是用典故来说话。下面我们再来理解一下用典的句子。

课件出示：

我想闲暇时坐在溪边垂钓：这句是用吕尚垂钓时遇周文王的故事来表达自己的希望。

忽然又梦见乘船从白日边经过：这句是用商朝伊尹的故事来表达自己的憧憬。

（学生齐读）

师：从表面上看，都看不出其真正的含义。真正的含义是希望自己有

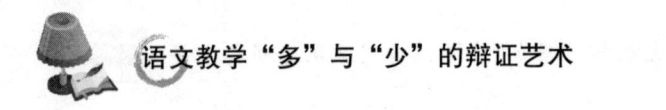

机会得到赏识,希望自己被委以重任。

【评析】多思多想,才能由表及里。

师:我们来把这首诗的意思串一下。请大家齐读。

课件出示:

金樽斟满清酒,一杯要十千钱,玉盘里摆满珍美的菜肴,价值万钱。面对佳肴我放下杯子,停下筷子,不能下咽。我拔出剑来,四处看着,心中一片茫然。想渡过黄河,却被坚冰阻塞,想登上太行,却被满山的大雪阻拦。我想闲暇时坐在溪边垂钓,忽然又梦见乘船从白日边经过。行路艰难,行路艰难,岔路这么多,我如今身在何处?总会有乘风破浪的那一天,我将挂起高高的船帆渡过茫茫大海。

(学生齐读)

师:两个难句都委婉地表达了作者的心情。这两个句子读懂了,这首诗就基本读懂了。再来看另外一首诗,其中既有典故又有警句。

课件出示:

酬乐天扬州初逢席上见赠

刘禹锡

巴山楚水凄凉地,二十三年弃置身。

怀旧空吟闻笛赋,到乡翻似烂柯人。

沉舟侧畔千帆过,病树前头万木春。

今日听君歌一曲,暂凭杯酒长精神。

(学生齐声朗读)

师:用典的句子是哪句?

生:怀旧空吟闻笛赋,到乡翻似烂柯人。

师:"怀旧空吟闻笛赋"说的是物是人非,"到乡翻似烂柯人"说的是岁月流逝。这就是话不直说。

师:警句是哪句?

生:沉舟侧畔千帆过,病树前头万木春。

师:作者在诗里写的是他的想法。其实在今天这句诗的意义早已离开文本原意,被人们广泛运用,它的寓意是新生事物不断出现,更加美好的事物就在前面。用典和警句都是诗歌里高层次的表达技法,我们在读古诗时要有意识地注意一下。

师：最后我们来读一读、背一背。各自读，大声读。

（学生自由、大声地读）

师：一起来背，还没背会的就读。要求读出四三的节奏，读出抑扬的表达效果，最后一句要按照老师教你们的来读。

【评析】教师是学习的参与者，可以给出自己的意见和建议，但并不掌握绝对的话语权，教师的意见和建议仅仅是一个参考答案，而不是一个标准答案。

（学生齐声背读）

师：多好啊。这节课我们就学习到这儿，送给同学们两句话。

课件出示：

教学结语
用知识丰富我们的头脑
用憧憬激励我们的意志

师：这两句话表现了两个层面的内容：一是在学习上，要用知识丰富我们的头脑；二是在困境中，要用憧憬激励我们的意志。谢谢同学们！同学们再见！

生：老师再见！

教学反思

今天执教李白《行路难》一课，《行路难》是李白遭遇仕途坎坷之时所发出的人生感慨。李白凤有"济苍生""安社稷"的远大抱负，渴望得到君王的赏识，经朋友举荐，受唐玄宗诏聘来到长安入翰林，准备大显身手，建立一番功业。但是玄宗只把李白看作文学侍臣，只是想用李白的才华为宫廷生活做点缀。而李白那种"不肯摧眉折腰事权贵"的性格也与权臣们格格不入。不久，李白即蒙受谗言，被玄宗赐金放还，满腔的功业追求化为泡影。这首诗写在李白无奈离京朋友为他送别之时。

在导入环节，我力求简洁。对于这首名诗我没有作过多的铺垫，而是

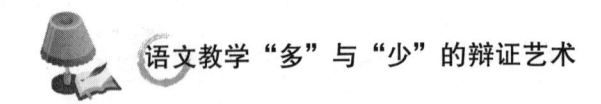

直奔主题，先说背景，然后分析人物形象。

在诵读环节，我追求反复品味、深入感知的效果。我把课本研读权还给学生，变教师讲读为主为引导学生研读为主，我让学生画重点，做批注，作诵读指导，并让学生多次齐读，从而在研读中感知文本、诗人的情感。

在学习活动环节，我从横向和纵向两个角度进行拓展。横向上，我通过微型讲座，让学生明白警句、用典对表意的重要性，对写作的辅助性。纵向上，我通过吟读和对难句的讲解、挖掘，帮助学生解决疑难，消除学习之路上的拦路虎。通过拓展训练，我希望给学生提供足够的主动探索的时间和空间，唤醒学生沉睡的潜能，激活封存的记忆，开启幽闭的心智，使语文课堂焕发生命力。

分析点评

厚薄有度，多少适度

柴研珂老师的《行路难》，裁剪简约，以少胜多，选点精析以点带面、切入文本。师生凝神聚力，努力对文本中的某一个点——如课文的精美处、深厚处、丰满处、奇妙处、疑难处进行咀嚼品味，进而读通、透解全文。

本课的教学体现了"优化教材处理，简化教学思路"的教学理念，具体体现在以下四个方面。

一、多引导少讲解

柴老师语言简练，语速较慢，一字一顿，清晰明白，句句有指向性、针对性。从介绍写作背景，到引领鉴赏，再到指导背诵，不着痕迹，水到渠成。他引导学生多次朗读，每次抓一个点，落到实处，一步步引导学生读出了味道。每一次实时评价中既包含赏识和尊重，又能启发学生深入思考。而学生的回答也受到了教师的语言熏陶,清晰精到。整堂课如"清水出芙蓉,天然去雕饰",清爽素美。

二、多拓展少灌输

两次微型讲座让学生深入地了解了警句和典故的相关知识。柴老师首先让学生理解"长风破浪会有时,直挂云帆济沧海"这一警句的意义与壮丽意境,然后引出"警句,让诗文生辉"的系统知识讲解,向学生讲授了警句的意义、作用,并联系龚自珍的《己亥杂诗》进一步巩固这一知识。接着又以相似的方式赏析了诗中的难句"欲渡黄河冰塞川,将登太行雪满山"与"闲来垂钓碧溪上,忽复乘舟梦日边",让学生理解典故的意义与作用。然后联系刘禹锡的《酬乐天扬州初逢席上见赠》,让学生深入了解典故的运用。对于警句、典故这些在古文尤其是古诗中经常出现的知识点,在一般的课堂教学中,教师只是简单介绍,蜻蜓点水,学生往往一知半解,这样的知识传授是低效的。而柴老师在课堂教学中不仅重视知识的教学,而且其教学是灵活的、丰富的、系统化的、实践性的,让学生既获得了知识,又提高了赏析与运用的能力。虽是知识性的讲授,却不以知识的灌输为唯一目的,而是让学生在掌握知识的基础上达到提升能力的目标。

三、多蕴含少头绪

所谓"少",是精到,是简洁;所谓"多",是教学内容丰厚,学生活动丰富。可以说,"少"中求"多"是柴老师的课堂教学的高妙技巧之一。他的教学设计不蔓不枝,不冗繁复杂,不枯燥单调。每堂课,他都要在"教学头绪要少,内容综合要多"上动脑筋、想办法,总要让教学过程在"简化、优化、诗化"上有所展现。一个话题,是这样的"少",它领起的活动、发掘出来的内容,却是那样的"多"!本课以"感受诗中的美句"和"理解诗中的难句"为切入点来组织教学,通过吟读、联读、译读、背读、吟诵等多种形式的朗读,又辅以教师独具创意的两个微型讲座,自然

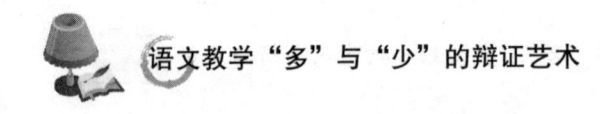

巧妙地引领学生在诗歌学习中来回穿梭，反复地品读美句和难句。这样的"少"不是轻而易得的偶然，而是经过千锤万击的提炼。这些"少"其实是来自"多"，来自柴老师对教材纷繁内容的大量分解、组合、分析与提炼。

四、多对话少总结

　　语文新课程改革大力推行对话教学，对话需要教师的引导。教师的主要作用是营造一种平等和谐的对话氛围，激发每一个学生的潜能。在本节课的教学中，柴老师对学生的发言总是迅速判断、及时点评、指向明确、内涵丰富，或补充到位，或提升精准，或优化巧妙。师生间的对话是思想的碰撞、情感的交流，促进了学生对文本的深刻理解。在柴老师不疾不徐的点评、引领下，学生轻松自然地完成了学习活动。各个教学环节平实、自然、大气，没有教师的极力表演，只有教师的应对自如。自然流露的"谢谢"等话语，充分表现了柴老师对学生的尊重。他讲课时镇定自若的教学风姿、深厚的文学底蕴，使朴素无华的课堂教学令人回味，意蕴深远。

　　最后，我用一首小诗来表达自己对柴老师《行路难》一课的感受：

　　　　　　教材读厚却教薄，
　　　　　　删繁就简少中多。
　　　　　　行路万里未道难，
　　　　　　妙用多少乾坤挪。

后 记

遥记辛未（1991），我从华中师范大学汉语言文学系毕业。虽然回报桑梓、献身教育的决心早已下定，但当我站在沙河与澧河交汇处的河堤上，看着奔涌而去的河水时，一股豪情油然而生：漯河，您的孩子回来了！我将努力拼搏，为您增光添彩！从那一年起，我一头扎进漯河市高级中学的语文课堂，并在一轮循环教学后，一直留在高三年级的课堂。至新世纪到来，九年之间虽然经历了教师、班主任、备课组长、教研副组长、教研组长、政教主任、办公室主任、副校长等多种角色变化，但我最爱的还是一线语文教师和班主任的身份，我与我的学生们一起告别懵懂和青涩，怀着对新世纪的憧憬、向往，带着高考语文全校第一、全市第一、全省第一的荣耀，快乐而骄傲地跨入了21世纪。

岁在戊戌（2018），从教已二十七年。在学生们的追梦之旅上，我有幸成为陪伴者与引领者，备觉荣耀：数千学子，风雨同舟，同力同向，皆成家国栋梁，无限荣光；二十七载，春风化雨，妙手著文，奋发图强，喜看桃李满园，梦想飞翔。

二十七年，似乎弹指一挥间，翻开一本本教案，细细抚摸，字里行间仿佛闪现一届届学生的笑脸，不经意间，也会掀落一两片没有粘牢的教余碎语。

带着蔚蓝色希冀，心和梦一起飞，相信美好的未来触手可及……

我愿做引路人，让语文美不胜收，让课堂上的精彩永远像一个感叹号……

但愿多少年后，我可以像泰戈尔一样说：天空中没有鸟的痕迹，但我已飞过……

它们因久掩而弥新，多数是钢笔字样，蓝色笔迹，结尾清一色的省略

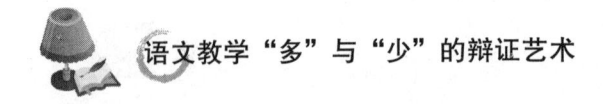

号,仿佛透着永不知足的渴求。我想,这便是我作为一名语文人的初心吧。陶行知说:"生活、工作、学习倘使都能自动,则教育之收效定能事半功倍。"碎语类似于批注,作为我教学初期主动思维的点滴表现,至少说明一个愿意进步的人,时间会近乎偏爱地允许他越来越强大。也正是在整理这些碎语的过程中,我逐渐还原出自己青涩、成熟、理性的成长路径。

　　这让我不由得想起了宋代吉州青原惟信禅师说过的一段很有名的话:"老僧三十年前未参禅时,见山是山,见水是水。及至后来,亲见知识,有个入处,见山不是山,见水不是水。而今得个休歇处,依前见山只是山,见水只是水。"结合自己的一路成长,我姑且斗胆把语文教学的一些个人经验总结为:"多"与"少"的辩证艺术、"快"与"慢"的辩证艺术、"死"与"活"的辩证艺术。每一种经验,都对应了前文所讲立足一线、脱胎换骨的三个成长阶段,并契合了一名优秀语文教师的三个特点:一是学科教学特点,二是心理特点,三是专业化成长特点。三本书力求采用发展的观点,尽可能做到理论和实践相结合,有效地呈现语文教学的辩证艺术,希望能为一线语文教师的课堂教学抛砖引玉。所以,回顾二十七年的教学生涯,跨越两个世纪,陪伴学生们成人成才,并传播三门艺术(姑且叫艺术吧),虽时有食不甘味、寝不安席,甚而忐忑不安,但自感无愧于心,无悔于行,无怍于德。

　　这三本书,每本均五易其稿,最终能够出版,非独我个人之功。前面有张文质、闫学、刘燕飞等导师的引领示范,精准把脉;背后是漯河市高级中学各位同仁如张荣谦、冯文权、张晨华、柴研珂、冯淑英、胡卫党、徐春玲、张小乐、赵晓嫔、邓彩霞等老师的友情助力,建言雕琢,尤其是张荣谦老师,做了大量工作,付出了辛勤的汗水。更有河南省基础教育教学研究室主任邵水潮、副主任丁武营等各位领导、专家悉心指导、大力支持。最令人欣喜和感动的是,中国教育学会名誉会长、北京师范大学资深教授、教育泰斗、我的偶像顾明远老先生为本书欣然作序。我原本只是想翻看教案中的蓝色风景,可是大家给了我无限广阔的蔚蓝天空。在此一并表示我最诚挚的谢意!

　　另外,书中使用到的精彩课例,均是我校教师的独创并经实践检验

后 记

过,大家在背后默默地付出了很多劳动。对于这些教师,我同样心存感激:正是他们的智慧滋养,让我走得越来越自信和无畏。

最后,我愿用我满腔的深情感谢教学。日复一日,年复一年,三尺讲台,三生有幸。秉承一颗纯粹的师心,让一直不曾停止的思索和探求,催绽一个个美丽的青春梦,共圆最美的中国梦,此乐何极!

教有法无定法因材施教,学无类有门类术业专攻。作为一名高中语文教学的探索者,我会不忘初心,砥砺前行。这三本书,思索不深,见解固浅,难免流于粗陋,见笑于大方之家;甚或有谬误之处,失察不觉,欢迎专家、同行多加批评、指正,不胜感激。

王海东
2018 年夏于漯河市高级中学